实质课税原则的法理分析与立法研究

——实质正义与税权横向配置

贺燕 著

中国政法大学出版社

2015 · 北京

图书在版编目（CIP）数据

实质课税原则的法理分析与立法研究 ：实质正义与税权横向配置 / 贺燕著.—北京 ：中国政法大学出版社，2015.11

ISBN 978-7-5620-6421-3

Ⅰ. ①实… Ⅱ. ①贺… Ⅲ. ①课税－税法－法理学－中国②课税－税法－立法－研究－中国 Ⅳ. D922.224

中国版本图书馆CIP数据核字(2015)第264578号

出 版 者　中国政法大学出版社

地　　址　北京市海淀区西土城路25号

邮寄地址　北京100088信箱8034分箱　邮编100088

网　　址　http://www.cuplpress.com（网络实名：中国政法大学出版社）

电　　话　010-58908437(编辑室)　58908334(邮购部)

承　　印　固安华明印业有限公司

开　　本　880mm×1230mm　1/32

印　　张　8.75

字　　数　200千字

版　　次　2015年11月第1版

印　　次　2015年11月第1次印刷

定　　价　29.00元

首都经济贸易大学·法学前沿文库

Capital University of Economics and Business library, frontier

总　序

首都经济贸易大学法学学科始建于1983年。1993年开始招收经济法专业硕士研究生。2006年开始招收民商法专业硕士研究生。2011年获得法学一级学科硕士学位授予权，目前在经济法、民商法、法学理论、国际法、宪法与行政法等二级学科招收硕士研究生。2013年设立交叉学科法律经济学博士点，开始招收法律经济学专业的博士研究生，同时招聘法律经济学、法律社会学等方向的博士后研究人员。经过30年的建设，经过首都经济贸易大学几代法律人的薪火相传，首都经济贸易大学法学学科已经形成了相对完整的人才培养体系。

为了进一步推进首都经济贸易大学法学学科的建设，首都经济贸易大学法学院在中国政法大学出版社的支持下，组织了这套“法学前沿文库”，我们希望以文库的方式，每年推出几本书，持续地、集中地展示首都经济贸易大学法学团队的研究成果。

这套文库既然取名为“法学前沿”，那么，何为“法学前沿”？在一些法学刊物上，常常可以看到“理论前沿”之类的栏目；在一些法学院校的研究生培养方案中，一般都会包含一门叫作“前沿讲座”的课程，这样的学术现象，表达了法学界的一个共同旨趣，那就是对“法学前沿”的期待。正是在这样的期待中，可以发现一个值得探讨的问题：法学界一直都在苦苦期盼的“法学前沿”，到底长着一张什么样的脸孔？

首先，“法学前沿”的实质要件，是对人类文明秩序做出了新的揭示，使人看到文明秩序中尚不为人所知的奥秘。法学不同于文史哲等人文学科的地方就在于：宽泛意义上的法律乃是规矩，有规矩才有方圆，有法律才有井然有序的人类文明社会。如果不能把千差万别、纷繁复杂的人类活动给予分门别类的归类整理，人类创制的法律就难以妥帖地满足有序生活的需要。从这个意义上说，法学研究的实质就在于探寻人类文明秩序。虽然，在任何国家、任何时代，都有一些法律承担着规范人类秩序的功能，但是，已有的法律不可能时时、处处地回应人类对于秩序的需要。“你不能两次踏进同一条河流”，这句话告诉我们，由于人类生活的流动性、变化性，人类生活秩序总是处于不断变换的过程中，这就需要通过法学家的观察与研究，不断地揭示新的秩序形态，并提炼出这些秩序形态背后的规则——这既是人类生活和谐有序的根本保障，也是法律发展的重要支撑。因此，所谓“法学前沿”，乃是对人类生活中不断涌现的新秩序加以揭示、反映、提炼的产物。

其次，为了揭示新的人类文明秩序，就需要引入新的观察视角、新的研究方法、新的分析技术。这几个方面的“新”，可以概括为“新范式”。一种新的法学研究范式，可以视为“法学前沿”

的形式要件。它的意义在于，由于找到了新的研究范式，人们可以洞察到以前被忽略了的侧面、维度，它为人们认识秩序、认识法律提供了新的通道或路径。依靠新的研究范式，甚至还可能转换人们关于法律的思维方式，并由此看到一个全新的秩序世界与法律世界。可见，法学新范式虽然不能对人类秩序给予直接的反映，但它是发现新秩序的催生剂、助产士。

再次，一种法学理论，如果在既有的理论边界上拓展了新的研究空间，也可以称之为法学前沿。在英文中，前沿（frontier）也有边界的意义。从这个意义上说，“法学前沿”意味着在已有的法学疆域之外，向着未知的世界又走出了一步。在法学史上，这种突破边界的理论活动，常常可以扩张法学研究的世界。譬如，以人的性别为基础展开的法学研究，凸显了男女两性之间的冲突与合作关系，就拓展了法学研究的空间，造就了西方的女性主义法学；以人的种族属性、种族差异为基础而展开的种族批判法学，也为法学研究开拓了新的领地。在当代中国，要拓展法学研究的空间，也存在着多种可能性。

最后，西方法学文献的汉译、本国新近法律现象的评论、新材料及新论证的运用，诸如此类的学术劳作，倘若确实有助于揭示人类生活的新秩序、有助于创造新的研究范式、有助于拓展新的法学空间，也可宽泛地归属于法学理论的前沿。

以上几个方面，既是对“法学前沿”的讨论，其实也表明了本套文库的选稿标准。希望选入文库的每一部作品，都在法学知识的前沿（frontier）地带做出新的开拓，哪怕是一小步。

喻　中

2013年6月于首都经济贸易大学法学院

序

财税法基础理论的发展和成熟，是全面推进财税法治建设的基础性工作。实质课税原则是财税法基础理论的重要内容和特色理论，是连接财税法理论与实践的交汇点。正如朱勇教授所言，“法学是一门实践性很强的学科，同时，它又极具理论性、思辨性”，结合现实问题展开学术研究，特别是为解决中国现实问题而进行创新性研究，是我们所倡导的学风。有关实质课税的讨论，牵动着法学研究的“古今”与“中西”，直接关联到对法治、财税权力运行逻辑等最基本问题的理解。当本书作者思考博士论文选题时，我非常支持从法理层面去深入研究实质课税原则，并建议她在赴意大利博洛尼亚大学访学时进行这方面的比较研究。

一

从一定意义上讲，实质课税原则为国家税收权力运行提供了合法性与合理性支持。然而，无论采取何种解释，实质课税原则概念的界定，总是伴随不确定性与激烈的争论。实质课税原则与反避税内在关联，透过纳税人交易安排的法律形式，而直指其实际负税能力，反避税是其发挥功能的主要场域。

反避税是一个具有全球性特征的难题，没有任何一个国家可以袖手一旁，作壁上观。缺乏“实质课税”原则，已是中国税收征管法的重要缺陷。学界对实质课税原则立法的纷争，是立法者和学界必须共同面对的严肃而审慎的问题。

2009 年 12 月 10 日，国家税务总局发布《关于加强非居民企业股权转让所得企业所得税管理的通知》（国税函［2009］698 号），该通知石破天惊般作出如下表述：“境外投资方（实际控制方）通过滥用组织形式等安排间接转让中国居民企业股权，且不具有合理的商业目的，规避企业所得税纳税义务的，主管税务机关层报税务总局审核后可以按照经济实质对该股权转让交易重新定性，否定被用作税收安排的境外控股公司的存在。”

投石激水，浪花涟漪并起。该通知以及税务机关据此处理之数次金额巨大的避税案件，构成了学术界有关实质课税原则的讨论背景。执法上有关实质课税原则的说理论证并不能让人信服，这迫使学界不得不直面这些现实挑战，以正本清源，剔除谬误。同时，这也促使我们重新思考那些看似内涵清晰却又充满种种不确定性的核心概念——这是直面中国现实的学术努力。

在本书的解释框架内，实质课税原则被视为一项独立的税法原则，“贯穿于税收立法、执法和司法全过程，其目标是实现分配正义和实质正义，矫正和补助税法形式正义的缺陷和局限性”。当纳税人交易安排的实质与法律目的显然相悖时，剥夺其应当享有的税收利益或恢复其应当履行的纳税义务，是符合正义标准的。实质课税原则的这一定位，直指税收法治的形式面向，并为税收立法、执法、司法过程中的实质观察，提供统摄性基础。

税源的全球化趋势与日益复杂的交易安排，不断挑战着我国现实的税收征管格局。越发棘手的避税与反避税难题，促使财税法学人展开更加深入的思索，跳出技术性、规则性讨论，而追问行动背后的抽象理由（法律原则）。我们需要以一个更加广阔的视角去思考，如何实现财税领域以及整个社会的良法善治。

二

实质课税原则研究意义的另一面向，是如何警惕税收权力借此原则而被滥用。目前，实质课税原则已为税务机关所实际采用，并对纳税人权益产生了实质影响，但实质课税原则的概念、适用条件与方式皆无特定的规范。

“学理上的概念是如何被成文法规范赋予法律内涵与相应的法律价值的”（张树义），这是所有部门法学术研究必须予以认真对待的问题。然而，并不是每一个法律概念都能在某个特定时期被纳入法律规范体系，否则，概念创造的问题一定比它所能解决的问题多。精确化是法律概念的核心特征，概念的界定直接关涉当事人的利益分配。本书作者警示道：“如果不对‘实质课税’概念本身及其适用范围进行清晰界定、发掘其法理基础，构建‘实质课税’的适用条件和程序，以及合理地配置因此而涉及的税收权力，纳税人的权利将随时会受到侵害而欲诉无门，税收法定主义的根基也荡然无存。”

处在转型时代的中国，总是呈现纷繁复杂的问题，不断地挑战着常规、常识、常态。乐观地讲，税收法治的形式面向已经取得了重大进步，《立法法》的修改在一定程度上回应了财税法学界长期不懈的努力。在中国，几乎所有对法治进程产生重大影响的制度创新，都要经过试验阶段，或者说是从“试点”开始。这种决策机制内在地决定了中国法治建设带有“行政主导性”色彩，立法机关默而许之，司法机关无力挑战。而学者必须在尊重这一中国现实的基础上，展开有关人权、法治的一系列讨论，“我们不得不面对中国的现实”。

财税法学科，自其诞生伊始，便面对着巨大的压力：它必须妥善地平衡国家财政收入的有效组织与纳税人权利的有效保护，缺一不可。正在进行中的《税收征收管理法》修改使得这一问题更加具有现实性，对纳税人权利的保障是《税收征收管理法》修订的核心关注点。这体现了征纳双方权利的平衡。《税收征收管理法》修订要正确处理好国家课税权与公民财产权、行政权与司法权之间的关系，这同样是研究实质课税原则的现实意义。

三

实质课税原则牵动着复杂的理论争辩，并有着明确的实践指向，空泛地讨论或一般性援引，都是缺乏严肃的学术精神及对问题的精确把握。而越发繁复的财税法规则体系，日益棘手的实践难题，呼吁着财税法学者对一些基础性问题在学理上正本清源。本书作者贺燕博士不满足于现有实质课税原则研究的论证逻辑，追根溯源去挖掘实质课税原则的深层法理问题，确立实质课税原则的正当性基础，并试图设计一套适用规则来制约其潜在的权力滥用，这种尝试需要有深厚的法学基础和丰富的实务积累。可喜的是，她的付出最终有所收获，她以实质课税原则为主题的博士论文，在答辩时获得答辩委员的一致好评。这得益于她十多年来在法大对财税法的潜心研析，也与她在律所工作的不长但珍贵的实务经历分不开，作为她的导师，我备感欣慰。

本书是贺燕在博士论文的基础上，结合最近几年的研究成果修改而成的。全书立足税法学反避税前沿问题，从国际比较视野出发，对实质课税原则做了系统而深入的研究，具有较高的学术价值，对于税法实务也具有很好的参考作用。我很高兴作序，向大家推荐，也对作者新的佳作充满期待。

施正文

2015年7月27日于小月河畔法大科研楼

目录

导 论

一、研究缘起

实质课税原则是税法理论与实践的连接点。海峡两岸的税法理论和实务界对实质课税原则曾有过“热情”关注，使其一度成为税法之“热点”。据笔者粗略观察，大陆诸多研究主要偏于理论探讨，公开报道适用实质课税原则的实务案例并不多见。但2009年《特别纳税调整实施办法（试行）》、国家税务总局《关于加强非居民企业股权转让所得企业所得税管理的通知》（以下简称“国税函［2009］698号”）发布和随后报道出的非居民企业间接转让股权案件，体现着些许变化。《特别纳税调整实施办法（试行）》第93条提出，“税务机关应按照实质重于形式的原则审核企业是否存在避税安排”；国税函［2009］698

号则采用了“经济实质”一词〔1〕，对于境外投资方（实际控制方）通过滥用组织形式等安排间接转让中国居民企业股权，且不具有合理的商业目的，规避企业所得税纳税义务的，主管税务机关层报税务总局审核后可以按照“经济实质”对该股权转让交易重新定性。尽管很多时候这些概念不被严格区分，但“实质重于形式”、“经济实质”与“实质课税原则”到底有何关联，“实质课税原则”与美国反避税判例确立的“实质重于形式原则（substance over form）”与“经济实质原则（economic substance doctrine）”又有何关联？作者对实质课税原则的“好奇”与“困惑”，概源于此。

尽管实质课税原则理论上能被税务机关当成“得心应手”的执法工具，被理论界和实务界当成重要的分析依据，但人们对实质课税原则的内涵、适用范围、适用方法和条件并没有清晰的认识，大多数情况下只是“跟着感觉走”。在税务机关越来越钟情于这个万金油一样的工具的同时，税务机关的权力已经滑向了滥用的悬崖边缘，如果不对“实质课税”概念本身及其适用范围进行清晰界定，发掘其法理基础，构建“实质课税”的适用条件和程序，以及合理的配置因此而涉及的税收权力，纳税人的权利将随时会受到侵害而欲诉无门，税收法定主义的根基也荡然无存。

遗憾的是，目前国内大多数的著述少有对上述问题进行系统的分析和论述者，一些关于实质课税原则的文章，因为视角的不同，而没有对前述问题进行必要的解答和回应。目前国内仅有的

〔1〕 国税函［2009］698号文的相关规定为：“境外投资方（实际控制方）通过滥用组织形式等安排间接转让中国居民企业股权，且不具有合理的商业目的，规避企业所得税纳税义务的，主管税务机关层报税务总局审核后可以按照经济实质对该股权转让交易重新定性，否定被用作税收安排的境外控股公司的存在。非居民企业向其关联方转让中国居民企业股权，其转让价格不符合独立交易原则而减少应纳税所得额的，税务机关有权按照合理方法进行调整。”

一篇关于实质课税原则的博士论文[1]，尽管对实质课税原则的含义、适用对象等做了一些有价值的研究，但是因其侧重于国际反避税规则的分析，仍然有根据本书思路进行继续研究的空间和必要性。

此外，现有我国大陆地区的税法研究，主要基于日德和台湾地区的研究成果，确切而言，从德国到日本、台湾地区，再从日本、台湾地区尤其是后者到大陆，存在严重的路径依赖。国外（除德、日以外，目前学习的主要是判例法系国家，如美国、英国）和国内其他地区的研究成果（主要台湾地区的研究成果）因为没有结合我国的实际情况，尤其是我国法律体系，而不能形成有效的直接参考。鉴于此，笔者尝试在现有研究成果的基础上，继续对实质课税进行充分分析、论证、辨明，在此基础上，基于我国宪法和法律框架甚至是政治体制框架，对实质课税的制度建设提出建言。

目前，追求形式正义的税收法定原则已经得到认可和贯彻，与此同时，形式正义的局限性在发展、变化的现代社会已经逐渐凸显。此时，需要实质的法律价值和法律精神来进行补足。税法应当积极回应现代社会对实质正义的呼唤，丰富形式的内在价值，增强税法的正当性，尤其是现在一方面普遍认为税收负担过重，社会各界对结构性减税寄有厚望；另一方面，随着国家的发展，人民对社会保障等公共产品和服务的需求增大，财政支出压力增大的同时，人们对税收的认同感和“付出”意识并没有相应的发展，这时候强调税法的分配正义和实质正义是很有意义的。而实质课税就是一种增强税收的正当性、正义性的手段或方法。

就我国而言，我国存在形式正义与实质正义的两重缺失：一

[1] 熊晓青：“实质课税原则研究”，北京大学2007年博士学位论文。

方面税收法定原则没有得到实现。税收法定是一个具有宪政高度的税法问题，需要在宪法的体制中进行解决。我国宪法并没有关于税收法定原则的规定。同时，西方国家基于分权制衡理念的“法治原则”实际上在我国也并没有天然政治土壤。另一方面，我国税法中，税收的分配正义和税法的实质正义价值及理念没有很好贯彻。与此同时，因为经济全球化及新的经济和交易形式的出现，在两重缺失空隙中，国家的税收征管体系受到很大的冲击，税收流失情况严重。税务机关就像被仓促推上战场却没有赋予合适武器的战士，无法应对新情况。同时，一些税收执法活动存在一定的不确定性和主观性，如果不加以界定和限制，纳税人的权利难以得到保障。在中国社会的转型阵痛中，对以上两重缺失，既不能顾此失彼，也不能厚此薄彼，而应该齐头赶进。这是强调实质课税原则的理由所在。

二、实质课税的基本问题及研究现状

（一）实质课税的产生

根据现有的研究，一般认为，我国的实质课税原则来源于德国，由贝克尔（E. Becher）在起草1919年《帝国税收通则》时率先确认。作为一种经济观察法，“它由税收负担公平原则所导出，是解决税收规避的一种法律方法”。〔1〕《帝国税收通则》第4条规定，税法的解释应考虑其经济意义。第6条规定：“纳税义务，不得借民法上之形式及其形成可能性之滥用而规避或减少之，如有滥用情形，当依相当于该经济实践、经济实施及经济关系之法律状态，课征相同之捐税”。〔2〕但此后，1934年制定《税收调整

〔1〕刘剑文、熊伟：《税法基础理论》，北京大学出版社2004年版，第155页。

〔2〕张晓婷：“实质课税原则的制度实现——基于企业所得税法文本的考察”，载《财贸研究》2010年第5期。

法》时，《帝国税收通则》删除了该条内容，另行纳入《税收调整法》，成为《税收调整法》的第1条第2项。[1]

日本1953年税法修正使实质课税原则在日本税法中得到了肯定。[2] 尽管实质课税的用语来自日本，但日本也没有关于实质课税的一般性规定，只是在《所得税法》和《法人税法》中最早使用了“实质课税原则”作为法律条文的标题，且都属于所得归属的内容。[3] 日本《国税通则法》中也没有明确的内容规定实质课税原则。据学者的考证，谢怀栻先生早在1989年就已经介绍了西方国家的实质课税原则，并认为它应该属于税法的基本原则。[4] 此后，我国《税收征收管理法》关于关联交易纳税调整的规定，以及实体法如2008年《企业所得税法》中一些关于纳税调整的规定等被认为是实质课税原则的体现。

（二）实质课税原则的基本问题及研究现状

1. 关于实质课税原则的内涵

实质课税原则在德国被称为经济观察法，即当形式、外观与实质不一致时，税务机关应当透过形式、外观而按照实质加以征税。实质课税原则含义的关键点在于“实质”，因此，各学者对该原则的内涵的探讨主要聚焦在“实质”的揭示。关于实质的认识，通常认为，有法律的实质主义和经济的实质主义两种。其中，法律的实质主义，在日本以金子宏教授为代表，他认为，税法在适用时，应对课税要件事实予以确认，若出现事实关系和法律关系

---

〔1〕 刘剑文、熊伟：《税法基础理论》，北京大学出版社2004年版，第156页。

〔2〕 ［日］北野弘久：《税法学原论》（第4版），陈刚、杨建广等译，中国检察出版社2001年版，第82页。

〔3〕 刘剑文、熊伟：《税法基础理论》，北京大学出版社2004年版，第156页。

〔4〕 王晓芳：“论实质课税原则及其在中国的确立和适用”，载《财会审计》2010年第12期。

的外观形式和实体实质不相一致的情况，不能仅仅依据外观形式对其进行判断，而必须像其他部门法一样，根据实际情况对其实体进行判断，除非法律规定必须根据外观形式进行课税。

经济的实质主义主张，满足私法上的法律要件的法律事实，与现实所产生经济效果的成果的事实（经济的实质）不相一致时，应对后者进行税法的解释适用。此说，以日本的田中二郎为代表。

国内的主流观点认为，所谓实质课税原则是指在形式与实质不一致时，要按照实质进行课税。如刘剑文教授认为，实质课税原则是指在适用税法时，必须认定课税要件事实，如果课税要件的“外观与实体”或“形式与实质”不一致，则不能依照外观或形式，而只能按照其实体或实质加以判断。〔1〕张守文教授认为，实质课税原则是指对于某种情况不能仅根据外观和形式确定是否应予纳税，而应根据实际情况，尤其应当注意根据其经济目的和经济生活的实质，判断是否符合课税要素，以求公平、合理和有效地进行课税。〔2〕北京大学熊晓青博士的观点也大致可以归类于兼指法律的实质主义和经济的实质主义。

而台湾地区黄茂荣教授的观点则独树一帜，其撇开所谓的法律的实质主义和经济的实质主义之争，直指核心，即负税能力，也即实质课税原则指按照纳税人实际的负税能力课税。〔3〕

2. 实质课税原则的税法定位

（1）税法基本原则说。该说认为实质课税原则是贯穿于全部税法规范之中，对税法的立法、执法、司法等整个税法的运行过程具有普遍指导意义的原则。如朱大旗教授认为，实质课税原则

〔1〕刘剑文、熊伟：《税法基础理论》，北京大学出版社2004年版，第155页。
〔2〕张守文：《税法原理》（第3版），北京大学出版社2004年版，第34页。
〔3〕（台）黄茂荣：《法学方法与现代税法》，北京大学出版社2011年版，第186页。

是税法的三大基础原则之一。[1]滕祥志律师也持这一观点，他认为实质课税原则体现了税法的根本价值追求——正义，且实质课税原则与税收法定主义相互补充和证成，调和充斥于整个税法中的私权和税权之间的矛盾，实现了二者的统一，所以应当成为税法基本原则。[2]

（2）税法解释和适用原则说。该说认为实质课税原则在目前的实践中主要体现在税法的解释过程中，不具有普遍性，虽然有发展成为基本原则的潜力，尤其在西方国家这种趋势越来越明显，但对于我国来说，将其定位为解释与适用原则比较合适。[3]持类似观点者有张守文教授。他认为实质课税原则在课税对象的经济归属问题、无效行为的征税、违法行为的征税以及税收规避行为的否定等方面有重要作用，从而能够将实质课税原则定位为税法解释的重要原则以及补充税法漏洞的重要方法。[4]因为广义的法律解释包括法律漏洞的填补，在这个意义上说，两位教授的观点是一致的。但是，税法漏洞能否填补的问题在学界有争议。陈清秀教授的观点也可以归为这类。[5]但因其既包括法律的解释又包括事实的认定，可以统称为税法之适用。如下所述，日本学者田中二郎也持此观点。

（3）下位原则说。持此观点的又因对实质课税原则是属于哪

〔1〕 朱大旗："论税法的基本原则"，载《湖南财经高等专科学校学报》1999年第4期。

〔2〕 滕祥志：《税法实务与理论研究》，法律出版社2008年版，第172～182页。

〔3〕 刘隆亨："论实质租税原则的适用和作用"，载《税务研究》2003年第1期。

〔4〕 张守文：《税法原理》，北京大学出版社2004年版，第34页。

〔5〕 陈清秀教授认为，经济观察法，亦称为实质课税原则，乃是税法上特殊的原则或观察方法，由于税法领域受量能课税原则的支配，在解释适用法律时，应取向于税法规定所欲把握的经济上的给付能力……故不论是事实的认定还是法律的解释适用，均采取经济上的观点加以观察，即所谓税法上的经济观察法。参见（台）陈清秀：《税法总论》，元照出版公司2010年版，第198页。

个原则的下位原则持不同态度而有分野。陈清秀教授认为实质课税原则的理论根据是量能课税原则，由于税法上的量能课税原则要求经济观察法（即实质课税原则），因此，是否必须有经济观察法的特别法律根据问题，并无意义。他主张实质课税原则乃是量能课税原则或负担公平原则的表现，为实现税捐正义所必要之手段。〔1〕日本学者田中二郎认为，实质课税原则源于税收公平原则，属于税法上的解释与适用原则。〔2〕也有学者认为实质课税原则是贯彻税收公平原则的下位原则，其体现了税法的独特性和固有的目的性，它并不与税收法定原则构成必然冲突，反而能在一定程度上以对立统一的态势完善和支持税收法定原则。该学者虽然没有把实质课税原则当作税法的基本原则，但她认为，实质课税原则是税法中重要的立法原则、法律适用原则和法律解释原则，而并不以解释和适用为限。〔3〕此外，徐阳光老师也认为，与税法基本原则相比，实质课税原则实为下位原则，是税法解释和适用等领域内的具体原则。理由是，一方面，实质课税原则在内容上应当包含在税收公平原则和税收法定原则之中；另一方面，实质课税原则产生的历史渊源在于对税收规避的防范，且仅适用于税收法治环节中的某一具体阶段，而不能涵盖立法、执法、司法、守法等各个环节，当然也就难以归入税法基本原则的范畴。〔4〕

（4）量能课税原则之实质说。台湾地区的黄茂荣教授持此观点。黄教授认为实质课税原则为量能课税原则在法理上的表现，为其实质的原则。此与税捐法定主义属于形式方面的要求，为其

〔1〕（台）陈清秀：《税法总论》，元照出版公司2010年版，第200~201页。

〔2〕陈清秀：《税法总论》，元照出版公司2010年版，第201页。

〔3〕熊晓青："实质课税原则研究"，北京大学2007年博士学位论文。

〔4〕徐阳光："实质课税原则适用中的财产权保护"，载《河北法学》2008年第12期。

形式的原则相对应。实质课税原则、税捐法定主义与税捐稽征经济原则合成为税法在建制上所立基的主要原则。[1]

本书认为，实质课税原则的作用之一在于实现税收实质公平，但是并不以税收公平为限，而是为了实现税收分配正义和税法实质正义，尽管名为“原则”，但显然与传统意义上的法律原则有所区别，从其发挥作用的方式上看，毋宁是一种贯彻实质正义的法律方法。鉴于实质课税适用的指导性、全面性和非法律规则性，且已为税收立法和税法学界共通认定为原则，从其功能上看，将其作为一般意义上的原则定位并无不妥。实质课税原则是贯彻税收立法、执法和司法全过程的一项原则。正因为实质课税原则是公平原则等实质正义的体现并以其为目的，它才不能取代或者提升到基本原则的高度。税法的基本原则是税收公平主义和税收法定主义。其中税收法定主义是税收法治之表，税收公平主义是税收法治之里，而实质课税原则是税收法治之实现方法与手段。

3. 实质课税原则的适用对象

熊晓青博士认为，实质课税原则解决实质与形式不符的种种问题。这些问题首先包括无效行为，即虚假、虚拟行为和违法或违反善良风俗的行为。虚假或虚拟行为是指现实中根本不存在或隐匿覆盖的行为，针对这些行为，实质课税原则所要解决的是探究真实的法律行为并按其实质进行征税。第二类是纳税人交易定性错误问题，主要是指纳税人对其交易本身的定性，交易的数量（价格）、交易所产生的所得之定性归属定位等错误，需要税务机关纠正的情形。第三类是纳税人与其他当事人约定的权利义务履行出现瑕疵的情况。实质课税原则需要解决的最重要的问题是避

[1]（台）黄茂荣：《法学方法与现代税法》，北京大学出版社2011年版，第188页。

税问题，是纳税人利用法律的漏洞创制交易形式，但其实质是获取税收上的好处，缺乏合理经济目的之实质。[1] 徐阳光老师认为，实质课税原则是税法适用中的具体原则，其理论基础是量能课税，适用领域主要涉及纳税主体资格的确认、税收客体的归属、征税客体的合法性、无效和可撤销行为的税务处理、税收规避防范等方面。[2] 陈清秀教授认为，经济观察法适用于法律漏洞补充和事实认定两个方面。在法律漏洞填补方面，经济观察法在目的性限缩以填补隐藏的法律漏洞方面方有适用之余地。此外，在明显的法律漏洞填补上，只有有利于纳税人的法律漏洞填补才应准许。在事实认定上，经济观察法适用于事实关系的判断。经济观察法的个别适用类型，有：①税捐客体的经济上归属；②税捐客体的核实认定；③无效法律行为满足课税要件的课税；④违法或违反善良风俗行为满足课税要件的课税；⑤税捐规避行为的否认。[3] 黄茂荣教授认为，实质课税原则主要适用类型为税捐客体之有无、税捐客体之范围、税捐客体之归属、无效契约之履行、非常规交易之调整等。[4]

此外，学者们也研究了实质课税原则的适用除外情形。如黄茂荣教授认为，基于稽征经济原则，税法以类型化标准课税的情形，可以不适用实质课税原则。熊晓青博士认为，实质课税原则适用之例外在于税收优惠、定额征收和核定征收的场合。

本书认为，实质课税原则适用于税收要件认定的各个方面，

---

〔1〕 熊晓青："实质课税原则研究"，北京大学2007年博士学位论文。

〔2〕 徐阳光："实质课税原则适用中的财产权保护"，载《河北法学》2008年第12期。

〔3〕（台）陈清秀：《税法总论》，元照出版公司2010年版，第205～223页。

〔4〕（台）黄茂荣：《法学方法与现代税法》，北京大学2011年版，第203～227页。

其适用目的在于将按照交易形式或者私法规定在表面上不能归属于课税要件的情形按照税法的目的，纳入税法的调整范围，以实现实质主义。

三、本书的研究结构和研究方法

本书研究结构的设置遵循从理论到制度，从一般到具体的思路。首先，在第一章深入研究了实质课税问题产生的根源，并界定了实质课税原则的概念、与关联概念的关系、其税法地位等。第二章探讨了实质课税原则的理论基础，即实质课税的正当性和价值目标。第三章研究了实质课税原则的适用对象和适用的主要行为类型，并且界定了实质课税原则适用例外。考虑到实质课税原则在反避税中的重要地位，第四章专门研究了反避税制度中实质课税原则的适用，并比较研究了普通法系国家和欧洲反避税制度中实质课税原则的运用。实质课税原则与税收法律主义的关系，以及税法学上关于实质课税原则的定位、适用范围，涉及税收权力的横向配置，而税权的横向配置直接或者间接地决定了实质课税原则的适用范围、深度、方式，因此，第五章以税权的横向配置为基础，分析了其适用主体、方式和具体税收执法中的程序，论证了实质课税原则的适用并不必然与税收法定原则相冲突，实质课税原则对法的安定性的威胁可以通过配套的制度来合理消减。第六章根据我国的实际税法体制和宪政体制，分析研究了实质课税原则在我国税法中的现状和改进思路，以及提出在《税法通则》中规定实质课税原则的建议。

本书采用综合比较、归纳分析、实证分析和比较研究的方法，且结合经济学和法解释学、法学方法等对税法的实质课税原则及其实践问题进行综合和系统研究。

第一章

实质课税原则的法理界定

一、法的形式主义与实质主义

（一）有关形式与实质

追本溯源，本书的讨论也不避“俗套”，从最基本的、也是很有趣的一对概念——“形式”和“实质”——在法学中的某些使用方式开始，希望结合不那么严谨的语义分析，和不那么专业的“哲学”探讨，有所发现。

从语义看，形式是指某物的样子和构造，区别于该物构成的材料，即为事物的外形。实质则是某物本身所固有的属性。

形式和实质，一个是事物的外在表现形式，一个是事物的内在属性，内在属性须借助形式来表达与体现。从哲学而观之，抛开哲学史上关于形式与本体的诸多观念和流派，形式是可见、易于把握的，而实质则具有某种抽象性，需要逐步认识。此或可以对应于柏拉图的“可知世界”和“可见世界”进行理解。[1] 正因为形式的易于把握及可见，其所承载的信息在传递上存在的障碍要小于“实质”，而“实质”的发掘需要借助一定的手段以及对事物的深刻了解，才能接近其中的真理或者真实状况。

进一步从另一个方面看，形式可以独立于实质所被承载的内容而存在，艺术的发展表明形式与内容具有一定的独立性，法学的发展也展示二者的独立性，二者均有相互独立的特性以及有各自的发展规律。以美学为例，美学上的形式美学与历史美学就实现了形式与内容的分离，并且各自形成自足的理论体系和美学实践。如西方所发现的黄金分割律，关于人体、雕刻、绘画和音乐等比例关系的解说，都是关于事物的“数理形式”的美学规定。我国传统艺术中对于音律、格律、句法的发展，都是显示了形式的独立性。[2] 再以法学为例，从“形式”上看，有对法律规范自身的结构、体系等自成一体的研究，在法的“内容”方面也有关于法的精神、法的善恶标准的讨论。从事物本身的发展看，似乎形式和内容或实质的和谐和完美结合是永恒的追求，只是现实中囿于条件和技术，这种圆满状态似乎常常难以实现。当然，细心的读者已经发现，在这里，“实质”被悄悄地替换成“内容”，但无关紧要。

---

〔1〕 柏拉图在《理想国》把世界划分为“可知世界”和“可见世界”两个部分，其中可知世界是由相所构成的，它是不可见的、抽象的和永恒不变的；可见世界是由具体事物所构成的，它是可见的、具体的和生灭变化的。在这两者之间，相乃是本体，具体事物则是现象，是通过分有和模仿相才得以存在的。参见［古希腊］柏拉图：《理想国》，郭斌和、张竹明译，商务印书馆1986年版，第268~271页；苏宏斌：“形式何以成为本体——西方美学中的形式观念探本”，载《学术研究》2010年第10期。

〔2〕 赵宪章：“形式美学：中国与西方”，载《文史哲》1997年第4期。

法学界使用“形式”与“实质”时，有时采其最朴素、最原初的意思，大概可以对应于口语中的“表面”和“实际”，或者“外观”、“本质”。这种用法在税法上并不鲜见，尤其是在反避税中，对于避税行为所采取的法律“形式”或者法律“外观”，税务局有时候会抛弃而探究其“实际”的或者“本质上”的法律关系或者经济归属等。同样的“形式”和“实质”，法学上还有一种使用则似乎更富哲理、更为高深，如“形式法治”、“实质法治”，“形式理性”、“实质理性”，“形式正义”、“实质正义”，“形式刑法观”、“实质刑法观”等。其中，“形式法治”和“实质法治”〔1〕，前者强调严格依据法律文本，一般问题一般处理，后者主张特殊问题特殊处理，将法律之外的因素纳入法律解释的考虑范围；前者关注法律运行的技术，后者关注法律的价值理念。然而，在追求法治的过程中，“形式法治”和“实质法治”之间总是存在张力，甚至有时难以同生共存，整个法学思想史贯穿了有关二者孰重孰轻的无休争论。

这两种用法之间，在法理上，是否会有所关联呢？“形式”和“实质”的法律问题，深入下去都以“法治”观念下的概念为归宿。

（二）法律的形式与实质

1. 各部门法中“形式”与“实质”问题

法律中的形式与实质问题，主要是出现于法律条文穷尽之时的难题，也即形式与实质存在冲突的情形。

形式与实质的问题，并不限于税法，其他的部门法中均或多

〔1〕 陈林林：“法治的三度：形式、实质与程序”，载《法学研究》2012 年第 6 期；陈金钊：“魅力法治所衍生的苦恋——对形式法治和实质法治思维方向的反思”，载《河南大学学报（社会科学版）》2012 年第 9 期；车传波：“综合法治论——兼评形式法治论与实质法治论”，载《法学研究》2010 年第 7 期。

或少的存在形式与实质问题，因各法的调整对象、价值目标以及关涉人民权利的种类各异，从而在形式与实质的取舍上存在不同。以下主要介绍刑法、民法等实体法中，形式和实质问题的表现以及理论。因这两个法律部门鲜明代表了国家意志介入程度以及当事人意思的自由程度的两极，其中形式与实质问题，对讨论税法的形式与实质问题乃至实质课税原则都很有比较意义。

（1）刑法上的形式与实质问题。知名的刑法学家陈兴良教授认为："形式与实质的关系，是刑法学中的一个重大理论问题，其在刑法学中的意义，可从犯罪的形式概念与实质概念、犯罪构成的形式判断与实质判断、刑法的形式解释与实质解释三个视角加以阐释。"〔1〕其中，关于刑法的形式解释与实质解释，刑法学者认为，形式的解释论是一种强调尊重和忠实于立法者通过法律文本表达的立法原意的解释论，又称主观解释论，其意旨在于严格尊重和忠实于立法者通过刑法文本表现的立法意思，试图通过对刑法文本的严格解释，实现对立法意图的重构与包摄，保障刑法文本的可预测性，实现公民的法自由与法安全，并且有助于明确界定国家刑罚权的范围。而实质解释论则着重发现法律文本现在应有的客观意思，又称客观解释论，其重视情势的变化与法律适

〔1〕在刑法学中，形式与实质首先用来描述犯罪的概念。形式概念，即基于"法无明文规定不为罪"的命题必然得出法律明文规定的才是犯罪的结论，犯罪的形式概念是以刑法规定为根据定义犯罪，因此采用的是规范的标准。因为规范相对于社会生活来说具有形式的特征，因而被称为犯罪的形式概念。罪的实质概念是从犯罪的本质这样一个问题中引申出来的，而在大陆法系国家刑法理论中，一般都把法益侵害当作犯罪的本质，犯罪的实质概念是以一定的伦理道义或者政治教义为根据定义犯罪，因此采用的是价值的标准。关于犯罪构成的形式判断和实质判断，陈教授认为，就犯罪论而言，无所谓形式的犯罪论与实质的犯罪论之分，任何犯罪论都包含形式判断与实质判断，先进行形式判断，后有实质判断。陈兴良："形式与实质的关系：刑法学的反思性检讨"，载《法学研究》2008 年第 6 期。

用的目的，主张根据变化了的情势与目的的考量来发现法律规范的意义、目的。[1] 有趣的是，与德日刑法学中的形式解释与实质解释的发展轨迹相比，我国刑法学中的实质解释论与形式解释论呈现的是一条相反的路径。[2] 刑法的解释论问题，与罪刑法定原则密切相关。

对于各种解释论的利弊，有学者认为形式解释论或主观解释论难免囿于对立法者立法原意和形式合理性的追求而丧失解释结论与刑法适用的实质合理性，进一步凸现刑法的滞后性和不完备性。实质解释论或客观解释论则试图通过刑法解释使刑法与时俱进，随着时代的发展而发展，克服刑法的不周延性、滞后性和僵化性的弊端，但同时也有使刑法文本丧失明确性与确定性的弊端，导致破坏刑法的可预测性、破坏公民的法自由与法安全的后果。因此，上述学者主张刑法解释应当坚持以形式解释与主观解释为基础、辅之以实质解释与客观解释的目标定位。[3]

被称为实质解释论反对者[4] 的陈兴良教授认为，罪刑法定是保障人权之所需，在目前我国正处在以往不受规范限制的恣意司法到罪刑法定原则转变过程之中，应当倡导形式理性。犯罪的形式概念具有合理性，犯罪构成的形式判断应当先于实质判断，对于刑法的实质解释不能逾越罪刑法定原则的藩篱。[5] 然而，他

---

〔1〕 梁根林："罪刑法定视域中的刑法适用解释"，载《中国法学》2004 年第 3 期。

〔2〕 周详："刑法形式解释论与实质解释论之争"，载《法学研究》2010 年第 3 期。

〔3〕 梁根林："罪刑法定视域中的刑法适用解释"，载《中国法学》2004 年第 3 期。

〔4〕 邓子滨："中国实质刑法观批判"，法律出版社 2009 年版，第 11 页，转引自周详："刑法形式解释论与实质解释论之争"，载《法学研究》2010 年第 3 期。

〔5〕 陈兴良："形式与实质的关系：刑法学的反思性检讨"，载《法学研究》2008 年第 6 期。

也认为“罪刑法定”并不是要僵硬应对社会之最新发展。正如最高人民法院有关业务庭在“李宁组织男性从事同性性交易案”的裁判理由中明确指出的，于刑法的解释而言，根据刑法解释原理，对于刑法用语，应当适应社会发展，结合现实语境，作出符合同时代一般社会观念和刑法精神的解释。[1]

（2）民法上的形式与实质问题。并没有多少民法学者专门总结民法上的形式与实质问题，然而，民法本身的发展以及民法学说的发展无疑与形式和实质问题紧密相连。这首先表现在法典化的发展过程中。民法无论从调整对象、调整方法还是调整的范围看，都与刑法存在鲜明的区别，这种区别也就决定了二者在对待形式与实质问题的态度和处理方式上存在明显的差异。因民法调整的是平等主体之间在日常社会生活中发生的、以私的权利义务为内容的财产关系和人身关系，其调整的范围涉及社会经济生活的各个方面，要实现调整规则的法定主义似乎不可能也并无必要。但是，历史上概念法学兴起以及民法的法典化现象，也在一方面说明了民法能够通过抽象社会生活形成精致的概念和具有一定逻辑完足性的法律体系，在一定程度上实现法律规则和概念的包罗万象。只是随着概念法学所代表的法律形式理性表现出的弊病，利益法学以及超越概念法学已经向其提出挑战。国内一些民法学者反对民法法典化或者也是基于此种考虑。民法的实质主义对概念以及法典封闭体系的补充方式之一便是引入“诚实信用”原则，情势变更以及禁止滥用权利等条款。

民法的形式与实质，还体现在民法的基本假设上。民法之基础在于对民事主体之间权利能力平等以及市场理性人的假设，在

〔1〕 转引自陈兴良：“形式与实质的关系：刑法学的反思性检讨”，载《法学研究》2008 年第 6 期。

此基础上尊重民事主体的意思自治。从其基本假设而言，民法通过高度抽象实现了所有民事主体的形式平等，是一种形式主义；而从尊重当事人的意思自治而言，探求当事人的内心真意无疑又是一种实质主义。但是这种形式主义，并不是一成不变的。从严守民事主体之间的平等假设，到20世纪以来，逐渐承认民事主体之间的实质不平等以及协商能力的差异的现实，民法有了社会化，也有了经济法的产生，这是一种偏重实质的过程。

在民法的解释和适用上，其形式与实质问题主要体现在对当事人的真意进行解释时，根据尊重意思自治及保护交易安全如保护善意第三人等原则进行方法论上的取舍。以合同法为例，现代合同法有从形式主义到实质主义的方法论上的演进。形式主义方法论认为，合同法是封闭的自足的存在，其思想根源在于唯理主义以及受此影响的法学科学主义情结，相应地其推理方式为形式推理。而实质主义方法论认为，合同法不是封闭的存在，法律适用必须考虑规范以及规范支撑的根据，其思想根源是语境主义。〔1〕

2. 法律的实质与形式问题出现的根源及其解决

法律的形式与实质问题最终是“形式法治”与“实质法治”的关系。而各部门法对形式和实质问题的态度的不同以及处理方法的不同，则是由各部门的调整对象、调整方法以及价值追求的差异造成的。刑法为了保证整个社会的安全有序运行，而对危害社会的人采取必要的“恶”，但其“暴力”调整手段一旦失去“法”的形式的枷锁，将对人权造成严重的侵害。因此，理论界主要对实质主义采取必要的警惕。而民法涉及市民社会的私的利

〔1〕 孙良国：“从形式主义到实质主义——现代合同法方法论的演进”，载《华东政法大学学报》2007年第5期。

益，从“意思自治”、追求当事人真实意思表示而言，当采实质分析方法，而从保护交易安全的角度，自需要为了善意第三人遵守形式法则。但是，无论谨慎，还是开明，现代社会中法律从形式主义向实质主义的扩展，似乎是一个看得见的演变过程。从法理学的发展脉络看，法理学家捕捉到：“从近百年西方法治理论的发展背景来看，形式法治的一些主张一直处在被批判的境地，实质法治理论似乎占据了法治理论的优势地位。早期的自然法学，后来的社会法学、新自然法学、现实主义法学、批判法学以及后现代法学在法治理论上都支持实质法治。”〔1〕这种脉络似乎在法律解释方法上也可见一斑，“法律解释必须向道德、政治和社会等因素开放，打开了形式法治的封闭性，法律的权威性开始失落，法律规范的地位开始下降。过去以追求法律客观性为目标的解释方法占据主导地位的情形，让位于实质主义衡量、论证、融贯等方法。现在，就连对合同的解释也开启了对外部资源的挖掘。”〔2〕

造成这种趋势的原因主要包括以下方面：首先，现代社会的复杂及易变性与法律的落后性存在冲突。经济的发展，科技的进步，社会分工和合作的细化、紧密化，意味着作为法律调整对象的社会关系复杂多样化。而法律一经制定，就已经落后于时代，不得不采取一种基于价值目标的扩张手段应对之。

其次，语言的有限和人类理性的有限性。作为法的形式的法

〔1〕陈金钊：“魅力法治所衍生的苦恋——对形式法治和实质法治思维方向的反思”，载《河南大学学报（社会科学版）》2012年第9期。

〔2〕陈金钊：“魅力法治所衍生的苦恋——对形式法治和实质法治思维方向的反思”，载《河南大学学报（社会科学版）》2012年第9期。不过，作者同时在文中认为，对原本就欠缺法治的中国来说，不应当跟风形式法治到实质法治的“潮流”。

律规则需要借助语言来加以表达，语言作为表达工具并不总是能完美地表达出全部的内容。人类的认识是有限的，是一步一步推进的，从而导致法律规则的不完备。

一言以蔽之，形式的相对固定性与内容绝对开放性形成矛盾，法律概念事实上不能形成一个自足的、利用逻辑推理即能适用于全部社会关系的科学体系，从而需要借助实质主义补足。税法中“实质课税”同样面临以上现实原因，只是表现方式各有不同，留待下面的章节进行详述。

既然实质主义追求难以避免，留给人们的问题是，如何在追求实质正义，最大限度实现法的调整意旨的同时，兼顾法的形式理性，确保法的安定性，实现对公权力与私权利的平衡、公共利益与私人利益的均衡？

（三）税法的形式与实质

1. 税法上的形式与实质问题

税法中的形式与实质问题，被认为是一个兼具基础理论和实务特性的主题。一方面，它提出了税法研究方法论的基本问题；另一方面，有关形式与实质的问题经常在法院和行政机关的案例中出现，尤其是在避税案件中，但并不以此为限。[1]应当说，税法学理论和实务中的形式与实质问题范围很广，涉及的面也很广，与其他部门法上的类似问题有些共同的地方，如都涉及法律的解释方法等，但是也有些不一样的表现。

在香港，税务局理解交易的形式及实质时，认为交易的形式是该项交易的法律后果，而交易的实质则是交易在实际上或商业

〔1〕 See Frederik Zimmer, “General Report”, in International Fiscal Association 2002 Oslo Congress, *Form and Substance in Tax Law*, Vol. LXXXVIIA, Kluwer Law International, 2002, p. 21.

上的最终结果。[1] 根据国际税收组织（International Fiscal Organization）的报告，所谓的税法的形式，或者法律形式，是指税法术语（terms）所表述的概念，尤其是那些用于描述一个税法规则（a tax rule）的法律要件（legal conditions）的术语。通常，这些术语同时被私法用于表述一些私法概念，如买卖、租赁、赠予、雇员、公司等。形式也指按照所争议税法规则中设定的法律要件予以实行的交易。这在分步交易中最明显，如按照形式，A 与 B 之间存在买卖关系，而后 B 将相同的资产卖回给 A。“实质”是指交易或者法律关系的经济内容（通常被称为“经济实质”）[2]，按照这种定义，税法上的“形式”兼指法律条文以及符合这些条文的交易的形式，其“实质”仅指经济的实质（economical substance）。但是同时，该报告也指出，一些国家还有法律法的实质之说（legal substance，有时候也称为 legal reality），如英国、比利时、法国等。[3]

可见，这里的税法上的形式和实质，主要是纳税人交易的形式和实质，关系到税法的解释和适用，其具体范围，各国的税法实践都有所差异，也各自形成了一套基于自身法律体系和司法传统的规则，这将在本章第三部分有详细讨论。然而，税法的上形式与实质问题，如果仅仅停留在这个层面，则有所欠缺。

---

〔1〕《香港税务条例释义及执行指引》第 15 号，第 39 段，转引自许炎：“香港地区税制特征与国际避税和反避税”，载施正文主编：《中国税法评论》（第 2 卷），中国税务出版社 2014 年版，第 239 页。

〔2〕 See Frederik Zimmer, “General Report”, in International Fiscal Association 2002 Oslo Congress, *Form and Substance in Tax Law*, Vol. LXXXVIIA, Kluwer Law International, 2002, pp. 23 ~ 24.

〔3〕 See Frederik Zimmer, “General Report”, in International Fiscal Association 2002 Oslo Congress, *Form and Substance in Tax Law*, Vol. LXXXVIIA, Kluwer Law International, 2002, p. 24.

2. 税法的几个“形式”和“实质”问题

税法的形式和实质问题，从反避税的角度看主要涉及税法的解释和适用，但根本上却是税收形式法治与实质法治，有关一般反避税条款的正当性与否、税务机关反避税限度的讨论已经深入到这个根本问题。概言之，税法上的“形式”和“实质”问题有以下几个：

第一个税法的形式和实质问题是“税”这个以法律为表现的公共负担的正当性问题。税收作为国家向人民课加的财产负担，其正当性不仅仅来源于以“法律”的形式，由人民或者通过其代表以民主形式作出决定“自愿”负担——“税收法定”，更在于税收负担的课加，是否符合有关公平正义的朴素观念，是否符合课加税收的原初目的——如果说税收是国家为了提供公共服务、满足人民福祉而征收的，则税收负担的分配不应当剥夺或者损害人民更大的福祉和基本的权利，亦即税法应当满足法律的“实质”要求，遵循税收公平原则。换言之，税法的“法”不仅仅是指以民主形式和民主程序制定出来的普遍适用的规则，这只是一个民主国家最基本的关于税法形式的要求，尽管这个要求我国尚未做到；这里的“法”也应是指能“保障公民的福祉、国家的繁昌和人民的安宁而幸福的生活”的法，它“包含有公正、正确地进行选择的意思”，是实质意义上的“好法”。缺乏实质内涵的税法，恐怕只能归于“暴戾之法”了，“暴戾的法律既然不以健全的论断为依据，严格地和真正地来说根本不是法律，而宁可说是法律的一种滥用”。[1]

从税法基本原则和基本价值的角度看，主要体现在税收法定

〔1〕［意］阿奎那：《阿奎那政治著作选》，马清槐译，商务印书馆1982年版，第121页，转引自刘星：《西方法律思想导论》，法律出版社2007年版，第191页。

主义的适用程度[1]及其与税收公平主义、其他税法原则和价值之间关系的处理上。

税收法定的理论根据在于民主原则和法治原则,[2]因而有深刻的宪政机理。"没有代表则没有课税",没有国民自己的同意不得被课税,因此,课税必须依据由国民或其代表通过议会等民意表达机构制定的法律来进行。没有法律明文的规定,则不得征税。可见,税收法定主义强调征税的法律规则依据。税收法定主义,是否排斥授权立法,是否允许征税机关的自由裁量权以及多少自由裁量权,是否允许诸如一般反避税规则等边界模糊的条款的存在则是需要讨论的,这些问题的答案关乎税法在形式法治和实质法治之间的偏向。

需要指出的是,无论是北野弘久教授对租税法律主义总结的三个发展阶段,[3]还是法治国家对量能课税的关注,税法的发展已经从单纯的形式主义过渡到了形式主义与实质主义并重。甚至有学者认为:"当今世界在税法原则建构上正发生着从税收法定到税收公平的演变,体现了从形式正义到实质正义、从依法征税到以宪制税以及从人民主权到人权的法哲学变迁。"[4]现代税法的正当性,已经不能仅仅依靠税收法定原则来取得。

---

〔1〕 而按照台湾地区学者的观点,形式与实质在税法上首先表现在法律渊源的层次,即有形式意义之法律与实质意义之法律,以及是否必须是符合实质内容之形式意义的法律始为适格之税法渊源。其中形式意义上的法律,是指由立法机关制定并依法公布之法规,不含由行政机关基于法律之明确授权所制订之法规命令。不论哪一层次之法律必须符合实质意义法律之正法伦理上的要求。参见(台)黄茂荣:《法学方法与现代税法》,北京大学出版社 2011 年版,第 184~186 页。

〔2〕 施正文:《税法要论》,中国税务出版社 2007 年版,第 13 页。

〔3〕 [日] 北野弘久:《税法学原论》,陈刚、杨建广等译,中国检察出版社 2001 年版,第 73~80 页。

〔4〕 侯作前:"从税收法定到税收公平:税法原则的演变",载《社会科学》2008 年第 9 期。

第二个税法的形式与实质问题是，税收构成要件是采形式构成要件，还是实质构成要件。如果说第一个税法的形式与实质问题关乎税法的价值，第二个问题则关乎具体的税收立法技术。

由于各种原因，经济生活中的各种行为，存在形式外观与实质内容相背离的情况，以及法律关系外观与经济实质出现不一致的情况，对于课税要件的认定，则存在如何取舍形式与实质的问题。如对信托的课税，是对作为形式上的权利人的受托人课税，还是对实际经济利益的享有人课税。税法通常根据征税的效率和公平选择是实质课税还是形式课税。

第三个税法的形式与实质问题是税法的解释和适用问题。大陆法系通常把法律的适用过程作为一个三段论的推理。但问题是，“主要的困难在于，大前提中的法效果意指——被一般地描述的——抽象的法效果，反之，结论中的法效果则是该当案件事实的具体法效果，媒介两者，有时并非易事。……形成小前提的困难首先发生在：案件事实是以日常用语来描述，而法律用语则包含许多抽象的专业用语及概念。此外，假使法条的构成要件系以类型或需填补的概念所建构，则其常不能作穷尽的定义，因此亦不能做真正的涵摄”。[1] 既然如此，在税法的解释和适用过程中，存在法的“续造”的必要，谁有权续造？依据何种方式行使这种权力？与税法的安定性与可预期性、税法的秩序之间如何处理？

以上三个问题尽管各有表象，却又相互关联。正因为如此，笔者对实质课税的研究也力求在开阔视野的同时进行深入。本书首先关注法的价值层面，如何实现税收法定与税收公平原则等价

〔1〕［德］卡尔·拉伦茨：《法学方法论》，陈爱娥译，商务印书馆2003年版，第10页。

值相协调与平衡，在具体适用上如何确定税收构成要件，以及在这个过程中必然涉及的税收权力的分配与制衡问题，以求为回应实务问题、实现税收法治作微薄的贡献。

二、实质课税原则的内涵

（一）法律实质说与经济实质说

实质课税原则的内涵与“实质”的范围以及其所对应的“形式”的范围密切相关。如前所述，所谓的实质有经济的实质与法律的实质。各家关于实质课税原则的定义，也通常不能绕开日本学界关于“法律的实质主义”与“经济的实质主义”两种界分[1]，所以，在对实质课税原则的含义给出本书的见解之前，必须先行介绍法律实质说与经济实质说两种观点。

法律实质说和经济实质说两种观点都强调，在适用税法时，必须认定课税要件事实，如果课税要件事实的“外观与实体”或“形式与实质”不一致，则不能依照外观或形式，而只能依照其实体或实质加以判断。当依据外观或形式，并没有符合课税要件的事实存在时，如果实体或实质符合课税要件，则必须认为误税要件已经满足。同理，如果外观或形式符合课税要件，但其实体或实质并无该项事实存在，则必须认定课税要件未能满足。[2]二者的区别在于“形式”和“实质”的内容不一样。无论是法律的实质主义，还是经济的实质主义，既涉及法律事实的认定，还关系应税行为的法律定性，从而构成税法要件事实的判断。至于是否兼及税法的解释，应根据实质课税原则所适用的范围确定。不可否认的是，法律的解释与课税要件事实的认定经常交叉在一起，

---

〔1〕 如前所述，在英国、比利时和法国也有法律的实质主义的概念。

〔2〕 刘剑文、熊伟：《税法基础理论》，北京大学出版社 2004 年版，第 155 页。

在实际的税法运行过程中，并不能清楚区分。

1. 法律实质说

该说主张按法律实质（legal substance）课税。日本学者金子宏教授主张法律实质主义，他认为，对“课税要件事实”认定所必需的法律关系，不要按表面上所存在的法律关系而应按真实存在的法律关系来进行课税要件事实的认定；而不应离开真实的法律关系，去按其经济成果或目的来对法律要件的存在与否进行判断。[1]对于法律实质一词，英国和比利时等国家也用“legal reality”来表述同样的含义。

如税法中伪装行为（simulation or sham）[2]的否认，即采取法律的实质主义立场，而不是经济的实质主义。[3]伪装行为在民法上和税法上的意思相同，一些国家在税法上将其作为一种反避税的规则使用，也即税务机关根据该规则否认当事人采用的伪装行为及其对应的税法效果。

在英国，著名的威斯特敏斯特公爵案[4]确立了法律的实质主义。根据威斯特敏斯特公爵案中的意见，交易的税法处理应当根据其法律实质决定，而非按照其经济实质。国内收入署（Inland Revenue）没有权力按照纳税人没有采用的法律实质或者一系列法律事实进行课税，哪怕这种法律实质或一系列的法律事实将产

---

〔1〕［日］金子宏：《日本税法》，战宪斌、郑林根等译，法律出版社2004年版，第103页。

〔2〕Sham是判例法国家的概念，simulation是大陆法系国家的概念。

〔3〕See Victor Thuronyi, *Comparative Tax Law*, Kluwer Law International, p. 158.

〔4〕Duke of Winstminster v. CIR［1936］AC 1, 19 TC 490，该案中，英国公爵雇用园丁为其工作，并为此支付报酬。因根据英国当时的法律，所支付的报酬不能税前扣除，而年金支付则可以税前扣除。公爵与园丁签订了一个年金支付合同，约定以年金的形式给园丁支付款项，并在等同数量范围内减少应向园丁支付的薪酬。英国税务局认为合同形式上是年金合同，但实质上是劳动报酬合同，因此所付款项本质上是劳动报酬，不可扣除。但英国上议院没有支持税务局的观点。

生更高的税负，并与纳税人实际所采用的方式实现同样的经济效果。[1]当时的 Tomplin 大法官认为，每个人都有权利安排自己的事务来降低税负。直至 2002 年，英国的税法学家仍然认为，英国税法的解释和适用需根据纳税人交易的法律实质进行。经济的实质通常与交易的税法处理没有关系，除非它与法律的实质一致。[2]

在形式与实质的问题上，学者认为，比利时税法总体而言支持法律形式（legal form）优于所谓的“经济实质”，但这里的法律形式，更确切而言，应该是指当事人交易的法律实质，而非仅仅指交易所采用的法律形式。比利时的法律实质主义，源于税收法定原则以及私法统帅税法原则。比利时的宪法缔造者认为，税的课征只能基于法律的明文规定，并由其推论，对税法应进行严格解释与适用，禁止类推。对税法条文的含义有疑问时，应当按照有利于纳税人的原则进行解释。所谓的私法统帅税法原则是指，税法的解释应当遵照其私法中的含义进行，纳税人的交易应按照私法原则进行定性。当然，在立法中，该条规则并不禁止立法机关按照经济实质优于法律形式的方式进行立法。[3]这与国内学者主张的实质课税原则仅应适用于立法环节有所相似。

---

〔1〕 See Richard M. Ballard, Paul E. M. Davison, “UK Branch report”, in International Fiscal Association 2002 Oslo Congress, *Form and Substance in Tax Law*, Vol. LXXXVIIA, Kluwer Law International, 2002, p. 573.

〔2〕 See Richard M. Ballard, Paul E. M. Davison, “UK Branch report”, in International Fiscal Association 2002 Oslo Congress, *Form and Substance in Tax Law*, Vol. LXXXVIIA, Kluwer Law International, 2002, p. 569. See also Frederik Zimmer “General Report”, in International Fiscal Association 2002 Oslo Congress, *Form and Substance in Tax Law*, Vol. LXXXVIIA, Kluwer Law International, 2002, p. 30.

〔3〕 See Daniel Garabedian, “Belgium Branch report”, in International Fiscal Association 2002 Oslo Congress, *Form and Substance in Tax Law*, Vol. LXXXVIIA, Kluwer Law International, 2002, pp. 153 ~ 154.

如后所述，英国和比利时的法律实质立场可能并不完全如金子宏先生所定义。首先，在英国和比利时税法适用中，仍旧存在所谓的交易定性问题。从笔者所掌握的有限资料分析，比利时的税法交易需要根据私法进行定性，或者尊重私法所确定的法律关系，这是笔者所认为的法律实质主义。但是，根据税法专家所介绍的英国税案处理步骤，英国的情况可能要更复杂一些。具体而言，纳税人的某项交易的税法处理可以归纳为三个步骤：第一步，认定事实（establish the facts）。事实又分为初始事实（primary）和间接事实（secondary），前者主要是客观事实，而后者则是“法律事实”，是当事人所创造的权利义务或者法律行为，主要由相关法律文书或者从客观事实等外来证据确立。第二步，对法律事实进行定性（characterisation）。首先是一般性的定性，可能是税法定性也可能是非税法定性，所解决的问题如一项交易在立法上构成“买卖”抑或抵押贷款。在这个步骤中，交易可能按照税法目的进行重新定性。第三步，解释相关法律，判断交易（意指已经定性的相关事实和法律事实）是否落入法律的征收范围。基于税法明文规定而非依据目的或者公平课税的原则在现今已有所变化。〔1〕尽管笔者还不能完全洞悉前文所述过程，但在第二步中，按照税法目的定性，与一般的定性是否有区别？区别在哪里？至于第三个步骤，英国学者表示，目前税法已经不限于严格的文义解释了。尽管威斯特敏斯特公爵案至今尚未被推翻〔2〕，Ramsay 案和 Daw-

---

〔1〕 See Richard M. Ballard, Paul E. M. Davison, “UK Branch report”, in International Fiscal Association 2002 Oslo Congress, *Form and Substance in Tax Law*, Vol. LXXXVIIA, Kluwer Law International, 2002, p. 570.

〔2〕 国内有些学者对该案的效力介绍为已经被推翻。但根据英国税法专家的介绍，威斯特敏斯特公爵案不仅没有被推翻，反而其确立的法律实质主义仍然可以被国内收入署在合适的时候适用以对抗纳税人。例如 CIR v. Fleming & Co.（Machinery）Ltd 33 TC 57 at 62 - 3 per Lord Cooper。See Richard M. Ballard, Paul E. M. Davison, “UK Branch report”,

son 案以及 Westmoreland 案确立的原则已经使法律在反避税立场上有了新的变化。Ramsay 案被认为是一种法律事实的重构，而在 Westmoreland 案中，Hoffmann 法官又将 Ramsay 界定为是一种法律的解释方法（statute construction），这些反避税案例，自然不再是通常所称的法律实质主义立场，可见在前述步骤二和步骤三中，都有可能渗入经济实质主义，并且可能两个步骤实际难以界分清楚。

比利时在反避税实践中也一定程度上偏离了法律实质主义的立场，而靠近所谓的经济实质主义。在比利时，受英国 Ramsay 案和 Dawson 案的影响，所得税法中引入了一般反避税条款。在法律的适用上，均通过对当事人的交易在税法上重新定性的方式，抛开嵌入的中间步骤，当事人交易的经济实质，或多或少会成为税务处理的依据。此外，考虑到判例法国家和民法国家存在多种的法院发展的反避税规则以及其他的民商事规则，如广义的伪装（sham）行为〔1〕、分步交易规则等，这些规则并不完全限于法律的实质主义立场。

严格意义上的法律实质主义，应是指根据交易或者应税行为所据以设立和履行的法律所认定的法律性质进行课税，如前述英国税案步骤中第二步，一项民事行为应当按照相关的民事法律进行判定，到底是构成赠与还是构成转让，应当按照私法上的相关条款进行确定，除非税法另有规定。〔2〕这种立场是基于对税法对

(接上页) in International Fiscal Association 2002 Oslo Congress, *Form and Substance in Tax Law*, Vol. LXXXVIIA, Kluwer Law International, 2002, p. 573; Daniel Garabedian, "Belgium Branch report", in International Fiscal Association 2002 Oslo Congress, *Form and Substance in Tax Law*, Vol. LXXXVIIA, Kluwer Law International, 2002, p. 374.

〔1〕 之所以称为扩展了的伪装行为，是因为在一些缺乏一般反避税条款的国家，伪装行为的概念被延伸到利用经济实质否认避税交易的场合。

〔2〕 如税法通过所谓的“视同销售”规则而进行税法上的拟定。

私法基础地位的确认而合理推导出来的。[1] 法律实质主义能为纳税人提供稳定性和可预测性，符合人们对税收法定原则的预期。在税法中很多的交易定性问题，多数是法律实质主义所能解决的。一些国家税法领域确立的 Sham 或 Simulation 规则的运用，也可以被实质课税原则的法律实质主义进行吸收。

2. 经济实质说

实质课税起源于德国 1919 年确立的经济观察法，经济观察法可谓是经济的实质主义。美国法院通过判例确立的实质重于形式原则（substance over form）和经济实质原则（economic substance doctrine），字面上而言与实质课税原则非常相似，二者与实质课税原则的区别和联系，详见后述。

按照陈清秀教授的观点，从“经济的实质主义”立场理解，税收负担有必要维持实质的公平，纵然其法形式或名义相同，但其经济实质有差异，即应做不同的处理。例如让与及让与担保，法律上的外观及形式虽然相同，但其实质有差异，因此有必要为不同处理。判例即有认为让与担保所生财产之转移，不得解释为所得税法上之资产让与。又不问其法的形式或名义为何，在其经济的实质上，如可认为系享受课税对象的利益时，则通过就其实质进行课税（例如纵然法律上无效或得撤销的不法所得及非合法所得，亦均属课税所得）的方式，可以期待实现按照税捐负担能力的公平课税。[2] 如果参照英国法律实践，经济实质主义构成了

---

〔1〕 如金子宏教授认为：“税是以私人各种经济活动为对象而进行课赋、征收的。而私人的各种积极活动又首先被以民商法为中心的私法所规制。因此，税法的规定往往是以私人性的交易法为前提并以其为基础的。”参见［日］金子宏：《日本税法》，战宪斌、郑林根等译，法律出版社 2004 年版，第 28 页。

〔2〕 ［日］田中二郎：《租税法》，有斐阁 1982 年版，第 83 页以下，转引自陈清秀：《税法总论》，元照出版公司 2010 年版，第 200 页。

一种根据其相关民事法律进行定性，再根据税法需要，就其经济实质对法律事实进行重新定性的主张。甚至更激进，不问民事法律关系的定性如何，直接按照经济归属或经济状态给予税法评价。经济实质说可能才是能显示税法独特性的实质课税观念。

经济的实质主义，或者经济观察法存在广为诟病的权力专断与不确定性问题，这是实质课税原则所引发争议的主要原因，这也恰恰是实质课税原则作为税法的专有原则展现税法独特性，以及体现税法评价与私法评价区分的重要方面。如今，哪怕是固守法律实质主义的国家，如英国和比利时，在反避税领域的实践一定程度也可以归为经济实质主义的范围。我国台湾地区税法在司法确立实质课税原则以后，2009 年 5 月 13 日新修正公布的“税捐稽征法”第 12 条之 1，以法律的形式接受了实质课税原则。“税捐稽征法”第 12 条之 1 第 1 项规定：“涉及租税事项之法律，其解释应本于租税法律主义之精神，依各该法律之立法目的，衡酌经济上之意义及实质课税之公平原则为之。”第 2 项规定：“税捐稽征机关认定租税之构成要件时，应以实质经济事实关系及其所生实质经济利益之归属与享有为依据。”这样一种依据经济实质认定应税事实的观念，无疑也是经济的实质主义。根据学者的分析，该条并未将实质课税原则适用的范围限于纳税人因滥用法律形式而影响税收负担公平分配的情形。〔1〕只是这其中，法律解释应“本于租税法律主义”与认定租税构成要件应依据实质经济事实关系，二者如何权衡可能难以把握。

对于经济的实质主义，有一点应当辨明：在表面上的法律形式与实质的经济形式不一致时，如可以按照法律的实质所对应的

〔1〕 叶姗：“应税事实依据经济实质认定之稽征规则——基于台湾地区‘税捐稽征法’第 12 条之 1 的研究”，载《法学家》2010 年第 1 期。

经济实质进行确定，这时仍在法律的实质主义范围内。如名义上的房产归属人是甲，但是实际上乙才是真正的权利人和经济利益归属人，此外还有隐名合伙人的问题，以及目前存在的大量代持股问题。简而言之，法律上的实质主义就是要借用私法等税法以外的基础性法律的手段来解决大多数的税法问题，这也是维持法的安定性所需。〔1〕而经济实质主义的运用，则为平衡征纳关系，需要更多的谨慎和约束。〔2〕

经济上的实质主义，不仅是反避税方法的常用手段，而且在税收立法上，也经常要考虑是否按照经济上的实质主义确定税收构成要件。在税法的适用中，通常只有在法律实质主义穷尽之后，仍然出现了法律形式与经济实质，或者根据法律形式认定的法律关系实质与经济实质不一致且有悖于税法的目的时，才有经济上的实质主义适用的空间。这样的表述并不是说法律的实质主义总是第一序位的，在认定为避税的案件中，情况和方法有所差别。二者的适用也并不是非此即彼的，往往有结合适用的空间。

（二）法律实质说还是经济实质说?

法律实质说和经济实质说的取舍问题根源于对税法和私法关系的认识，以及对税收法定主义的坚守程度。主张私法系税法的基础者，概能接受法律实质说，强调税法独特性者，概多能接受

---

〔1〕 正如威斯特敏斯特公爵案一个不被人知的细节是，该案的异议法官恰恰也是基于法律的实质主义，提出了公爵与其雇员的年金合同不应定性为年金，而应为劳动报酬的主张。基于私法并不意味着与“经济实质”无关，根据笔者的律师执业经验，民事案件，尤其是复杂民事案件，完全也有定性的问题，其定性往往也要分析当事人之间的各种权利义务，包括一些经济上的归属情况，权利义务履行的实际情况来确定，而不是简单的法律概念与事实的一一对应关系。

〔2〕 如台湾地区“税捐稽征法”第12条之1，学者指出其“没有在其立法理由中阐明条文化是否能够解决这一原则长期受到的可能被稽征机关滥用的质疑”。参见叶姗：“应税事实依据经济实质认定之稽征规则——基于台湾地区‘税捐稽征法’第12条之1的研究”，载《法学家》2010年第1期。

经济实质说。法律实质说认可税法的“第二次调整”属性，认可其所调整法律关系的民商事属性，仍然是在税法规范以及税收法定形式框架内的判断方法与手段。但经济实质主义则需要抛开法律关系之形骸，探求其实质的经济状态，从而因其常常赋予税务机关过多裁量权，而倍受争议。

实质课税原则应如何在法律实质观和经济实质观之间进行取舍，大致有三种观点。

其一，同时主张法律实质观和经济实质观，而不进行区分抉择。如日本学者吉良实认为实质课税原则是法律实质主义和经济实质主义的有机组成，在具体案件的处理上，当发生“法对法”的问题时，则应当从“法律实质主义”的立场，理解实质课税主义；反之，如其问题属于“法对经济”的问题时，则应当从“经济实质主义”的立场，理解实质课税，如此方能发挥其功能。故将实质课税原则解释为包含上述两者的原则，以更能适合比原则的趣旨及目的。〔1〕

其二，主张经济实质观。如台湾地区学者将实质课税原则作为量能课税的下位原则，为了充分反映和实现量能课税，实质课税原则或经济观察法应理解为“经济的实质主义”较为妥当。〔2〕台湾地区的立法也采纳经济实质观。德国理论上并无法律的实质主义和经济的实质主义之分，其经济观察法从来就是从经济实质的角度看问题。〔3〕国内也有学者认为，法律实质主义是各部门法的共同特点，而经济的实质主义才是实质课税原则的真实意蕴所在，表明实质课税原则注重的是足以证明纳税人有纳税能力的经济事实、具应予课税的必要性与可行性，而不是其外观的法律行

---

〔1〕 转引自（台）陈清秀：《税法总论》，元照出版公司 2010 年版，第 199 页。

〔2〕（台）陈清秀：《税法总论》，元照出版公司 2010 年版，第 200 页。

〔3〕 刘剑文、熊伟：《税法基础理论》，北京大学出版社 2004 年版，第 168 页。

为形式表现。[1]

其三，主张法律实质观。如金子宏教授的观点。也有出于经济的实质主义对法的安定性损害的担忧而主张侧重法律的实质主义代表性观点者，原因在于“法律的实质课税主义与税收法定主义是内在契合的，而经济的实质课税主义主张行政机关进行漏洞补充加以解决”，故此反对经济的实质主义，认为其对法律的安定性和可预测性会造成难以恢复的损害。[2]

主张经济实质说者并不需要否认法律实质观，因为认定法律实质是法律运行的正常方式和结果，无须另行规定。但笔者大致认可吉良实对法律实质和经济实质相机使用的观点。法的实质主义自然是实质课税原则的当然内容，除却立法要求按照“形式课税”的明确规定以外，大概都可以当然适用法律实质原则。此外，尽管实质主义是各部门法共同存在和面对的问题，各法之间因其调整对象和调整目标的差异，仍然会存在差别。经济的实质主义则是使实质课税原则有单独存在价值的方面，在立法上和法律的解释适用方面有不可替代的作用，在反避税上更是不可或缺的原则。笔者并不能同意北野弘久教授关于避税的问题是立法者的任务的观点，一则即使立法者采用了专门反避税条款，这些条款的适用往往也需要用到经济的实质主义方法；二则避税的存在原本就在于税法的形式刚性和落后性，这是法律所固有的缺陷。如此，实质课税原则的要义在于如何制约行政权力，以及确保税法的安定性与可预期性。

---

〔1〕张晓婷：“实质课税原则的制度实现——基于企业所得税法文本的考察”，载《财贸研究》2010年第5期。

〔2〕刘剑文、熊伟：《税法基础理论》，北京大学出版社2004年版，第168页。

三、实质课税原则与关联概念

(一) 实质课税原则与经济观察法

实质课税原则被认为起源于德国的经济观察法，而且在台湾地区的一些著述中，实质课税原则等同于经济观察法。因此，本书界定的实质课税原则与经济观察法有何联系需要先行辩明。为此，特将德国、日本和台湾地区从经济观察法到实质课税原则的发展脉络进行简单梳理。

1. 经济观察法到实质课税原则——一个简单的梳理与发展脉络

(1) 作为源头的德国经济观察法。根据介绍，在德国，经济观察法由1919年《帝国税收通则》的起草人贝克尔 (E. Becher) 率先确认。《帝国税收通则》第4条规定，税法的解释应考虑其经济意义。贝克尔的思想来源于耶林的自然实用主义，主张以税法的经济意义，对抗19世纪实证主义的概念及构成法学，以确立税法相对于私法的独立性。[1] 当时税法主要是以财政收入为唯一目的，贝克尔在该条的注释中指出："为贯彻征税普遍性要求"，即"不考虑当事人……所选择之法律形式及一切案件之法律包装，应依税捐之经济意义予以掌握。……事实认定依其经济意义，税法解释依其经济目的"。[2] 贝尔 (K. Ball) 在1924年的《税法与私法》著作中指出经济观察法的历史背景是第一次世界大战，德国陷入财政危机中，"税法独立性趋势与国家需增加财政收入与强化

---

〔1〕 刘剑文、熊伟：《税法基础理论》，北京大学出版社2004年版，第155页。

〔2〕 (台) 葛克昌："实质课税与纳税人权利保护"，载 (台) 葛克昌、贾绍华、吴德丰主编：《实质课税与纳税人权利保护》，元照出版公司2012年版，第15页。

国家权力趋势是相一致的”。〔1〕有鉴于此，我国台湾地区葛克昌教授认为经济观察法原初为财政收入目的的法律解释准则而设计，但在今日须扬弃此种观点。〔2〕

1931年，《帝国税收通则》修改，原文被挪至第9条。1934年制定《税收调整法》时，原《帝国税收通则》第4条内容被从《帝国税收通则》中剔除，另行纳入《税收调整法》，成为该法第1条第2项。《税收调整法》的规定为：“税法的解释应考虑国民通念、税法的目的与经济意义及各关系的发展。”此法还增设第3条规定：“对构成要件之判断同其适用。”这样，经济观察法的作用就从法律解释扩展到了事实判断。因纳粹政府为了筹集战争经费，将经济观察法运用至极致，依国家社会主义世界观之精神或所谓健全国民体认，而为法之自由发现，〔3〕经济观察法的消极面受到重视。〔4〕1977年制定《税收通则》〔5〕时，《税收调整法》被合并，上述内容没有被保留，但也没有被否认，《税收调整法》中与经济考察方法有关的特殊规定，都为1977年《税收通则》所承袭。〔6〕

可见经济实质观察法几经变化，期间伴随了对税法和私法关

---

〔1〕 转引自（台）葛克昌：“实质课税与纳税人权利保护”，载（台）葛克昌、贾绍华、吴德丰主编：《实质课税与纳税人权利保护》，元照出版公司2012年版，第15页。

〔2〕（台）葛克昌：“实质课税与纳税人权利保护”，载（台）葛克昌、贾绍华、吴德丰主编：《实质课税与纳税人权利保护》，元照出版公司2012年版，第15页。

〔3〕（台）陈敏：“租税课征与经济事实之掌握——经济考察方法”，载《政大法学评论》1982年第26期，转引自闫海：“论实质课税原则之功能定位”，载（台）葛克昌、贾绍华、吴德丰主编：《实质课税与纳税人权利保护》，元照出版公司2012年版，第156页。

〔4〕 闫海：“实质课税与纳税人权利保护”，载（台）葛克昌、贾绍华、吴德丰主编：《实质课税与纳税人权利保护》，元照出版公司2012年版，第156页。

〔5〕 也译为《租税通则》。

〔6〕 刘剑文、熊伟：《税法基础理论》，北京大学出版社2004年版，第155～156页。特殊规定为第39条关于税收客体归属的规定，第40条、41条，关于违法行为和虚假行为税法效果的规定。

系的不同看法。发展到现在，德国税法学者认为，所谓的经济观察法并没有在税法中准许额外的法律解释方法，它是一个合法的解释方法，但并不比其他常规的解释方法（如文义解释法、系统解释法、历史解释法、客观和目的解释法）具有更高的地位。[1]同时，德国的反避税也是在其反滥用的框架下发展的，与实质课税相关的一般反避税条款也即《税收通则》第 42 条的规定："税法不因滥用法律之形成可能性而得规避其适用。于有滥用之情事时，依据与经济事件相当之法律形式，成立租税请求权。"其适用，应当以法律的目的为指引，不得流于无羁之经济观察方法。[2]该条的适用，也由 1994 年《反滥用与技术修正法》给予更为具体的适用条件，即为适用该条，交易应当具备三个条件：①必须有明确的避税意图；②合法的形式安排必须与这一安排的特定经济目的不相符；③必须不存在能证明其行为正当性的其他经济目的（或其他合法目的）。[3]因此，现在德国的经济观察法或者实质课税原则，已经不同于作为源头的"经济观察法"，适用条件和方式都存在进化，试图重新回到宪法和纳税人权利保护的框架中。

（2）实质课税原则在日本。日本 1953 年税法修正使实质课税原则在日本税法中得到了肯定。[4]尽管实质课税的用语来自日本，但日本也没有关于实质课税的一般性规定，只是在《所得税

---

〔1〕 See Martin Schiessl, "Germany Branch report the summary", in International Fiscal Association 2002 Oslo Congress, *Form and Substance in Tax Law*, Vol. LXXXVIIA. Kluwer Law International, 2002, p. 311.

〔2〕《德国租税通则》，陈敏译，台湾地区"财政部"财税人员训练所 1987 年 3 月印，第 54～56 页。

〔3〕［美］罗伊·罗哈吉：《国际税收基础》，林海宁、范文祥译，北京大学出版社 2006 年版，第 385～386 页。

〔4〕［日］北野弘久：《税法学原论》，陈刚、杨建广等译，中国检察出版社 2001 年版，第 82 页。

法》和《法人税法》中最早使用了“实质课税原则”作为法律条文的标题，且都属于所得归属的内容。[1] 前述1953年的日本旧《所得税法》和旧《法人税法》分别在其第3条第1款和第7条第3款规定：“被法律上认为是资产或事业的收益归属单纯的名义人，在其不享受该收益而由其以外的人享受该收益时，应对享受该收益的人课征所得税。”[2] 该条款后来成为《法人税法》第11条和《所得税法》第12条的规定。日本学者认为，因为二战之后的20世纪40年代中后期，从避税角度将个人企业改换为法人的现象增多，当时的立法想通过在税法中明文规定“实质课税原则”的方法，以“防止”法人形式化的现象，且在立法当时，日本税法学不成熟。[3] 而且，当时立法当局占支配地位的观点认为，实质课税原则的含义不是仅限于“所得归属中的实质主义”，而是具有广泛意义的“课税中的实质主义”，换言之，“按德国式的‘经济分析方法’（Wirtschaftlicihe Betrachtungsweise）理解实质课税原则”，而且，现实税法中的条文只是广义的实质课税原则的一部分（有关所得归属的实质课税原则）。[4] 无论如何，所得归属原则与德国的经济观察法或者一般反避税条款还是有很大的区别。有日本学者认为，《法人税法》和《所得税法》中的所得归属原则和条文在日本被误解并错误的扩展为实质课税原则。他认为，实质课税

---

〔1〕 刘剑文、熊伟：《税法基础理论》，北京大学出版社2004年版，第156页。

〔2〕 [日] 北野弘久：《税法学原论》，陈刚、杨建广等译，中国检察出版社2001年版，第82~82页。

〔3〕 [日] 北野弘久：《税法学原论》，陈刚、杨建广等译，中国检察出版社2001年版，第82~82页。

〔4〕 [日] 北野弘久：《税法学原论》，陈刚、杨建广等译，中国检察出版社2001年版，第83页。作者给予的佐证是当时的国税厅通告，如国税厅在1954年直所第1－42通告之九中解释：“如果所得税法第3条第2款（实质课税原则）所规定的所得的归属或种类方面，出现名不符实的情形，尽管有名义或形式的存在，课税当局也要按照实质及所谓的实质课税原则向资产或事业产生利益的归属者课征所得税。”

原则几乎与德国和奥地利的经济观察法是同样的功能，经常在交易的定性中被滥用。根据该学者的看法，这种对《法人税法》第11条和《所得税法》第12条的理解不应当被认可。[1]

（3）经济观察法或实质课税原则在台湾地区。台湾地区学者陈清秀认为，经济观察法与日本及台湾地区学说实务上所称“实质课税原则”相当。[2]

在司法实践与立法上，台湾地区“司法院”法官会议释字第420号解释理由书称：“涉及租税事项之法律，其解释应本于租税法律主义之精神，以各该法律之立法目的，衡酌经济上之意义及实质课税之公平原则为之。是基于公平课税原则，奖励投资条例第二十七条所定‘非以有价证券买卖为专业者’，自应就营业事业实际营业情况，核实认定。公司登记（包括商业登记）之营业项目，虽未包括投资或其所登记投资范围未包括有价证券买卖，而其实际上从事庞大有价证券买卖，其买卖收入远超过其已登记之营业收入，足认为其为有价证券之买卖为主营业时，自不得以怠于公司法十二条之登记义务或违反同法第十五条第一项所规定之限制等避租税行为，主张其非以有价证券买卖为专业，而享受免征证券交易所得税之优惠。”该判例基于公平原则，承认经济的观察法。[3]

---

〔1〕参见 Tadashi Murai，“Japan Branch report”，in International Fiscal Association 2002 Oslo Congress，*Form and Substance in Tax Law*，Vol. LXXXVIIA，Kluwer Law International，2002，pp. 379～380，尽管如此，我们并不能因此断定实质课税原则在日本除了所得归属以外没有体现。实质课税原则与税法与民法的关系密切相关，如果承认税法概念与民法不一样的理解，则一定程度上都会认可税法对经济实质的确认。关于税法中的借用概念，在日本，尽管法院在大多数判决中认为应当按照私法的解释，但是税务机关和学者一般认为应当具有相对独立性。

〔2〕（台）陈清秀：《税法总论》，元照出版公司2010年版，第198页。

〔3〕（台）陈清秀：《税法总论》，元照出版公司2010年版，第202页。

2009 年 5 月 13 日修正之台湾地区“税捐稽征法”第 12 条之 1 条特别规定：“涉及租税事项之法律，其解释应本于租税法律主义之精神，依各该法律之立法目的，衡酌经济上之意义及实质课税之公平原则为之。税捐稽征机关认定课征租税之构成要件事实时，应以实质经济事实关系及其所生实质经济利益之归属与享有为依据。前项课征租税构成要件事实之认定，税捐稽征机关就其事实有举证之责任，纳税义务人依本法及税法规定所负之协力义务，不因前项规定而免除。”因此，实质课税原则自此即已经有法律明文规定。同时，如果说释字第 420 号解释理由书将实质课税原则作为法律解释的衡量方法之一，则在“税捐稽征法”中，实质课税原则的适用已延伸到了税法事实的认定上。

2. 实质课税原则与经济观察法的关系

实质课税原则被认为起源于德国经济观察法。德国的经济观察法采取经济的实质主义，并且后来被独裁者利用作为敛财的手段，因其逾越了法律规范而受到诟病。经过多年的发展，德国的经济观察法本身也通过立法体现其精神，其并没有消失，而是在适用的范围和条件上更加严格。我们所称的实质课税原则经众多学者研究、阐发、引申，其内涵已经远比当初的经济观察法要丰富。经济观察法作为一种税法解释与认定事实的方式，成为实质课税原则的内容之一，其具体适用的方法和程序也应当受到纳税人权利和宪法的约束。经济观察法，更确切地说，经济实质原则，仍然作为税法的解释方法和事实认定的一种方法在各国的避税实践中得到适用。

（二）实质课税原则与美国法中的“实质重于形式”

在避税与反避税的“永恒”课题中，英美法系主要是经由法院以判例的形式树立起了实质重于形式原则等一系列反避税原则（方法）。其中，美国法院确立的“实质重于形式”原则被我国学者认为与实质课税原则具有相当的相似性。但是，正如下面将要分析的，二者仍然存在较大的差别，之所以相似，大概只能归因于税法语境下的“实质”与“形式”的含义之丰富。鉴于已有相当多的文献在介绍英美法系反避税措施时详细介绍了该原则，本书因比较的需要，在本部分仅作简单介绍。有关普通法系反避税模式将在第四章详细介绍。

1. 美国的实质重于形式原则〔1〕

实质重于形式原则（substance over form doctrine）是美国法院系统确立的普通法反避税规则中一个较早期的税法原则。根据该原则，国内收入署和法院可根据交易的实质对其进行重新定性，如果该交易被证明其形式与实质不符的话，比如，一个纳税人为了实现利息支出的扣除，把实质上的股份称为负债，则在税法上否认为负债。

实质重于形式原则起源于 Gregory v. Helvering 一案，该案中，法院不认可纳税人交易的实质。实质重于形式原则一个开创性的案例是 Commissioner v. Court Holding。在这个案例中，某公司拥有一个建筑，并在商谈其出售。当经营者发现公司出售会产生一笔大的税款时，遂采取先将该财产在公司清算时分配给股东，再由股东将财产卖给意向的买主的方式。该案法官认为：“税款的数额取决于交易的实质，销售财产所得而发生的税收效果最终不是仅仅由法律权属转移的方式决定……一个人的买卖契约不能医为税收的目的转变为另一个人的，并利用后者作为转移权属的导管。如果仅仅根据行为主义而放弃认定一项交易行为的真实本质，这将只能导致税收义务的改变，从而严重损害国会税收政策的有效执行。”

〔1〕 以下资料参考了 Victor Thuronyi，*Comparative Tax Law*，Kluwer Law International，1998，pp. 163 ~ 171。

实质重于形式原则的一项典型的应用领域是用于区分负债和资产。美国法院不接受债务工具作为负债，而是深入后面探究是否实质上是一项资产。实质重于形式被创立以来，美国法院又先后创立了更多的反避税规则，如分步交易规则和经济实质规则等，各规则的界限并不总是十分清楚。

2. 实质课税原则与实质重于形式之间的联系

根据以上简单的勾画，的确实质课税原则和所谓的实质重于形式原则的联系在某些方面，尤其是反避税领域非常紧密。二者都包含一种实质的观察法，而不仅仅是形式意义上的观察法，而且都主张按照经济的实质进行观察判断纳税义务是否已经构成。然而，我国讨论的实质课税原则，尤其是本书讨论的实质课税原则与普通法上的实质重于形式原则及基于该原则发展的其他反避税原则相比，仍然有很大的不同。

首先，实质课税原则的适用范围更广，其理论基础是税收的分配正义。而实质重于形式原则只是用于反避税，因其是司法中确立的规则，也因为美国法律体系的特殊性，各州有自己的私法体系，在所谓的税法与民法的关系，税法概念与民法概念的关系问题上，并没有像大陆法系国家这般纠结。从法院的论述看，其目的在于有效执行国会的法律。

其次，实质重于形式原则是法院在司法中确立普通法反避税规则的，而实质课税原则既可以用于税法的适用，也可以用于立法中纳税要件的确定。美国的实质重于形式原则也体现了法院在反避税中的立场更为积极。

实质重于形式原则以及后来总结的经济实质原则（economic substance doctrine）因为与其他的规则相结合，已经总结出了一系列较为成熟的运用规则和适用条件，如适用的前提必须是缺乏商业目的，适用的手段包括分步交易等。这是实质课税原则的适用，尤其是反避税领域的适用可以比较、借鉴的。从目前各国动态看，避税的判断标准有从商业目的原则向经济实质原则发展的趋势。

（三）实质课税原则与会计上之实质重于形式原则

尽管会计是一种财务计量和分析手段，因财务会计与税务会计存在联系，财税界认为税法上一定程度上采用了会计上的实质课税原则。[1]税法上的实质课税原则（或财税人所称的实质重于形式）与会计上的实质重于原则，究竟是否有关联？有何关联？

1. 会计上的实质重于形式原则

实质重于形式（Substance Over Form）原则，最早出现于1970年10月美国注册会计师协会会计原则委员会发布的第2号说明书《构成企业财务报表之基本概念与会计原则》的第25段中，并把这条原则作为财务会计的13个基本特征之一。何谓实质重于形式原则？按照国际会计准则委员会1989年发表的《关于编制和提供财务报表的框架》一文的观点："如果资料要想如实反映其所拟反映的交易或其他事项，那就必须根据它们的实质和经济现实，而不是仅仅根据它们的法律形式进行核算和反映。"通俗地说，当经济业务的实质与其形式不一致时，会计上应依据其经济实质进行会计处理。[2]《企业会计准则——基本准则》第16条规定："企业应当按照交易或者事项的经济实质进行会计确认、计量和报告，不应仅以交易或者事项的法律形式为依据。"之所以强调实质重于形式，是因交易或事项的经济实质有时可能会出现相背离的情况，为满足财务报表信息的决策有用性，要求会计人员应当具备良好的职业判断能力，应当以实质和经济现实作为核算和反映的依据，

---

〔1〕 任坐田："论实质重于形式在税务会计中的应用及完善"，载《会计之友》2011年第6期。虽然财税界的视角是财务会计和税务会计的比较，因税务会计与税法一定程度上是一体两面的关系，因此很多情况下是同样主题在不同语境的区别而已。

〔2〕 金加友："谈实质重于形式原则及其应用"，载《财会月刊》1996年第9期。

以保证会计信息的可靠性。据称，实质重于形式在财务会计确认、计量、记录和报告中得到普遍应用。如对融资租赁固定资产、售后回购业务等的会计处理均体现了这一原则的要求。[1]

至于会计上强调实质重于形式，跟会计的职能是紧密相关的。为了满足会计信息有用性的客观要求，“强调按此原则进行会计确认、计量和报告，有助于提高会计信息的可靠性和相关性，有助于有效遏制会计信息提供者凭借复杂的法律形式来实施利润操纵，有助于时刻提醒会计信息的提供者从提升会计信息的有用性的高度来重视这一原则，并切实在日常会计确认、计量过程中加以应用，也有助于相关监管部门和（或）职能部门强化对会计信息提供者所实施的利润操纵行为的监管”。[2]

2. 实质课税原则与会计上的实质重于形式原则的联系与区别

从一定程度上而言，因为财务会计与税务会计之间的紧密联系，实质课税原则与会计上的实质重于形式原则具有一定的相关性。如融资租赁租入的资产，尽管承租方只取得资产的使用权，而所有权属于出租人，但考虑到经济利益的归属和费用、风险承担，会计上将其作为承租人的资产，并计提折旧，此种会计处理在税法上也是认可其经济效果的。这种税法对于会计实质重于形式确认结果的接受，还体现于其他方面，即财税人所称的实质课税原则在税务会计中的有选择的采用。至于原因，“主要是为了缩小税会之间的差异”[3]或者“主要目的是为了防止偷税、避税行为，

〔1〕余杰：“经济实质与法律形式的选择、判断及经济后果——基于会计反映和税收征纳的比较分析”，载《财经科学》2009年第11期。

〔2〕马永义：“试论新会计准则体系对实质重于形式原则的运用”，载《中国注册会计师》2009年第5期。

〔3〕陈慈：“税务会计和财务会计中实质重于形式的运用比较”，载《经济论坛》2010年第5期。

弥补税法漏洞，维护国家税收利益以及税法的公平公正性”，〔1〕可以进一步探讨。

如果认可财务会计与税务会计之间的这种关联，可能会计上的实质重于形式原则与税法上实质课税原则的联结更深入。如澳大利亚法官认为，在公认的原则下，对于交易实质的认定，不能局限在契约或是法律的形式，而必须要考虑企业的现实状况、会计惯例与其所能从中取得之利益。在一些国家，如卢森堡和瑞士，因为商业税与会计准则是结合在一起的，交易的效果将首先被接受，但是应税收益可被撤回，如果一项交易将确定不会执行的话。〔2〕在比利时，尽管学者认为（经济）实质重于（法律）形式不被税法接受，然而，该学者也认为，当确定公司或者企业的应税所得时，经济实质重于法律形式的观念就有可能进入税法中——因应税所得的确定规则主要基于会计法，而会计法经常提倡经济实质重于形式的观念。〔3〕

回观我国，我国长期以来只有“税务”的概念，而没有“税法”的概念，税收法规的语言主要是经济语言或者财会语言，税收立法者和执法者更是被有财税学背景的人士“垄断”，如果说税法上实质课税原则的形成与发展，在我国发展的路径系由会计而进入〔4〕，并与从日本和台湾地区相关概念“历史的偶然”交合

〔1〕任坐田：“论实质重于形式在税务会计中的应用及完善”，载《会计之友》2011年第6期。

〔2〕Frederik Zimmer, “General Report”, in International Fiscal Association 2002 Oslo Congress, *Form and Substance in Tax Law*, Vol. LXXXVIIA, Kluwer Law International, 2002, p. 36.

〔3〕See Daniel Garabedian, “Belgium Branch report”, in International Fiscal Association 2002 Oslo Congress, *Form and Substance in Tax Law*, Vol. LXXXVIIA, Kluwer Law International, 2002, p. 154.

〔4〕事实上，我国税法上并没有专门规定实质课税原则，有关纳税调整规定中的表达都用“实质重于形式”的表述。

而成，这种可能性是存在的，其中的关系可以进一步考证。

同时，不可否认税法与会计的区别也是明显的，因会计是对经济业务进行客观的价值反映与监督，税法是对经济业务的成果进行征税，二者出发点完全不同，在实务中只是因为从税务角度看的经济成果大部分需要根据会计计量结果来确认，才使得会计与税收有了紧密的联系。由于会计法规和税务法规立法角度不同，立法意图不同，对于同一经济业务和事项，经济实质的判断自然是不同的。〔1〕换言之，税法可能在不同的领域采用实质课税原则，适用实质课税原则的主体、程序和方式定然也不同。这些区别，在本书的后面章节即可说明。

至于在未来税法的改革完善中，因量能课税、税收中性原则，可能会有更多的会计上适用实质重于形式原则的结果被税法所接受，与此同时，基于稽征经济原则和反避税的考虑，仍然可能有更多的财务会计结果被税务会计所调整。

四、实质课税原则的税法定位

税法原则是税法价值目标的体现，是指导税收立法和执法、司法的准则。税法原则有基本原则与具体原则之分，其中税法的基本原则，“是指贯穿于税法制定和实施全过程的基本准则，是对税法所调整的税收关系的本质和规律的抽象和概括，体现了国家在税收领域所实行的政策，是克服税法局限的工具”。〔2〕而税法具体原则只适用于某一个方面。目前一般认为，税法的基本原则是税收法定原则和税收公平原则。

实质课税原则的税法定位就是要解决当前我国大陆理论界和

---

〔1〕 余杰：“经济实质与法律形式的选择、判断及经济后果——基于会计反映和税收征纳的比较分析”，载《财经科学》2009年第11期。

〔2〕 施正文：《税法要论》，中国税务出版社2007年版，第2页。

实务界对该原则使用的随意性，以及其定位的混乱。因此本部分论证的是，实质课税原则与税收法定原则之间的关系，是否存在效力高低及适用先后的问题，实质课税原则与税收公平原则之间的关系，实质课税原则是否是从属于税收公平原则或者其下位的量能课税原则，是否是税收公平原则的具体体现与贯彻。在最后也是本部分的重点，要回答“实质课税原则”，尽管名为“原则”，它到底是一项法律原则，还是一个法律解释适用之法学方法。

（一）实质课税原则与税收法定原则

1. 作为形式正义的税收法定原则〔1〕

税收法定原则，又称“税收法定主义”〔2〕、税收法律主义等，其基本含义是，没有法律依据，国家就不能课赋和征收税收；纳税主体的纳税义务即各类税收的构成要件必须且只能以法律予以明确规定，否则国民也不得被要求纳税。有税必须有法，“未经立法不得征税”，被认为是税收法定原则的经典表达。〔3〕税收法定具有宪政根源，也是现代宪政思想的历史源头，现代宪政发展史，可谓是广大人民同封建统治者的财税战斗史。税收法定最初在1215年《英国大宪章》中有规定：“一切盾金或援助金，如不

---

〔1〕台湾地区黄茂荣教授认为税收法定主义属于形式正义，量能课税原则（实质课税原则）属于实质正义。参见（台）黄茂荣：《法学方法与现代税法》，北京大学出版社2011年版，第129页。

〔2〕在用语上之所以用“主义”，刘剑文教授做过辨析。鉴于“主义”的抽象层级和逻辑顺序要高于“原则”，可以将税收法定主义作为税法的基本原则，而将“税收法定原则”作为税收立法的基本原则。参见刘剑文：《财税法专题研究》（第2版），北京大学出版社2007年版，第188页。更多的学者和实务部门并未加以区分。将税收法定赋予“主义”的高度，或许正是表明举国上下对税收法定的期待及对其神圣宪政意义的景仰。此外，从日本翻译过来的重要的税法著作金子宏教授的《日本税法》，及北野弘久教授的《税法学原理》，前者用了“税的法律主义”，后者用了“租税法律主义”之表述。

〔3〕施正文：《税法要论》，中国税务出版社2007年版，第12～13页。

基于朕之王国的一般评议会的决定，则在朕之王国内不容许课税。”此后，在1629年的《权利请愿书》中规定：“没有议会的一致同意，任何人不得被强迫给予或出让礼品、贷款、捐助、税金或类似的负担。”也有学者认为，“税收法定是现代法治主义在课税、征税上的体现”，而法治主义，即以权力分立为前提，国家权力只有依据法律来行使才得到承认并以此来保障国民的“自由和财产”。〔1〕

税收法定原则的内容包括税收要件（又称课税要件、税收的构成要件及课税要素）法定原则、税收要件明确原则、征税合法性原则。〔2〕前两者关于实质方面，后者关于程序方面。其中，税收要件法定要求课税要素必须且只能由狭义上的法律来规定。税收要件“是指税收之债成立的必备法律要件，当满足税法规定的税收构成要件时，即产生税收债务成立的法律效果”，〔3〕是确定纳税人纳税义务的必备条件。税收要件又可分为基本要件和特别要件，基本要件包括税收主体、税收客体、税收客体的归属、税率和税基等五个要素，税收要件法定主要是指基本税收要件的法定。可见，税收要件一旦由法律确定，则可以直接开设、变更或者消灭纳税人的义务，直接决定了国家参与私有部门经济成果分配的深度与宽度。

税收要件明确，是指“在税法中，原则上不容许设定关于承认行政厅局的自由裁量的规定的，同时也要求尽量回避使用那些

〔1〕［日］金子宏：《日本税法》，战宪斌、郑林根等译，法律出版社2004年版，第57～58页。

〔2〕施正文：《税法要论》，中国税务出版社2007年版，第19页。对于“课税要素法定”、“课税要素明确”，大多数学者，包括台湾地区、日本的学者并无不同。合法性原则也被称为“依法稽征原则”，参见张守文：“论税收法定主义”，载《法学研究》1996年第6期。

〔3〕施正文：《税收债法论》，中国政法大学出版社2008年版，第22页。

不确定的概念。"[1]税收要件如果规定的不明确，实际上就给了税收征管机关空白授权，从而使税收法定原则形同虚设。当然，课税要素的"明确"也是相对的，为了实现税法上的公平和正义，在一定程度上使用不确定的概念是不可避免的和允许的，如"在必要时"、"认为不适当"、"基于正当的理由"、"按照合理的方法核定或调整"，等等。这类相对不确定的概念在各国税法的反避税条款中也是较为普遍的。[2]

征税合法性，是指征税机关应当严格按照法律规定征税，而无权变动法定课税要素和法定征收程序。《税收征收管理法》第3条规定："税收的开征、停征以及减税、免税、退税、补税，依照法律的规定执行；法律授权国务院规定的，依照国务院制定的行政法规的规定执行。……"本条规定了征税合法性原则，只是这里的"法律"范围要宽泛一些。

税收法定原则的功能在于控制行政权的滥用，保障纳税人的财产权不受恣意和专横的侵害。此外，一般认为，税收法定主义有助于保障法的安定性和可预见性。也有观点认为："税收法定原则的实质是以法律对国家征税权力的限制。它是通过代表广大公民意愿的立法者的税收立法活动，一方面限制了国家统治者对税收立法权的擅断与滥用，另一方面又以法律的形式否认了政府对税收立法权的占有和对税收征收权的滥用，从而保障了税收法律能够真正保护广大公民的财产所有权。"[3]

---

〔1〕［日］金子宏：《日本税法》，战宪斌、郑林根等译，法律出版社2004年版，第61页。

〔2〕张守文："论税收法定主义"，载《法学研究》1996年第6期。

〔3〕王鸿貌："税收法定原则之再研究"，载《法学评论（双月刊）》2004年第3期。

2. 税收法定原则对于实现税收法治的局限

从以上可以看出，税收法定原则是一种侧重形式正义的法律原则，对于税之课征需要法律形式之要求，解决征税权的来源与合法性问题，并没有涉及税的正当性、公平性、合理性以及其他税法和法治的内在精神、价值追求，从而有致命的缺陷，需要用其他税法原则和法治理念加以补足。尽管北野弘久教授看到“税法的不合理性首先表现在立法过程，然后进入行政过程和裁判过程，最后扩大到经济过程”，试图通过对税收法定主义赋予更多的内容，用税收法定主义在当代的发展的三大阶段论解决这个问题，[1] 但是显然，他的第二阶段乃至第三阶段的税收法定主义已经不是通常所说的税收法定主义，毋宁是税收正义乃至再分配正义了。

正因为如此，税收法定原则的存在，并不排除其他税法原则的存在价值，而且，需要以其他实质原则加以调和、补足其缺失，以实现税收法治和税收正义。

3. 实质课税与税收法定原则冲突之表征与协调之内在

实质课税原则与税收法定原则是冲突的，尤其是当人们把实质课税与税务机关反避税方法相等同时，更是如此。如果税法规范能够具体入微、具有良好的完备性，没有可以利用的漏洞，则并不存在避税与反避税的问题，而避税与反避税必然涉及税务机关利用税法的原理和价值对税收条文进行解释、填补，从而具有一定的裁量权，毋庸置疑这对税收法定的“形式刚性”而言，是有所冲突的。同时，作为法律解释与事实认定的实质课税原则因为涉及税务机关的裁量权，而关于法律之解释与事实认定，存在

---

〔1〕 北野弘久认为，租税法律主义发展的第一阶段大概就是控制行政权，使之依法行政，第二阶段为控制立法权，保证法律本身的正当性，第三阶段则是延伸到税款的使用上，依次递进。参见［日］北野弘久：《税法学原论》，陈刚、杨建广等译，中国检察出版社 2001 年版，第 73 ~ 80 页。

模糊的状态，有主观因素的空间，从而造成学者们所担忧的损失法的安定性与确定性。这种冲突可能因为税法对纳税人财产权的“剥夺”效果而凸显激烈。

理论上而言，实质课税与税收法定原则的冲突只是一个“形式”与“内容”的矛盾关系，在保护纳税人的权利，实现税收法治的目标下，二者是相互补充相互配合的，在遵守一些规则或原则的前提下，二者可以统一于宪法秩序之下。如陈清秀教授认为，经济观察法或实质课税原则，乃是量能课税原则或负担公平原则之表现，为实现税捐正义所必要之手段。从量能课税原则到经济观察法，并不至于妨碍法的安定性或造成课税权之滥用。如后所述，经济观察法之适用，仍有其一定界限，亦即在税捐法律之解释及法律漏洞之补充之际，仍应遵守其基于税捐法定主义所导出之限制，包括法律之目的解释以其文意可能性的范围为限，而法律漏洞补充并不得对于创设或加重税捐负担的构成要件为之等。故承认经济观察法或实质课税原则，作为税法解释适用上的基本原理，并不违反税捐法定主义。〔1〕也有学者认为：“实质课税原则的出现，一方面对税收法定原则的刚性产生了冲击，赋予税法一定的弹性，强调税法的灵活性；另一方面对成文法的一些缺陷给予弥补，例如法律漏洞无法避免、条文表达晦涩不清等。由此看来，实质课税原则并没有违反税收法定原则的价值取向，而是在遵循税收法定原则的前提下，在税法解释和适用领域内，给予其有益补充。更好地防止纳税人对权利的滥用，最终的目的都是为了保障所有纳税人的合法权益。”〔2〕故此，与其说是实质课税原则的出现对税收法定原则的刚性给予冲击，不如说实质课税原

---

〔1〕（台）陈清秀：《税法总论》，元照出版公司2010年版，第202页。

〔2〕刘尚华：“浅议税收规避和实质课税原则”，载《知识经济》2012年第二期。

则提供了一种给予弥补的手段。

无奈的是，正如自法律和国家产生以来就困扰法律人的“形式法治/正义”、“实质法治/正义”如何协调的命题一样，在税法上同样只能尽力寻求途径，实现实质课税原则与税收法定在理性范围内可以接受的“协调”。

4. 实质课税原则与税收法定原则的协调途径

首先，应在税收法定原则提供的框架之内适用实质课税原则。由法律对实质课税原则的适用对象和方式进行明确规定，提供指引。在狭义的法律之外，也可以根据税收权力的横向分配赋予政府适用实质课税原则的空间，因现代宪政在要求“法律保留”的同时，并不排除行政立法以及执法机关在权限范围内对法律发布解释性和执行性的规则。

其次，以立法权的适度分离和监督为实质课税原则的适用及时提供规则。在立法环节，实质课税是一个关于税收要素确定之原则。在立法的过程中，立法者充分吸收实质课税之法理，按照实质课税原则的要求确定有关课税要素，从而在源头上消减二者冲突的可能。利用税收立法权的横向分配及权力的制衡与监督，避免实质课税原则对法律的安定性及纳税人信赖利益的侵害。在基本税收要件由法律确定的基础上，由具有行政法规和部门规章制定权、规范性文件制定权的行政部门，利用行政立法与行政解释补充法律的不完备。

再次，以“程序”实现实质与形式的协调。形式的法治和实质的法治均有其固有的缺陷，单纯从法的运行本身无以解决，唯有对外求之于程序，因“一个公正的法律程序，能够通过设定一系列论辩规则和论证负担规则，创设一个理性对话、交流与选择的平台，去澄清和解决有争议的规范和标准，进而形成共识、达成一个合理的决定”。“程序法治或曰法律的程序化，代表了现代法律发展之最新动向”，是学者所称的法治第三维度。〔1〕如在反避税中，对税务执法程序采用实质的判断设定严格的适用条件和标准，辅之客观化的手段，将实质课税原则的主观性及裁量空间降低的同时，以纳税人的程序权利对抗税务行政机关的裁量权力。

最后，关于适用的优先性上，我们认为并不存在实质课税原则与税收法定主义适用的孰先孰后问题。有观点认为：“为了保障纳税人对税法秩序的信赖，维持税法的安定性和可预测性，税收法定主义应优先于实质课税主义而适用。此时，实质课税所涉及的税收公平问题并不是忽略不计，而只是要求事先以明确的法律形式予以规范，防止行政机关以实质课税之名侵害纳税人的合法权益。”〔2〕但是实际上，从适用的空间角度看，“从两者在税法适用中的关系看，税收法定原则确立的课税权为实质课税原则的税法适用和解释提供了基础指引，实质课税原则对法律行为的经济性评价应当在法定课税权的基础上进行。也就是说，只有法律已将此种行为纳入课税的范围时，实质课税原则才能对此种行为可能在其他法律形式掩盖下的经济实质进行明揭，从而决定是否对该行为行使课税权。如果此种行为并没有成为法律的课税对象，那么对该行为是否具有课税的经济意义的讨论就无必要”。〔3〕当然，这里面涉及法律漏洞之填补与法律类推适用的问题，从而关系到实质课税原则适用的深度与广度。如果果真采取这种“过于谨慎”的态度，对于实质课税原则可能适用的众多领域而言，尤

〔1〕 陈林林：“法治的三度：形式、实质与程序”，载《法学研究》2012 年第 6 期。

〔2〕 刘剑文、丁一：“避税之法理新探（上）”，载《涉外税务》2003 年第 8 期。

〔3〕 刘映春：“实质课税原则的相关法律问题”，载《中国青年政治学院学报》2012 年第 1 期。

其是反避税而言，相当于消极地回避问题，无助于解决税收法律主义本身对实现税收正义的缺陷，无助于保障纳税人的权利。

有关实质课税原则与税收法定原则的协调和平衡途径，详见第五章。

（二）实质课税原则与税收公平原则

多数学者认为，实质课税原则是税收公平原则（尤其是量能课税原则）在税法解释和适用过程中的贯彻。税收法定原则解决的是征税权的来源问题，以及征税权行使的形式，而税收公平原则关系到税收负担如何分配，涉及“公平”的实体价值判断。

1. 税收公平原则的含义

税收公平原则包括横向公平和纵向公平两个方面。横向公平，又称作“水平公平”，是指经济能力或纳税能力相同的人应当缴纳数额相同的税收，亦即以同等的方式对待条件相同的人。纵向公平，又称为“垂直公平”，是指经济能力或纳税能力不同的人应当缴纳数额不同的税收，即以不同的方式对待条件不同的人，此所谓量能课税。[1]根据该原则，必须普遍征税、平等征税、量能课税。可见，量能课税原则是税收公平原则的一部分内容，也被称为税收公平原则的具体标准之一。

关于税收公平的衡量标准，在西方财税理论中主要有三种学说：①费用说。认为公共机关为纳税人提供劳务的成本或费用进行摊派就是税收的公平分配。此说的主要局限性，是不适用于无对价关系的税收。[2]②利益或对价说，即税负应当按照每个人受到国家多大程度的保护或从国家那里得到多大的利益，按比例缴纳。因实际上每个人受到国家的利益的大小很多时候无法衡量，

---

〔1〕 施正文：《税法要论》，中国税务出版社2007年版，第35页。

〔2〕 周华伟：“西方税收公平思想及其对我国的启示”，载《税务与经济》1996年第4期。

而且，这样会使一部分群体的基本人权得不到保障，利益说只体现在个别税种中，如车船税、城市建设的课税等。[1] ③负担能力说，即按照纳税人的纳税能力来判断其应缴纳多少税，即纳税能力大的应该多纳税，反之则少纳税，或以此判断税负是否公平。负担能力说主要基于社会连带思想，是迄今公认的比较合理也易于实行的标准，反映负担能力的标准又有消费标准、财产标准和所得标准，其中以净所得最能反映纳税人的负担能力，从而成为各国直接税的征税依据。因为各种学说都有一定的缺陷，并在某些方面具有一定的合理性，现代国家通过设置多个税种的税制结构进行补足和调和。

2. 贯彻税收公平原则的要求

税收公平原则是关系到税收正当性的基本法律原则。贯彻税收公平原则首先要求在立法上禁止不合理的差别待遇。其次要求按照税收的性质适用具体标准分配税收负担。对于直接税而言，应按照量能课税的原则来课征，对于间接税而言，应当按照税收中性的原则，避免对纳税人，尤其是给予个别竞争者不公平的税法待遇，从而损伤竞争的公平。最后，各项具体原则和要求应当前后一致地适用。此外，保障基本人权是现代社会公平原则的应有之义。在执法上，执法机关应当平等的执法，禁止差别待遇，反对滥用法律逃避税收义务的行为等。[2]

3. 实质课税原则与税收公平原则（量能课税原则）的关系

目前，多数学者将实质课税原则与税收公平原则，尤其是量能课税原则进行“绑定”，认为实质课税原则的合理性在于其追求或者有助于实现量能课税：

---

[1] 施正文：《税法要论》，中国税务出版社 2007 年版，第 38 页。

[2] 参见施正文：《税法要论》，中国税务出版社 2007 年版，第 38 页。

其一，认为实质课税原则的适用目的是为了实现税收公平或量能课税原则。如有学者认为："税法公平原则是税捐正义宪法理论的必然要求，而实质课税原则首先是对税法领域税收公平原则的直接体现，进而间接体现税捐正义的宪法理念。"〔1〕另有学者认为："税法规定注重的是纳税人纳税能力的经济事实，在进行税法解释的适用时，应根据实质的经济事实而非形式的法律行为作出判断，以便按照纳税人的实际纳税能力公平课税。"〔2〕黄茂荣教授则认为，实质课税原则是量能课税原则在法理念上的表现，为其实质的原则。由于量能课税原则其实就是实质课税之精神或目标所在，因此量能课税原则与实质课税原则有适用上的替代性，且实质课税原则的目标是实现量能课税。〔3〕

其二，认为量能课税原则是实质课税原则的理论基础，〔4〕因为量能课税的问题只能从经济上加以解答。法律形式仅属于私法秩序中法律上的"应然"，课税应以经济上的"实然"为准。只有经济上的事件经过、状态及活动才属于这里的"实然"。因此，量能课税原则必然要求经济观察法，税法上有关经济观察法的规定仅具有提示功能，即使没有法律明文规定，经济观察法也应当被适用。〔5〕

其三，实质课税原则是量能课税原则解释适用方面的原则，

---

〔1〕 刘映春："实质课税原则的相关法律问题"，载《中国青年政治学院学报》2012 年第 1 期。

〔2〕 朱大旗："论税法的基本原则"，载《湖南财经高等专科学校学报》1999 年第 4 期。

〔3〕（台）黄茂荣：《法学方法与现代税法》，北京大学出版社 2011 年版，第 183 ~ 193 页。

〔4〕 徐阳光："实质课税原则适用中的财产权保护"，载《河北法学》2008 年第 12 期。

〔5〕（台）陈清秀：《税法之基本原理》，三民书局 1994 年版，第 199 ~ 200 页；徐阳光："实质课税原则适用中的财产权保护"，载《河北法学》2007 年第 12 期。

主要见于台湾地区学者。如葛克昌教授认为，量能平等负担，在税法解释适用方面，即为实质课税原则。[1]

不仅在税法理论上，在反避税实践中，也有国家将量能课税原则作为反避税的正当化依据。如在具有深厚民法传统的意大利，其最高法院于2008年12月的判决中，根据《意大利宪法》第53条规定的量能负担原则（ability to pay principle）引申出一般反避税条款，将欧洲法院的法律滥用概念应用于国内税法体系。[2]

笔者认为，实质课税原则所要实现的是税法的实质价值或目标，即实现公平、有效、合理的征税，[3] 而公平或量能课税固然是税法的实质价值和主要目标之一，但税法还包含其他的价值目标，而且，不同税种或税法规则性文件所要追求的目的可能有所不同。现代税法时常被用于各种社会政策目的，甚至在西方多党制国家被政客作为政治手段使用时，更是如此。对于这些公平之外的其他目的，实质课税原则也有用武之地。有意思的是，笔者观察到，美国法院适用实质重于形式或者经济实质原则时，法院的理由一般是声称为了实现国会的法律目的，[4] 既不是国库主义，也不仅仅是公平主义。

---

〔1〕 参见（台）葛克昌："实质课税与纳税人权利保护"，载（台）葛克昌、贾绍华、吴德丰主编：《实质课税与纳税人权利保护》，元照出版公司2012年版，第5页。

〔2〕 See Roberto Cordeiro Guerra, Pietro Mastellone, "The Judicial Creation of a General Anti－Avoidance Rule Rooted in the Constitution", *European Taxation*, November, 2009, 不过该文作者对该种司法创造的一般反避税规则提出批评，认为同样违反了意大利宪法规定的合法性原则（principle of legality）。

〔3〕 张守文教授也认为，实质课税原则是指对于某种情况不能仅根据外观和形式确定是否应予纳税，而应根据实际情况，尤其应当注意根据其经济目的和经济生活的实质，判断是否符合课税要素，以求公平、合理和有效地进行课税。参见张守文：《税法原理》，北京大学出版社2004年版，第34页。

〔4〕 参见本章关于实质课税原则与英美国家实质重于形式的部分内容。

（三）实质课税：法律原则抑或法学方法？

实质课税原则到底是一项法律原则，抑或仅仅是一项税法适用与解释的方法，或者是事实认定之方法，目前并没有得到共识。如果认可其法律原则的地位，实质课税原则是贯彻立法、执法、解释与适用全过程的法律原则，还是仅仅适用于其中的个别阶段，如限于立法阶段？

1. 实质课税具备法律原则的素质

有学者认为，实质课税是一种课税方法，而不是课税原则。原则是必须坚守的价值，方法是因地制宜，针对某一征税环境下的政策选择。[1] 多数学者并没有区分其为原则还是方法的问题。确定“实质课税”到底是一项法律原则，还是一个方法，不仅要看法律原则和方法本身是什么，还要研究实质课税原则自身的适用范围、价值取向等。

法理学上认为，法律原则是反映法所调整的社会关系的本质和规律以及法本身的运行规律和方式的、集中法的性质和基本内容的基本准绳或标尺。法律原则所揭示的内容都是法学中的一般理念或基本思想，一般是由一定的思想原则和价值观念转化形成的。法律原则因此被当作权衡不同价值和利益的工具，并指导于法律规则的解释。

实质课税原则所追求者为实质正义，这里的实质正义还常常可以被立法的目的与法律的价值所代表，公平是其中的一个核心内容，它的作用在于处理形式与实质相背离所造成的问题。在笔者看来，实质课税原则除了实质正义之外，并没有自己的独立价值，是税法原则中“忘我”和“无私”的一条非常独特的原则，

---

〔1〕 梁文永：“税制变迁的一个分析框架——兼论实质课税为何以及何以产生”，载（台）葛克昌、贾绍华、吴德丰主编：《实质课税与纳税人权利保护》，元照出版公司2012年版，第288页。

实质课税本身是为实现其他的税法原则或税法价值服务，从这一点看，属于课税之方法并无不妥。实质课税同时确实对立法和执法、司法都有指导意义，一旦被立法者所接受并在法律规则中体现出来，可成为法律原则。只是，这项“法律原则”肯定是与体现本身目的价值的其他法律原则是有区别的，实质课税原则倒是更像一项“技术原则”，或者“手段原则”。

法律原则根据其追求和体现的价值的重要性的不同而有多重层次，有基本原则和非基本原则，有适用于某一部分具体领域的具体原则，也有适用于全部领域的共同原则。还有如台湾地区黄茂荣教授所称的形式原则、实质原则与技术原则。税法的基本原则具体有哪些，学者有一些不同的意见，但是通常认为包括了税收法定原则和税收公平原则，这是具有普遍指导意义的，除非有正当的理由才能在某些方面存在例外。此外，诸如效率原则、比例原则、社会政策原则都是为处理某些关系提供指导的原则。〔1〕有鉴于此，从实质课税原则本身的价值来看，是为了补充税收法定原则刚性所带来的缺陷，其适用的范围主要是存在形式和实质有背离或者可能背离的地方，所追求的是实现税法的理念和价值，从而达致实质正义。尽管它贯穿于税收立法和执法、法律适用的全过程，但是对于税法整个体系的构建而言，其本身并不具有决定性和基础性，毋宁是一种服务性的和“技术性”的原则。

我们认为，从实质课税原则的地位和重要性而言，其应当确

---

〔1〕关于税法的基本原则，徐孟洲教授对税法基本原则的概念作如下界定：税法基本原则是决定于税收分配规律和国家意志，调整税收关系的法律根本准则，它对各项税法制度和全部税法规范起统率作用，使众多的税法规范成为一个有机的整体。参见徐孟洲：“税法的基本原则（上）”，载中国民商法律网 http://www.civillaw.com.cn/Article/default.asp?id=27767，最后访问时间：2012 年 10 月 27 日。此外，施正文教授在其《税法要论》一书中也有详细的界定。

立为一项税法原则，但是并不具有税法基本原则的高度，它是为实现税收公平、税收合理、保障基本人权等价值和理念服务的。目前，实质课税原则是一项法律原则，已为大多数学者所认可。

2. 实质课税原则的价值集中体现在税法适用环节

实质课税原则能适用于税收立法阶段争议不大。但学者对于实质课税原则是否也适用于税法解释乃至事实认定存在疑问。如有观点对实质课税原则是否能适用于税法解释和适用持谨慎态度。〔1〕但是，也有学者乃至立法例将该原则适用于税法解释和适用，如日本学者吉良实认为，实质课税不仅是税法解释与适用的原则，还同时为立法上的原则。〔2〕张守文教授把实质课税原则作为税法适用的原则，作为税法的解释、税收的征纳等具体适用税法的过程中遵循的准则。〔3〕台湾地区学者则也大多认为实质课税原则是量能课税原则在税法解释与适用中的体现。还有学者认为实质课税原则不仅具有税法解释功能，还具有对事实认定、判断或掌握的功能，甚至在后者的重要性更大。〔4〕

除此以外，在税法的适用阶段，实质课税原则适用于税法的解释，作为税法之解释方法，还是课税要件事实之认定方法，也不无争议。德国《帝国税收通则》起草者贝克尔认为，只对法律进行经济解释犹有不足，还必须辅之以经济事实的判断，后者的

〔1〕 刘剑文教授和熊伟教授曾主张，在效力范围内上，实质课税原则最多只能作为税收立法的原则，不能成为贯穿税收立法、执法、司法的基本原则。参见刘剑文、熊伟：《税法基础理论》，北京大学出版社 2004 年版，第 163 页。

〔2〕 转引自刘剑文、熊伟：《税法基础理论》，北京大学出版社 2004 年版，第 156 页。

〔3〕 张守文：《税法原理》（第 3 版），北京大学出版社 2004 年版，第 34 页。

〔4〕 （台）陈敏："租税课征与经济事实之掌握——经济考察方法"，载《政大法学评论》1982 年第 26 期；转引自闫海：《论实质课税原则之功能定位》，载（台）葛克昌、贾绍华、吴德丰主编：《实质课税与纳税人权利保护》，元照出版公司 2012 年版。

重要性甚至大于前者。德国1934年的《税收调整法》第1条第3项规定，对构成要件事实的判断也适用经济考察方法，后因立法者认为事实的法律判断在法学方法上成为法律统摄，而法律统摄的可能性是由法律解释承担的，无须该条款的规定，因此1977年的德国《税收通则》没有设置有关经济观察法事实判断的规定。〔1〕该法第41条规定了伪装法律行为和事实的否定。台湾地区“税捐稽征法”第12条之1第1项规定了实质课税原则在法律解释中之运用，其第2项则是税收构成要件事实认定的实质主义。此外，陈清秀教授也认为事实关系的判断上也有实质课税主义的适用。所谓事实关系的判断，是依据特定的标准对于事实关系所为的评价。这种标准就是该项事实的目的以及其经济上的意义。但是在事实关系的澄清上，斟酌当事人真实的意思并非是指课税主义独有，民法上关于意思表示的解释也有探求内心真意的规定。〔2〕概言之，实质课税原则在税法之解释与课税事实之认定上均有适用可能。

但也有不同观点。在闫海教授看来，实质课税原则的功能定位更窄，他认为，对税法事实的解释是实质课税原则的唯一功能，反对该原则在立法与法律解释中的适用。〔3〕但是，需要研究的是，即使仅仅适用于税法事实的解释，如果该种税法事实的解释实际上包含了对税法事实的重构与税法判断，这种事实路径能否与税法的解释与适用脱节？

前述关于实质课税功能定位的分歧主要来源于对实质课税原

---

〔1〕 刘剑文、熊伟：《税法基础理论》，北京大学出版社2004年版，第159页。遗憾的是，因为不能得到详细的介绍，也不能结合具体的案例判断，该种构成要件事实的经济判断到底如何进行难窥其详。

〔2〕（台）陈清秀：《税法之基本原理》，台北三民书局1994年版，第217～220页，转引自刘剑文、熊伟：《税法基础理论》，北京大学出版社2004年版，第159～160页。

〔3〕 闫海：“论实质课税原则之功能定位”，载（台）葛克昌、贾绍华、吴德丰主编：《实质课税与纳税人权利保护》，元照出版公司2012年版，第177页。

则内涵界定的不同，对实质课税原则是采法律的实质主义，还是经济上的实质主义，抑或事实认定的实质主义。不同的内容所存在的法安定性与可预期性问题是不同的。即便是主张为了确保税法的安定性和可预见性而限制实质课税原则（经济实质主义）只适用于税收立法阶段的观点，是谨慎态度于我国税收法治现状而言可取，但可以进一步探讨。实质课税原则适用于税收立法固然能够防止冲突之产生，但是并没有消除税收法律主义的形式与刚性，税法形式正义的固有问题仍然不能有效解决，而实质课税原则适用于税法的解释和适用，才是该原则的价值所在。尤其是在反避税领域，避税之存在，原本就是法律语言的有限性和法的落后性所致，如果仅仅求助于立法，尤其是立法中的特别反避税规则，力有所不能及。国外学者在比较和总结各国反避税制度后就认为，一般反避税条款是现代税法中的必要组成部分，而法律实质观并不足以应对税法的问题，此外，在他看来，特殊反避税条款使用过多会使得税法过于复杂化。至于所谓的安定性与可预期性，该学者甚至提出，滥用税法体系之人其可预期性是否应得保护。[1]该观点值得我们思考。对于安定性的问题，澳大利亚学者则认为："澳洲的经验显示，你们（指中国大陆）税捐立法中对法安定性的要求总是过高，试图达到这样的确定性容易导致形式主义的法律游戏，于是效率低落。我们要追求的毋宁是，税收规则的清晰与一致。而魔鬼就藏在执行税法的细节里。"[2]鉴于此，笔者也认

〔1〕 See Frederik Zimmer, "General Report", in International Fiscal Association 2002 Oslo Congress, *Form and Substance in Tax Law*, Vol. LXXXVIIA, Kluwer Law International, 2002, p. 64.

〔2〕 Yuri Gribich, "Beyond Form Versus Substance: A Road Map for Chinese Tax Lawyers Serious about the Rule of Law", 蓝元骏、郑皓文译，载葛克昌、贾绍华、吴德丰主编：《实质课税与纳税人权利保护》，元照出版公司2012年版，第64页。

为，实质课税原则可以并且其价值在适用于税法的适用阶段，如前所述，对于实质课税原则有关安定性与可预期性的“副作用”问题，虽难以彻底消除，仍然是有可能制约的。

同样在税法的适用阶段，关于实质课税原则可用于税法的解释还是用于事实的认定的问题，笔者认为均有适用的价值与可能。法律的解释与事实的认定和定性原本就密不可分。正如陈清秀教授所言，“法律规范与事实关系之逐步彼此对应，因此为适用税法规定，仅单纯解释税捐构成要件尚有不足，而尚须对法定税捐构成要件的事实关系加以定性”。〔1〕此外，事实认定与法律解释可能是错综结合，你中有我，我中有你。认定课税要件事实时，实质课税原则主要用于法律事实之认定，但有时单纯客观事实之认定或者当事人意思表示之解释，如对伪装行为中虚假事实的否定，也可有税法的实质课税原则的适用，尽管可能只是重复民法或者其他法上的实质内容，但是在税法上予以规定，将成为税法上的规则，从而可以按照税法的原理进行制度取舍。〔2〕事实上，1977年德国《税收通则》第41条第2款规定：“虚伪之法律行为与虚伪之事实行为，对租税之课征不具意义。虚伪之法律行为隐藏有他项法律行为者，依该隐藏之法律行为课征租税。”

对于认为实质课税原则仅仅适用事实认定的观点，笔者并不赞同。首先，其并不能确保避免适用于法律的解释中时所造成的对法律的安定性损害的隐患。其次，的确在一些缺乏反避税规则国家的税法实践中，有些国家的法院因没有“立法”和创造反避税规则的权限，在创造性的利用“税法事实的构建和认定”来应

---

〔1〕（台）陈清秀：《税法总论》，元照出版公司2010年版，第210页。

〔2〕比如民法上，在存在虚假行为或者伪装行为时，可能有对善意第三人的保护问题，善意第三人的保护，是否应当产生税法效果、如何产生税法效果，还有伪装行为的举证问题、谁有权与伪装行为进行抗辩等，税法上可以有不一样的认定。

对反避税。这也可谓是被动应时之举。在那些上诉程序只进行法律审、而不进行事实审查的司法体系中，这种做法实际上一定程度剥夺了当事人的申诉和救济权利。很多时候，在具体适用时，可以把实质课税原则当成是法律解释的方法，更确切一点说是一种目的解释方法。如美国学者认为，经济实质原则，同其他的普通法原则一样，可能最好被当成法律解释方法。这个原则用起来很合适，当然，使用一种法律解释的目的论方式。但是，这个原则，同它的被取代之以及相关的原则一样，在某些方面而言，与实质的经济相似；它成为税法的一部分有如此之久，以至于它被法官们接受，不然他们将需要更仔细地对可予适用的法律条款进行文义解读。[1]这与笔者对实质课税原则的定位是一致的。笔者同时认为，实质课税原则在税法适用中的运用时，通常以具体的方法加以实现，如目的解释法，经济观察法，法律关系观察法和事实认定法等。英美法的分步交易规则，也不妨归入实质课税的适用方法。实质课税原则的适用方法及其步骤，见下文论述。

〔1〕 Joseph Bankman，"The Economic Substance Doctrine"，*Southern California Law Review*，Vol. 74，5（2000），p. 11.

第二章

实质课税原则之理论基础

一、实质课税原则与税法的价值目标

（一）税法的价值

税法的价值是实质课税原则最根本的理论基础。税法价值到底是什么呢？是为了最大化实现国家财政收入，还是在于保障纳税人的财产权利？这些问题的答案，决定了“实质课税”存在的基础和合理性、正当性。

1. 法的价值

“价值”是当代人文科学中普遍使用的概念。哲学界对“价值”的含义有多种解说，其中主要有“属性说”、“关系说”和“兴趣说”。[1]属性说认为，价值归根到底是有价值者（事物）自身的

〔1〕 李德顺主编：《价值学大词典》，中国人民大学出版社 1995 年版，第 8 ~9 页，转引自张恒山：“‘法的价值’概念辨析（之一）”，载《中外法学》1999 年第 5 期。

存在和属性。[1] 例如，有学者认为，“价值”是指物满足人和社会需要的那种属性，即物对人和社会的有用性，是指对人的生存、发展和享受具有积极意义的一切东西。[2]“关系说”认为价值是任何客体的存在、属性、作用等对于主体（人类或一定具体的人）的意义（它有时被简单地表述为“客体满足主体的需要”）。[3]“兴趣说”认为价值依存于主体的兴趣。国外学者对“价值”概念多持“兴趣说”。[4] 无论采用哪种解说，实际上对于价值的描述中都包含了作为人的“主体”、作为对象的“客体”，及二者之间的关系三个要素。不同的定义，主要源于对三个要素的观察角度及观察立场不一样，因此，在探究“价值”这个话题时，不能脱离客体、主体及其相互之间的关系。

具体到法的价值，法理学上对“法的价值”有不同认识，笔者浅见，以为也无外乎是对主体、客体及二者关系的不同观察立场。法的价值是以法与人的关系作为基础的，法基于自身的客观实际而对于人所具有的意义和人关于法的绝对超越指向。因此，法的价值主体是人，并且是具有社会性的个人、群体、人的总体的统一；法的价值客体是法，包括抽象的法和具体的法律现象；法的价值以法与人之间客体与主体的关系为客观基础。[5]“法的

〔1〕 李德顺：“‘价值’与‘人的价值’辨析”，载《天津社会科学》1994年第6期。

〔2〕 杜齐才：《价值与价值观念》，广东人民出版社1987年版，第9页，转引自张恒山：“‘法的价值’概念辨析（之一）”，载《中外法学》1999年第5期。

〔3〕 李德顺：“‘价值’与‘人的价值’辨析”，载《天津社会科学》1994年第6期。

〔4〕 张恒山：“‘法的价值’概念辨析（之一）”，载《中外法学》1999年第5期。

〔5〕 卓泽渊：“法的价值的诠释”，载《苏州大学学报（哲学社会科学版）》2005年第5期。

价值体现着法的精神”，[1] 无论人们对法的价值的定义为何，都包含着人们对法的期待及美好愿景。

基于人为主体的立场，法的价值是法对人的需求的满足。法的价值到底是什么，就要从人的需求本身，以及“法”本身的属性，也即法能为人做什么来判断。可以想见，法作为客观的存在物，其本身的属性，无论时间还是空间，也不论政治、社会、经济、地理、人文，并没有区别，而作为主体的人的需求是具有一定的主观性的，不同的历史时期、不同的政治社会背景中的人的需求会有所不同，从而导致不同的历史时代和不同的国家中，法的价值会有所差异。

在近现代社会，人已经完成了觉悟和独立的过程，整体意义上的人的基本自由、平等、公平和公正需求已经深入人心。法的价值的定位从而包括对以上需求的回应。当人把自己的需求以法的语言和手段表达，一方面，可以将人的需求法律制度化，从而使其具有合法的、为法律所保护的性质；另一方面，可以将已经法律制度化的人的需求现实转化为法律的现实，法满足人的需要的价值，具体就表现为法的社会积极作用或者效能。[2] 可见，法的价值绝对不是一个可有可无之“概念”，而是指引人们朝着满足需要，追求法的社会积极作用最大化的指标体系。

一般认为，法的价值在广义上可以用来指法的对于人的一切意义，广义的价值既包括法的目的性价值，也包括法的工具性价值。前者如法对自由、平等、公平、正义、人的全面自由发展的

〔1〕 张恒山：“‘法的价值’概念辨析（之一）”，载《中外法学》1999 年第 5 期。

〔2〕 卓泽渊：“法的价值的诠释”，载《苏州大学学报（哲学社会科学版）》2005 年第 5 期。

意义；后者如法在效益、民主、法治等方面的功能与作用。[1]如此，我们这里的法的价值系指法的目的性价值，在法的目的性价值的指引下，追求法的调整功能之实现。

2. 税法的价值

税法是规范国家和纳税人之间的税收法律关系的法律规范的总称，税法作为法律现象，或者作为客观的法律，应当在法的价值基准下，确立自己的价值。在税法部门中，作为主体的人，从整体意义上基本上被"纳税人"所替代，税收对于纳税人而言，是一种财产的负担与财产的"剥夺"，因此纳税人在税收关系中的需求首先应对作为主体之纳税人，于其人格予以尊重与维护，以此为限来确定财富在国家与国民之间的分配。其次才是关于财产分担在各个主体之间分配的公平性。人类已经超越了原始社会共有的阶段，财产的拥有状况，直接或间接地决定了纳税人的其他权利和自由的享有程度。有鉴于此，我们认为，法的自由、平等、公平、正义等目的价值体现在税法中，可以从两个维度进行归纳：从"税收"的角度分析，就是要实现分配正义，分配正义是税收作为经济现象和经济制度所要实现的目标；而分配正义上升到法律层面就是实质正义，作为与税收的"合法性"之形式正义相对应。两个维度，均是实体价值，但并非税法之价值无关程序。相反，税法对程序价值的追求非常有必要，税务程序（包括税收诉讼）中，如缺乏程序价值之指引，不仅纳税人的程序权利可能受到损害，实体的财产权以及正常的经营活动会受到损害，而且，税务机关的税收征管职责之履行也会丧失赖以凭借的手段。主题所限，税法程序价值不列入讨论之内。

---

〔1〕 卓泽渊："法的价值的诠释"，载《苏州大学学报（哲学社会科学版）》2005年第5期。

税法对其价值的追求及满足是税收正当化的基础。尽管根据现代契约理论，国民通过让渡一定的财产权利（主要是通过税收的方式）和自由，换取国家机器的存在及保护，国家取得税收的目的在于为社会提供公共产品和公共服务，这个仅仅说明国家征税权存在的前提合法性，而不能证明征税权行使的正当性和合比例性。在现实政治、社会生活中，税收“取之于民、用之于民”事实上已经分成了两个具有一定程度独立性的阶段，在法律上构成两种不同的法律关系，前者是税收征纳关系，后者是财政支出法律关系，从“缴纳”税负到获得“财政供给”，无论是时间上还是空间上已经发生改变，至少在普通民众的日常生活中及其所能认知的范围内已经分开。就税收的征纳阶段而言，承受税负的广大纳税人，从征纳过程中并没有取得“直接的”对价，形式上表现为国家对纳税人财产的“剥夺”。就税款的使用而言，因为公共产品的特殊性如其使用的非排他性和非竞争性，人们从中享受到的利益是无法衡量的。因此，诚如台湾地区学者所言，在税法，由于租税系无对待给付的法律债之关系，租税负担之正当性，只能从负担的平等性得之。[1] 需要指出的是，正如接下来所要论述到的，负担的平等性，实际上只揭示了分配正义的一个方面。

3. 法的价值的冲突与选择

值得关注的是法的价值的冲突，以及产生冲突或矛盾时的选择。从抽象的意义而言，“法所中介的价值——自由、秩序、正义、效益，等等，不是截然对立的，它们往往是并存的，是我们对同一种社会状态从不同方面观察的结果。……在具体的历史条件下，自由、秩序、正义和利益等价值之间会出现矛盾。这种冲突

〔1〕（台）葛克昌：《税法基本问题（财政宪法篇）》，北京大学出版社 2004 年版，第 5 页。

可能在立法、司法、守法各环节的内部以及各环节之间出现。”〔1〕法的价值冲突，首先来源于法律是各种利益或者需求的调和器。例如，公平和效率的冲突一定程度上就源于不同主体对法的需求不一样。法的价值冲突，还来源于法以及法的价值实现手段的有限性。因为人类的理性的有限，以及一定条件下的手段有限，原本可以不发生冲突的价值，出现了冲突。如税法的安定性和公平性的冲突，税法的公平和效率价值也会因此发生冲突。

在法的价值发生冲突的时候，如何取舍，或者如何避免，不仅是立法需要考虑的，而且还需要在执法和司法中加以衡量。通常而言，法的价值统一于宪法的秩序之下，一国宪法应当提供该国法的价值体系。

（二）实质课税对税法价值的追求与维护

1. 税法的价值是人们对税法的超越指向

卓泽渊教授认为，法的价值是人关于法的绝对超越指向。“绝对”是指它的超越具有永远的、不断递进的而又不可彻底到达的性质。这种“绝对”，一是指在时空上，法的价值与法同在，即时空上的绝对。凡是有法存在的时间，就有法的价值存在；凡是有法存在的空间范围，也有法的价值存在。二是指在性质上，法的价值对于人具有不可被替代的性质，即性质上的绝对。“超越”则一是指法的价值作为人关于法的永远追求，总是超越于人的客观能力。法的价值作为人们关于法的追求，人总是无限接近它，并在这种无限接近中得到发展。但是人们所能作出的努力，与彻底实现法的价值所对人们提出的能力要求总有或多或少的距离。二是指法的价值总是高于法和法的价值的现实状况。法和法的价值

---

〔1〕 孙国华、何贝倍：“法的价值研究中的几个基本理论问题”，载《法制与社会发展》2001 年第 4 期。

的实现状况总是无限地接近于理想的状态，一旦二者完全同一，法本身也就没有了存在的意义。那将是法包括法的价值发展的最高阶段和最后状态。法的价值具有的这种“绝对超越指向”性质，为法的价值的崇高与神圣奠定了基础。法的价值是人在处理法与人的关系时关于法的绝对超越指向。作为对于人的需要的满足的法的价值，是第一层次的价值表现。表现着法与人的关系的应然状况，包含着人的对法的希望与理想。说法的价值是人关于法的“绝对超越指向”，是指法的价值对于主体与现实都始终具有不可替代的指导性质。作为绝对超越的指向，法的价值对于人类关于法的行为和思想具有根本的指导意义，甚至是人的精神企求与信仰。法的价值在满足人的需要的同时，作为一种绝对超越指向，包含着人类在法上的要求与愿望。它也属于人的理想的范畴，是人的相关思想与行为的目标，在指导人类的同时，又评价着人类的法、人类社会的法律现象以及人类的相关思想与行为。〔1〕

如此，税法的价值也可被称为是分配税收负担、处理国家和纳税人之间关系的一个超越指向。尽管价值追求意义上的“分配正义”和“实质正义”可能只能永远无限接近，甚至关于什么是分配正义和实质正义，在不同的社会时期和不同的理论指导下，都有不同的结果，然而税法价值的存在，始终在指导人类关于税收负担分配、征税权行使与控制的各种活动。人们在设计税法规范、执行和适用税法时，这些价值理念既评价着既有的和将有的规范，又指引着人们去积极追求正义。

2. 实质课税原则是追求税法目的价值的手段或方法之一

（1）税法价值的追求途径。法的价值不是自动实现的，税法

〔1〕 卓泽渊：“法的价值的诠释”，载《苏州大学学报（哲学社会科学版）》2005年第5期。

的价值尤其如此，作为应然意义上的税法的价值，如果没有被法律原则或者法律规范所确定，在很大程度上，只是以法理的形式存在，没有强制执行力予以保障。因此，追求法之价值之实现，首先应在立法过程中，以税法原则的形式将税法的价值固定和承载，用于指导税法的立法和执法、司法实践；其次，借用技术规范手段，在税法规范中予以贯彻。就我国而言，我国税法价值的定位还存在问题，其中对纳税人的公平和基本权利保障需求并没有得到很好的体现。

（2）实质课税作为税法价值的实现手段。需要指出的是，价值有程序价值和实体价值之分，实质课税所要追求的是税法的实体价值。〔1〕之所以需要以实质课税作为税法价值实现的手段，在于税收是一种无对价的给付，作为个体的人在追求利益最大化的过程中，并不会把社会利益的最大化纳入其考虑范围；其次，在税法的运行过程中，因为法律形式的有限性，及法律对税收公平等税法价值的追求会受到纳税人有意无意地选择法律形式的冲击，也会因经济社会的迅速发展而不能及时对新生事物和经济行为进行迅速回应，因此，尽管在立法过程中已经贯彻了税法的精神和价值，还是会出现现实效果与税法目的价值之间出现背离的状况。这时，有赖于实质课税原则对以上冲击做出解决，将税法的形式正义之缰拉向税法价值的实质正义所在。可见，帮助实现税法价值正是实质课税原则存在的“价值”所在，税法价值是实质课税原则的根本理论基础。

在贯彻实质课税手段的时候，必然会在一些情况下遭遇到税法的价值冲突。如税法的公平和效率冲突，以所得税为例，所得

〔1〕 当然，有权机关适用实质课税原则或者依据实质课税原则做出税收决定时，需要遵照程序价值的指引。

税的正当性基础在于其量能课税，然而，要实现量能课税必然要涉及对纳税人经济负担能力的发现和证明，在一些情况下，这个过程在时间和费用的花费上可能是不经济的，也就是没有效率，而没有效率的课税，相当于是给其他的纳税人增添了负担，也是一种不公平的，这时候通常会借用类型化的手段予以解决，从而不能再行以实质课税的手段去无限接近“真实”。

二、税收分配正义

税是把私有性部门所产生的财富的一部分为了筹集公共服务资金而强制性地转移到国家手中的手段，[1]是一个财富分割的利器。税收应当实现分配正义，这是税收作为一种经济现象或经济制度所要实现的目标。税法调整的客体是税收，税法应当将实现税收的分配正义，确定为税法的价值与追求目标。

（一）分配正义

古希腊思想家亚里士多德将平等的正义分为分配正义和矫正正义两类，他认为，对于财富、荣誉和权利等有价值的东西进行分配时，对不同的人给予不同的对待，对相同的人给予相同的对待，就是分配正义。[2]所不同的是，亚里士多德的正义，主要运用于人的行为，而在近现代思想家那里，“正义”的概念越来越多地被专门用作评价社会制度的一种道德标准，被看作是社会制度的首要德行。[3]因此，正义被当成一种德性，一种美德，一种基本的善。那么什么是正义呢？它又由哪些因素构成？如果说“正

---

〔1〕［日］金子宏：《日本税法》，战宪斌、郑林根等译，法律出版社2004年版，第22页。

〔2〕施正文：“分配正义与个人所得税法改革”，载《中国法学》2011年第5期。

〔3〕［美］约翰·罗尔斯：《正义论》，何怀宏、何包钢、廖申白译，中国社会科学出版社2009年版，第4页。

义有着一张普洛透斯似的脸（a Protean face），变幻无常、随时可呈不同形状并具有极不相同的面貌”的话，分配正义可能也具有同样的复杂和变幻性。但是分配正义的复杂性，还在于政府是否能够和如何介入分配问题，以哈耶克、诺齐克等为代表的自由至上主义反对任何以“社会正义”之名干预经济秩序乃至整个社会秩序的做法，而以罗尔斯为代表的平等自由主义则坚信通过实施“分配正义”可以保障公民的自由与平等地位。[1] 分配正义的问题，不仅涉及政府与市场的关系、政府的职能定位，还关系到税法作为再分配手段的有效性，及税制的选择。税收的分配正义，似乎并不同于亚里士多德的分配正义，彼为“给予”之正义，而税收的分配正义，是有关“剥夺”之正义、“负担”分配之正义，因其“痛感”切肤，遍布每个人，正义与否，关乎政府存亡。

1. 分配正义的典型观点

（1）罗尔斯的分配正义理论。罗尔斯的正义理论是一种要实现分配正义的目标理论，正义的对象是社会的基本结构，即关于分配公民的基本权利和义务、划分由社会合作产生的利益和负担的制度。罗尔斯的正义理论建立在契约论的基础的，这种正义观进一步概括人们所熟悉的社会契约理论——比方说：在洛克、卢梭、康德那里发现的契约论，并使之上升到一个更高的抽象水平。[2] 只是，社会契约中的自然状态已经被设想成平等的原初状态。在罗尔斯看来，正义从根本上说就是一种平等，尤其是一种分配意义上的平等。在此基础上，罗尔斯提出了他的一般的正义观，即所有的社会基本价值（或者说基本善）——自由和机会、收入和财富、自尊的基础、权利和义务、社会利益——都要平等

〔1〕 施正文：“分配正义与个人所得税法改革”，载《中国法学》2011 年第 5 期。

〔2〕［美］约翰·罗尔斯：《正义论》，何怀宏、何包钢、廖申白译，中国社会科学出版社 2009 年版，第 9 页。

地分配。通常被人们所称道的是罗尔斯的两条正义原则，即第一正义原则：每个人对与所有人所拥有的最广泛平等的基本自由体系相容的类似自由体系都应有一种平等的权利；第二正义原则：社会的和经济的不平等应这样安排，使它们①被合理地期望适合于每一个人的利益；并且②依系于地位和职务向所有人开放。这些原则主要适用于社会的基本结构，要支配权利和义务的分派，调节社会和经济利益的分配。正义第一原则，平等原则，每个人都平等的基本自由，包括政治上的自由如选举与被选举、良心自由和思想自由以及个人的自由、拥有财产权利自由等。而第二原则是社会和经济利益的分配规则，大致适用于收入和财富的分配，以及对那些利用权威、责任方面的差距的组织机构的设计。[1]第二原则是差别原则。收入和财富可以差别分配，但是应当机会平等，且分配的程序应当正义。而正义程序存在的前提是一个正义的制度体系。[2]

因为收入和财富的差别取决于自然条件或者自然禀赋的差异，天资极高之人，与天生缺乏劳动能力者在收入取得上断然存在巨大差别，何以消除该种因为自然因素带来的不平等？罗尔斯又提出了补偿理论（ the principle of redress），即要对出身和自然禀赋所造成的不平等进行补偿，因为他认为基于出身和自然禀赋获取的利益是不应得的。其理论设计原则是把自然天赋的分配看成一种共有资产，并分享由这种分配带来的利益。[3]

---

〔1〕［美］约翰·罗尔斯：《正义论》，何怀宏、何包钢、廖申白译，中国社会科学出版社 2009 年版，第 47 ~ 48 页。

〔2〕［美］约翰·罗尔斯：《正义论》，何怀宏、何包钢、廖申白译，中国社会科学出版社 2009 年版，第 68 页。

〔3〕彭诚信：“罗尔斯和诺齐克正义理论导读——兼谈现代哲学研究的理论困境与思维转型”，载《法制与社会发展》2005 年第 3 期。

正如《正义论》译者所言："试图达到全面、综合和平衡的倾向，从而使他的理论具有巨大的理论上的伸缩余地和回旋空间。……他的理论既可以满足那些仍缅怀和执着于构造某种一般正义理论的人的思辨兴趣，又可以为那些焦灼地面对社会现实中的严重不正义而绞尽脑汁的人提供某些理论根据或启发。……"〔1〕尽管如此，罗尔斯正义理论所基于的原初状态（社会合作）与无知之幕两个假设，且其补偿理论对天赋者施加的"负担"，成为包括诺齐克在内的诸多批判者所抓住的"命门"。

（2）诺齐克的"权利"正义观念。与罗尔斯的正义观念大异其旨、针锋相对的是诺齐克"以权利为核心"的正义观，诺齐克对罗尔斯的正义理论提出了批判，并在批判中提出了自己的正义理论。正义原则固然是体现了最大的德行，问题是，国家何以能对收入进行分配？它的正当性基础何在？在诺齐克看来，个人权利是国家行为的一种根本的道德标准或道德约束，国家应该保护个人权利而不是限制个人权利。诺齐克眼里的国家功能，只是社会安全的"守夜者"，他反对再分配。"如果要分配的物品是一种无须人力的财富，那么平等分配甚至按需分配都是可以。但问题是：第一，它是人通过正当和不正当的活动持有的，具有人的属性和对它的权利（entitlement）；第二，它的量不固定，对它们的分配和使用会涉及是否有效的问题。在没有弄清物主与财富的关系，以一种平等的正义论提出平等的分配理论指导分配，这会侵害一部分人的权利，这实际上是一种新的形式的剥夺。"〔2〕

诺齐克提出含有正义三原则的权利理论，来反对罗尔斯的差

〔1〕［美］约翰·罗尔斯：《正义论》，何怀宏、何包钢、廖申白译，中国社会科学出版社2009年版，第4页。

〔2〕李晓兵："个人权利是公正的底线——诺齐克政治哲学评议"，载《科学社会主义》2013年第1期。

别原则及其他主张扩大国家功能至分配领域的观点，他认为正义原则并不是关于分配的正义，而是关于拥有的正义，关于拥有的正义有三个方面：①拥有的初始获得，包括对无主物的占用；②拥有的转让；③除非应用前面这两步（以及多次重复），否则没有权利拥有。〔1〕而第二次分配以及基于道德价值分配等“模式化”分配原则必然干预个人生活、侵犯个人权利。

诺齐克强调权利本身与自由，他“把人看作是平等的最关键因素，他的理论是基于个人而非整体；注重给予者而非接受者；问来路是否正当而非结果是否可喜；任其自然而非进行干预；要么全部要么全不；把权利推到极致；把分配交给历史和个人处理”。〔2〕

但是，国家为什么就不能为了个人权利之故而对社会财富进行二次分配以实现分配正义，既然根据社会契约论，国家是基于社会契约为让订约者过上一种更美好的生活而建立的，并因而现实世界中的所有国家都承担着履行这一使命的社会功能？因此，罗尔斯与诺齐克争论的焦点就是：是牺牲某些人的自由权利以达到较大的社会经济平等，还是宁可让某种不平等现象存在也要全面捍卫每个人的自由权利。〔3〕

实际上，对分配正义进行批判的并不仅仅是诺齐克，新自由主义者精神领袖哈耶克〔4〕也曾对分配正义进行过激烈的批判。

---

〔1〕徐友渔：“评诺齐克以权利为核心的正义观”，载《中国人民大学学报》2010年第1期。

〔2〕李晓兵：“个人权利是公正的底线——诺齐克政治哲学评议”，载《科学社会主义》2013年第1期。

〔3〕欧阳景根：“分配正义、权利正义与权力的正当性——从司法审查的视角看罗尔斯与诺齐克的正义之争”，载《文史哲》2006年第3期。

〔4〕作为自由主义者，哈耶克坚信，离开经济事务中的自由，就绝不会存在已往的那种个人的政治和自由。参见［英］弗雷德里希·奥古斯特·哈耶克：《通往奴役之路》，中国社会科学出版社1997年版，第20页。而显而易见，认可政府的“分配”，必然需要个人放弃经济事务中的自由。

哈耶克从分配正义的“三重幻象”的揭露，来批判分配正义。首先，他认为“分配正义”存在人为设计的幻象，因为分配正义观的首要基础在于相信人类有理性能力从明确的前提进行逻辑演绎，从而成功主宰人类社会制度的建立和秩序的演进。但实际上，关于每个人应该分配什么、分配多少、怎样分配等所有信息，“大社会”是没有能力收集的，以为能够知道分配中的所有事实，根本是一种“幻象”。其次，“共同利益”的幻象。哈耶克认为，在“分配正义”的旗号下，所谓为了社会大众利益的政府干预行为，往往可能只是服务于特定群体的特定利益。第三，“平等”的幻象。分配正义的提倡者认为需要矫正一些偶然因素，如对残疾人或者其他天生没有竞争能力者给予补偿，以避免竞争结果的不公正，这在哈耶克看来，犯下了一种范畴性的错误，因为正义或不正义都是人之行为的一种属性，只能用来指涉那些人之行动意图的结果，即唯有人的行为才有所谓“正义”和“不正义”之说。倘若某一事态非任何人刻意所为，或者说是任何人力都无法改变的，那么，即便此种事态有好坏之分，可也绝非正义的或不正义的事情。[1]可见，作为自由主义者的哈耶克，之所以批判分配正义，与诺齐克的理由有所类似——在于分配正义的维护必然要导致政府的介入，以及正义本身及其实现途径的不确定性。

尽管诺齐克和哈耶克的理论，并非是现代国家所完全接受的立场，但是对立的观点，无疑会促使人们从另一个角度反思分配正义。从理论发展与传承的总体演变看，现代分配正义理论的发展呈现出一种融合性、复合性趋势，这种综合和平衡，体现在分配正义的内涵、价值和目标、分配机制或手段、分配标准等方面，

---

〔1〕 汤剑波：“分配正义的三重幻象：哈耶克批判的路径”，载《南京社会科学》2009 年第 3 期。

其中以罗尔斯的理论为典型。理论的融合趋势，可能是对现代社会利益多元化、现实生活复杂化的一个思想上的回应。正如国外学者所言，“任何宣称通过运用同一个专门原则或者原则组（set of principles）回答正义的所有问题的理论，对于实际运用而言，很容易被反例证明是错误的和不充分的。”〔1〕“……合情理的反应就只能是，放弃那种建立‘一元论’正义理论的想法……因此，一种正义理论要想获得成功，就不得不从现存的若干理论中吸取零零散散的内容。”〔2〕

笔者浅显，并无对分配正义的历史课题有超越性的贡献，只有几点认识：①分配正义对于国家或政府给予了最大的“善意推定”与“理性推定”，现代国家对于分配的参与程度各有实例，这种善意与理性的推定能否成立，国家参与再次分配的程度应取决于一定国家中的其他制度体系和现实。②分配正义一定不能以牺牲人的基本权利，尤其是人之所以为人的权利和自由为代价，一个存在人文关怀与温情的社会，或者基于某种狄骥所称的“社会连带”，应当对于天资禀赋低者给予基本的人道救助和保障，从历史发展看，这种救助和保障是呈增多的趋势。这也说明社会规则和制度的建立并不是仅仅基于经济学上的效益最大化，还有其他价值需要维护和推崇。③分配正义也不能以剥夺天资禀赋高者之创造力与创造欲望为代价。从这几点上看，无论是罗尔斯正义二原则，及其关于分配的程序正义观念，还是诺齐克之流的个人权利至上的主张，是值得一些法治不昌的欠发达国家认真思考的。笔者并且假设，所谓的分配正义命题，其前提假设分配行为本身系基于众

〔1〕 Serge – Christophe Kolm, *Modern Theories of Justice*, The MIT Press., 1996, p. 9，转引自张东：“分配正义与收益公正分配”，载《法学论坛》2012 年第 1 期。

〔2〕 Serge – Christophe Kolm, *Modern Theories of Justice*, The MIT Press., 1996, p. 9，转引自张东：“分配正义与收益公正分配”，载《法学论坛》2012 年第 1 期。

所认同的规则，是合法有序的，在法治的轨道上进行的。

需要指出的是，分配正义对于税收作为经济现象或者经济制度所提出的要求，与法律上对税法实质正义的要求，具有一定程度的差别，这种差别应该是法律实质正义基于前述三点对于分配正义的修正性体现与贯彻。

2. 分配正义与税收分配职能

正如罗尔斯所言，正义原则是关于权利和义务，以及收益的社会利益的分配标准。因此，分配正义的概念本身包涵了三个问题：第一，分配正义与政府职能的关系是什么，政府在追求分配正义中能扮演什么角色，对“正义”的干预程度有多深？第二，衡量正义的标准，尽管有罗尔斯的正义二原则，是否还存在其他的具体标准？第三，如何实现分配正义，也即实现分配正义有哪些手段，这个问题与第一个问题又是密切相关的。正如财税法学者所言：“尽管理论上存在分歧，但由于市场分配失灵，各国都根据本国国情，相机运用国家强制手段进行再分配，以保障基本公平正义和构建和谐美好社会。”〔1〕对于现代政府实践而言，政府“能不能”和“应该不应该”的问题似乎已经没有那么多争议——诺齐克和哈耶克的主张并没有使现代国家完全抛弃“福利国家”的追求——而在于如何根据各国情况所提供的“必要性”选择恰当手段实现分配正义。

按照罗尔斯的观点，分配正义并不仅仅是关于收益和社会利益的分配标准，还包括权利义务，这种权利义务，不应该仅限于经济性的权利义务。当然，对于税收功能而言主要还是一个关于收益和经济利益的分配调整问题，其他领域的分配，要么它功效有限，要么已经完全在其能力之外了。这时候需要问的是，税收

〔1〕施正文：“分配正义与个人所得税法改革”，载《中国法学》2011年第5期。

的职能是什么？它在收益和经济利益的分配调整的能力有多大？这是判断税收作为经济现象，其在特定国家运行是否具有正当性之关键所在。

一般认为，税收具有组织财政收入，进行再分配和进行宏观调控的职能。其中，税收组织财政收入的职能是最基本的职能。事实上，所有的税收都应当有效的满足这个职能。正如俄罗斯政府在20世纪90年代发现的，一个政府不能征税将不能生存。这个职能是必需的已经成为广为接受的认识，即使人们对什么是政府真正必需的职能以及政府的规模有极为不同的看法，税收也有另外两个更富有争议的职能，在现代国家也是广为运用。[1]该项职能在宏观上实现了私有部门财富与公共部门之间的分配。关于税收的再分配职能，即以减少市场经济运行产生的不公平分配为目的的职能，长期以来，税收的这个职能被热烈的争论，各种关于分配正义的理论都能用来支持它或者反对它。但是，不能否认的是，一些发达国家已经并且仍然在利用税收的再分配职能和宏观调控职能。[2]各国都在发挥税收组织收入职能的同时，重视运用税法调节分配和稳定经济，以促进经济社会的良性运行和协调发展。[3]

因税收组织收入以满足公共需求的职能本身并不能使其具有正当性，税收负担的正当性还在于税收负担分配的合理性上，也就是应当量能课税。量能课税原则的贯彻，必然产生收入分配的效果，从这个角度来看，收入分配职能可以被视为是税收的筹集

---

〔1〕 Reuven S. Avi – Yonah, “The Three Goals of Taxation”, *Tax Law Review*, Fall, 2006.

〔2〕 Reuven S. Avi – Yonah, “The Three Goals of Taxation”, *Tax Law Review* Fall, 2006.

〔3〕 施正文：“分配正义与个人所得税法改革”，载《中国法学》2011年第5期。

收入功能基于量能课税原则的限制而必然产生的派生功能。也正是由于该功能，征税成为分配正义的工具。[1] 可见，基于量能课税等原则的分配正义，实际上不仅是评判税收正当性与否的标准，也是现代税收制度的客观效果。

反观我国，随着改革开放的深入，经济社会转型中，我国的收入差距扩大和财富的贫富悬殊问题已经到了很严重的地步，这个结果一方面是分配制度中的不公平因素所致，另一方面是分配制度的无序所致。这种分配的不正义状态，已经成为社会关注的焦点，也是一些经济和社会不稳定因素的根源。我国分配领域的问题集中体现在“两个比重”偏低，即劳动报酬在初次分配中的比重从 2000 年的 93.79% 下降到 2007 年的 83.49%，居民收入在国民收入中的比重从 1994 年的 62.18% 下降到 2007 年的 57.92%，反映了在生产要素收入结构中劳动要素的比重偏低、居民收入相对于企业和政府收入的比重偏低。[2] 近年来我国基尼系数早已超过了国际警戒线，2005 年已经接近 0.47，进入了收入差距情况非常严重的阶段。在这个背景下，人们对财税的分配功能尤其寄予厚望。尽管从再分配的效果看，分配正义的实现，关注于税收收入一翼是不能完全实现的，正如 Kaplow 教授所言，再分配的多少才是理想的，取决于税收体系之外的因素所导致的不公平程度。此外，值得注意的是，独立于税率表之外，税收水平、转移支付分配率和其他由税收收入提供的财政项目具有很明显的再分配效果。[3] 然而，税收本身的正当性应当在分配正义实现时才能得以认可。

---

〔1〕 翁武耀：“正确看待税收筹集收入职能与其他职能的关系”，载《中国税务报》2012 年 4 月 4 日第 6 版。

〔2〕 梁季：“‘两个比重’与个人所得税”，载《税务研究》2010 年第 3 期。

〔3〕 Kaplow Louis, “Taxation Redistribution: Some Clarification”, *Tax Law Review*, Winter, 2007, p. 57.

（二）分配正义和税收国家

现代国家是税收国家，从某种意义上说，税收国家是实现税收分配正义的前提。如果税收的规模很小，国家对其作为收入征集手段的依赖很小，很难想象税收的分配效果和调控职能如何得以发挥。换言之，“税收国家”在这里是一种研究分配正义的进路和角度。

霍尔姆斯的一句名言，“税收是文明的对价”其实就表达了“税收”本身存在的必要性，以及国家追求税收利益的必要性。因为没有税收，国家就无以运行，更是无法向国民提供公共服务和公共产品。因此，作为分配正义的逻辑前提是：国家取得税收收入本身具有合理的理由，从宏观的角度而言，这属于社会资源在公共部门和私人部门之间的分配，因此，也当然成为分配正义所要关注的一部分。

1. “税收国家”的产生

“税收国家”（Steuerstaat，tax state）的概念最早来源于奥地利财政社会学家鲁道夫（Rudolf Goldscheid），他在1917年的《国际资本主义或国家社会主义》一文中，主张税收国家作为“自然社会发展的结果，将会是国家向人民的需求愈趋减少，而给予人民者，却愈益增加”。〔1〕但是更为人知的是著名经济学家约瑟夫·熊彼特（Joseph Schumpete）1918年《税收国家的危机》一文。熊彼特认为，财税与现代国家有着密不可分的关系，现代国家机构和形式实际上是根源于财政上的使命，因此可以把现代国家称为“税收国家”。

通常认为，一个国家的税收收入占到国家的财政收入的一定比例之后，税收国家就产生了。从这个意义上说，我国现在已是名副其实的税收国家。

---

〔1〕丛中笑：“税收国家及其法治构造”，载《法学家》2009年第5期。

但是，“税收国家”并不单纯指称国家财政收入的结构，以及国家对税收的依赖。从政治社会结构上讲，熊彼特的税收国家所折射的是一种政治社会结构，即国家和市民社会的分离和相互尊重；从财政体制的角度讲，税收国家的出现，意味着产生了一种与市场经济体制相适应的公共财政体制。因此，税收国家的构建，无论对于西方的二元社会而言，还是对中国的社会主义市场经济体制而言，都是意义非凡的。

2. 税收国家的意义

（1）税收国家产生是基于对人民财产权的尊重和保护。联邦党人汉密尔顿认为，在社会资源允许的范围内，政府应有完全的权力来获得常规和适当的税赋供应，这被认为是任何政体都不可或缺的因素。〔1〕换句话说，税收是国家在经济上的存在。如果没有税收，要么人民遭到其他方式的掠夺，要么政府必然陷入致命的萎缩状态，并且在短时期内灭亡。〔2〕国家和政府的正常运转有赖于一定的财政收入，无论是在哪个历史时期，财政收入的来源肯定是多样的，现代税收国家也并不排除通过公债、经营国有资产等其他途径取得财政收入。然而，现代意义的税收出现，必然意味着国家与市民社会的分离——税收本身包含的逻辑是国家与私有部门财产的分开，也使国家负有保护国民财产权和人身权的义务，这是国家存在的正当性基础。首先，按照社会契约论的理论，人民通过让与一定的权利包括财产权，“创建一种能以全部共同的力量来维护和保障每个结合者的人身和财产的结合形式，使每一个在这种结合形式下与全体相联合的人所服从的只不过是他

〔1〕［美］亚历山大·汉密尔顿、约翰·杰伊、詹姆斯·麦迪逊：《联邦党人文集》，张晓庆译，中国社会科学出版社 2009 年版，第 140 页。

〔2〕张生堰：“美国独立和建国时期的国家收入问题探析——兼述汉密尔顿的国家征税权思想”，载《暨南学报（哲学社会科学版）》2012 年第 5 期。

本人，而且同以往一样的自由”。[1]显然，人民对财产的让渡不是没有目的的，是为了换取国家这种共同体的保护。其次，税收国家的产生，就包含了对人民财产权的尊重和保护，国家不能随意地剥夺人民的财产权。反过来说，在奴隶社会和封建社会，奴隶主和封建主在收集收入供满足自己的消费需求（当然也有一定比例的“公共支出”，如公职人员开支、兴办水利等公共工程等）时，可以自由决定、而不需要经过被征集对象的同意，以什么方式敛财，敛集多少，无须接受“税收”的框架约束。[2]

正因为现代意义上的税收是一种国家根据法律无偿从私的经济活动成果中强制“索取”的一部分经济利益，需要用“法律”的形式去界定征税的范围、比例等，事实上国家的行为已经被控制在法律的框架范围内，一旦公民的私有财产权获得认可和保护，就完成了社会和国家的历史进化。

（2）税收国家意味着市场和政府的分立，政府结束作为盈利主体，不与民争利。国家收入一旦主要来源于税收，则国家无须拥有过多公有财产或经营公营事业，[3]公共财政体制得以建立。公共财政体制之于市场经济是必然的选择，也是市场有序运行的必要条件。正因为如此，没有纳税义务就不可能有经济自由，不存在租税国家，就不可能有以经济自由为中心之实质法治国家。

---

〔1〕［法］卢梭：《社会契约论》，李平沤译，商务印书馆 2011 年版，第 18 ~ 19 页。

〔2〕 如税收的形态与财产的归属前提存在密切关系。在中国古代社会，尽管也有税收，但难以按照现代税收概念予以界定。而当时甚至连财产权主要也是被嵌入到家长权中的。有关古代的财产权，参见瞿同祖：《中国法律与中国社会》，商务印书馆 2010 年版，第 17 ~ 18 页。

〔3〕 当然，即使是发达资本主义国家，也会出于公共利益等考虑，拥有和经营一定的国有资产，但是这种拥有和经营已经不是以营利为目标，或者至少不是以此为主要目标了。

在税收国家形态中，至少可以抛开经济体制的所有制问题，出现了市场和政府的分立。当政府不在市场上与民争利，政治权力带给市场的损害就可以避免——因为政府权力的性质使然，“尽管政府的政治权力受到经济权利的根本支配，但政治权力一旦产生，它又凌驾于经济权利之上，在具体的经济活动中又可能依靠自己的暴力，直接干扰乃至否定经济的正常进程”。[1] 从这个意义上说，税收国家的提法对我国的意义是重大的。在我国的国家财政时代，财政收入主要来源于国有部门，支出流向也主要为国有部门。如1978年，国家财政收入来源于国有经济单位上交的利润和税收分别占51%和25.8%。再加上带有国有性质的集体经济单位的缴款，财政收入90%以上来源于国有部门。同时，以1978年的全国财政支出为例，全国财政支出40.2%用于基本建设支出，加上其他支出，用于国有部门的占80%以上。[2] 直到公共财政改革得以推进，1994年税制改革等一系列改革措施的完成，与社会主义市场经济体制相适应的公共财政体制才得以建立，“税收国家”才得以出现。国家财政的公共性和非营利性得到确立，社会主义市场经济才有继续发展的制度环境。

3. 分配正义与税收国家税制构建

如前所述，税收制度实现分配正义的前提是其税收国家的形成——税收规模大到有足够的影响和调控力。无论是组织收入，还是宏观调控、收入分配，都产生分配之效果，也就是说，税收的分配功能应该是体现在两方面：宏观的分配功能与微观的分配功能。两个层面的分配都应该满足正义的要求、符合比例原则，

---

〔1〕 张馨：《财政公共化改革：理论创新·制度变革·理念更新》，中国财政经济出版社2004年版，第52页。

〔2〕 数据来源于高培勇：“公共财政：概念界说与演变脉络——兼论中国财政改革30年的基本轨迹”，载《经济研究》2008年第12期。

这也是税收分配正义的应有之义。有税收以来的人类文明史告诫着人们，不正义的税收往往能导致朝代的更迭和政府的交替。〔1〕

毋庸赘言，各具体税种因其征税对象、对经济社会的影响等有别，其职能是可以有所侧重的，因此，合理设计税制结构与合理设计税法同样重要。〔2〕符合分配正义要求的现代国家税制构建应当要满足以下几个要求：

（1）实现税收负担的公平。实现税收负担的公平，也即贯彻税收公平原则。如第一章所述，税收公平的判断有受益说、负担能力说和费用说，其中以量能课税为基本的准则。当然，不同的学说尽管存在争议，各有其合理性，现代国家的税制并没有专采其一而贬斥其他。不同的课税对象中，对公平的衡量标准是不一样的，从而应当根据不同税种的特征来合理确定税负的分配。税收公平，并不止于纳税人税负分配之公平，还包括租税客体选取之公平。台湾地区学者葛克昌教授认为："负担平等原则与租税原本即是同根生，租税负担须在各国民间公平分配，国民在各种租税法律关系中须受平等待遇，纳税义务应普遍适用于各国民，租税客体之选择及税额之裁量均应受该原则之拘束，平等要求与社会潮流相配合，并与具体正义相协调；租税国家不容特权之存在，租税伦理即系于课税平等之实现。"〔3〕实现税收负担的公平，是从税

---

〔1〕［美］查尔斯·亚当斯：《善与恶——税收在文明进程中的影响》，翟继光译，中国政法大学出版社 2013 年版，第 8～10 页。

〔2〕 如澳大利亚亨利税制评估（Henry Tax Review）的基本思路，认为澳大利亚未来税制改革应当立足个人所得税、公司税等四个重要税种筹集财政收入，而仅仅个人所得税可以采用累进制，再分配的功能应当由转移支付制度来实现，这就最大可能的避免了征税所带来的经济效益的损失。See "Australia's Future Tax System—Report to the Treasurer", Common wealth of Australia, 2010.

〔3〕（台）葛克昌："租税国家界限"，载刘剑文主编：《财税法论丛（第 9 卷）》，法律出版社 2007 年版，第 73 页。

的广度而言。

（2）保障基本自由和财产权。“自由是其余一切的基础”，[1]财产权则是保障自由的基础，税收的课征，不应当造成剥夺纳税人的自由和危害财产权本身的程度。基本生活费不课税已基本形成共识。对于已经成立纳税义务的纳税人，如丧失了履约能力，并且税收负担将危及其基本的生存时，应当免于征税，因此种情形，税法已经触及其基本的自由与生存之根本。台湾地区学者所提的租税国界限，“租税国家，须依赖国民经济支付能力供养，故不得摧毁其支付动机，削弱其支付能力”。[2]以及学者所提出的税法谦抑性理论，其中，“税法谦抑性要求政府不得肆意闯入经济自治领域、增加商品和服务的成本而导致经济失去活力的现象发生”，[3]与古人所言“不涸泽而渔，不焚林而猎”、今人所言“放水养鱼”大致都是同样的道理。但出发点可能是有差异的，古时候可能是为了君王江山永葆，现代则应是基于对国民固有的、自然的权利的敬畏与尊重。后者才符合现代法治的理念——既然人们愿意让渡出来自己的一部分财产与权利，缔结一个政府，克服洛克笔下所谓“自然状态”之不足，则国民才是政府权力的起点和终点。保障基本自由和财产权，要求税的课征比例不能过度，是对税对现实生活干预的深度之要求。

（3）实现税收的中性。实现税收的中性，主要是针对经济活动主体的行为而言的正义。税收中性原则要求不对经济活动或者经济形式之选择与决策进行干预和不当影响。税收中性，皆因税本身是一种经济成本，会带来效益损失，而不符合税收中性的税

---

〔1〕［英］洛克：《政府论》（下篇），商务印书馆1964年版，第12页。

〔2〕（台）葛克昌：“租税国家界限”，载刘剑文主编：《财税法论丛》（第9卷），法律出版社2007年版，第73页。

〔3〕王慧：“试论税法的谦抑性”，载《税务研究》2011年第2期。

收同时可能也是不公平的。比如各种行业性的优惠政策，不仅对经济活动进行了不当影响，同时还产生税负不公的效果。

（4）贯彻比例原则。税法中的比例原则，既可以指实体税负合比例，也可以指税收程序的合比例，同时也要求行政行为的选择要合比例。国家征税权的行使应当以必要为限，税收的规模应当与经济社会发展相适应，占 GDP 的比重应当适中，避免对经济的发展造成沉重的负担。征税手段的选择也要以合理和必要为限，避免给纳税人增加额外的负担。宏观调控与行为引导等特别目的税的设置，应当权衡其有效性、必要性和合比例性，否则将损害税法的公平、中性。

笔者认为，以上四点，构成税收分配正义之支柱，各有侧重而相互呼应。但分配正义与否，从来不只是税收一翼，再公平合理的税制，如赖其征收的税收收入不能按照正义之标准进行再分配，则仍然不具有合理性，因涉及财政法的其他方面，主题所限，本书并不过多涉及。我国目前的国民收入分配改革不是简单的减税轻赋，而需要综合各方面情况妥善处理。例如，对弱势群体，需要减轻税费负担，增加照顾和福利；但对于特权垄断行业，则需要借助财税手段剥夺其超额利润，以保证起码的公平。另外，对于地区之间的收入差距问题，也需要借助转移支付、资源税费、资源定价、财政投资、税收减免等手段予以调节。综合起来，就是一个分配正义的问题。〔1〕

三、税法实质正义

正义是分多个维度的，有社会正义、经济正义和法律正义。如果说税收的分配正义属于一种经济正义的话，那么，上升到法

〔1〕 刘剑文：“分配正义与财税法治”，载《涉外税务》2011 年第 6 期。

律的层面，税收的分配正义成为税法实质正义的价值内容。鉴于实质正义存在三种形态："与法治这种形式正义相对应的实质正义，即社会正义；与抽象正义相对应的称为具体正义的实质正义；与程序正义相对应的实体法上的实体正义。"[1] 如此，这里要讨论的主要是实质正义是与形式正义相对应的实质正义，即社会正义。不可否认，这里的界定并不排除实质课税原则在保障具体正义实现方面的作用。

（一）法的形式正义到实质正义

1. 法的形式正义

形式正义，是一个多重含义的词语。学者在将实质正义分类为三种形态的同时，将形式正义也分为三种形态，包括"与社会正义相对应的形式正义，我们称之为法律正义或制度正义，实际上就是法治：与具体正义或特殊正义相对应的形式正义，或可称之为抽象正义；在法律体系中，与实体正义相对应的形式正义，即程序正义或诉讼正义对应的形式正义，或可称之为抽象正义"。[2] 主题所限，作为程序正义相对应的形式正义并不是我们讨论的对象。作为与具体正义或特殊正义相对应的形式主义，很多时候和该学者所称的法律正义或者制度正义很难分开，具体个案"正义"与否的问题，往往是因为按照既有法律规则直接适用的结果与该个案的一些案件以外的情由发生冲突所致。在这里，对于我们的主题而言具有讨论的价值是其所称的法律正义或制度正义，也就是法治（rule of law）。

（1）形式正义的主要表现。法治原则被认为是现代西方民主

---

〔1〕 孙笑侠："法的形式正义与实质正义"，载《浙江大学学报（人文社会科学版）》1999 年第 10 期。

〔2〕 孙笑侠："法的形式正义与实质正义"，载《浙江大学学报（人文社会科学版）》1999 年第 10 期。

宪政制度的基础。西方的宪政是建立在权力分立与制衡理念的基础上的，法治原则的精神在于为行政机关设定权力的界限。作为形式正义的法治原则，强调法律的权威地位，制定生效的法律，对于政府和法官具有约束力，政府和法官只能予以适用。从这个意义上去解读法治含义的学者认为，rule of law 至少有三个意思：第一，也是最显而易见的，政府必须依法行政，而不是依命令行政；第二，法律一旦被议会通过，政府和行政机关必须执行；第三，议会通过的法律必须具有法律的特征，也即法律必须提供明确的、可供预测的规则，而不能是原则性的条款。因为原则性的条款实际上赋予了执法机关的自由裁量权，实质上取得了立法者的地位。〔1〕因此，法治原则强调法律的核心地位，在于防止行政权的失控，并且从根本上看是反对法官造法的，遑论“行政”造法。

即使是作为法治的形式正义，在不同学者眼里，其刚性程度有所区别。如弗里德·绍尔认为，法律形式主义的关键，在于义无反顾地忽视法律规则与作为其存在基础的理由之间的不可避免的错位，拒绝承认法律规则总是服务于其存在的理由的。然而其他法律形式主义者走得更远，他们认为，判断司法裁决合法性的唯一尺度，系于裁决者严格地遵循既有规则的程度。例如，法官埃斯特布鲁克即认为：“司法机关发挥其职能的最佳状态，就是实施形之于法律的文字，而不是实施（说得更形象一点就是猜测）未形之于法律的立法意向、目的或者愿望。”〔2〕从这个意义上可

---

〔1〕 Graeme Cooper, *Conflicts, Challenges and Choices—The Rule of Law and Anti-Avoidance Rules*, *Tax Avoidance and the Rule of Law*, IBFD Publications BV, 1997, pp. 15~16.

〔2〕［美］丹尼尔·A. 法伯：“法律形式主义举隅”，刘秀华译，载《中央政法管理干部学院学报》2001 年第 1 期。

以看出，形式正义，如果被奉为圭臬，推举至至高无上的境界的话，无疑与大众的朴素情感是相悖的，一定程度上说，还会违背法治的本来意义，因为如果片面追求法律文字游戏，而将法律背后的立法目的和精神置于不顾，反过来是对立法者的背叛，是对民意的背叛，从而是对法律本身的背叛。历史上，多少暴戾的罪行，都是在法律的名义犯下的！发人深省。

（2）形式正义的积极意义。如果再结合罗尔斯从规则的提供的角度上去认识形式正义的理由的话，〔1〕那么，作为形式正义的法治，其被社会接受或坚持的原因至少有两个：一是对行政权的控制；二是提供确定具体的行为规范，使得人民对自己的行为后果具有预见性，避免受到恣意和暴戾的伤害，也即法治提供一种安定的秩序和稳定的预期。关于第一个意义，国内很多关于形式正义讨论的文章并没有意识到或者强调，而我们发现，国外学者则对这一点更敏感，这或许是因为他们的现代宪政理念更为深入人心，对于权力有一种天生的警惕。

此外，法治本身还蕴含着很多的其他价值，法治模式可以说是人类至今为止发明出来的最富有理性光辉的统治方式，“人类的社会制度不是尽善尽美的，法律形式主义的规则往往可能是我们的最佳选择。法律形式主义的道德价值可能胜过其他的原则”。〔2〕如法治的形式正义蕴含潜在的道德价值突出地表现在：在某些个案的情况下，严格地遵循某一法律规则可能会导致个案的不公正。

〔1〕 罗尔斯认为形式正义是对法律和制度的不偏不倚且一致的执行，不管他们的实质性原则是什么。这种正义观从整体上看来被这个社会接受，是因为他们为基本的权利和义务提供了一种分配办法，并决定着社会合作利益的划分。参见［美］约翰·罗尔斯：《正义论》，何怀宏、何包钢、廖申白译，中国社会科学出版社 2009 年版，第 45 页。

〔2〕［美］丹尼尔·A. 法伯：“法律形式主义举隅”，刘秀华译，载《中央政法管理干部学院学报》2001 年第 1 期。

但是，因为会在其他更大多数的案件中得到公正的结果，换句话说，这是一种社会利益和效益的总和远远超过其负面价值的总和的形式，而这并非旨在全面否定法律形式主义。

法治作为一种制度模式，它也设计了消除自身弊端的一些机制。除所谓法律规则弹性化和法律适用“衡平化”之外，还可以通过程序机制来缓减放弃实质正义所引起的矛盾。〔1〕尽管如此，对法治的极大化追求，是否就能罔顾实质正义呢?

2. 从形式正义到实质正义：一个观念和实践的演进过程

如法理学家所研究，在现代西方国家出现一种趋向：法官从关注形式正义转变为关注实质正义。现代法不仅仅乞灵于严格规则，而且趋向于使用无固定内容的标准和一般性条款（法律原则)。〔2〕这种演进过程，不是一个无意识的巧合。

形式正义的法治，是不以公平等核心价值观念是否得到贯彻为必要的。因为法律本身的“科学化”发展，法律本身作为科学体系，人们对法律像自然科学一样的推理与结论的唯一性逐渐迷信。将这个“期望”发挥到极致所导致的结果是，法律规则被滥用。正如外国学者所说的:“一个法律形式主义的体系特别赞赏那些能够采用聪明的办法来操纵法律规则以取得回报（特别是律师)。得到的回报越是超出规则本来应当得出的结果，或是越背离社会准则，越需要技巧。这正是托勒普的律师柴夫布勒斯先生为其无罪的当事人辩护时所发现的，也正是真正的卡多佐三义的律师们在遇到某种复杂情况时，硬要打败法律所需要的那种聪明机巧。”尽管他认为，这种做法并不必然是不道德的或者是与道德无

---

〔1〕 孙笑侠:“法的形式正义与实质正义”，载《浙江大学学报（人文社会科学版)》1999 年第 10 期。

〔2〕 孙笑侠:“中国传统法官的实质性思维”，载《浙江大学学报（人文社会科学版)》2005 年第 4 期。

关的，有时对社会而言可能是不可或缺的，[1] 但是他也指出，不能一味乐观的鼓吹法律形式正义的道德价值，以致掩盖了其本身固有的实用主义的丑陋一面。[2]

规则的滥用是法律形式正义之殇。而形式正义的关键缺陷还在于忽视法律规则存在基础的理由和目的。形式正义存在的局限性使得实现形式正义的过程需要付出代价。那么，问题就变为，这些代价是否可以避免，如何避免？

实质正义就是为了避免法治运行的代价而产生，因此，实质正义绝不是形式正义的对立面，而是其矫正其形式正义带来的不"正义"而存在。实质正义追求的是社会正义价值，要求法律体现社会正义观念、以社会正义观点为目标；在法律运行的过程中，实质正义要求对法律规则本身以外的情况纳入考虑，如立法的目的，法律运行的社会环境，以及法律主体自身的特定性。[3]

3. 形式正义与实质正义的冲突

无疑形式正义与实质正义是会存在冲突的，如有学者总结："实质正义与形式正义冲突的根本原因——实质正义的本土性与形式正义的外来性；实质正义与形式正义冲突的直接原因——实质正义的灵活性与形式正义的规范性；实质正义与形式正义冲突的重要原因——实质正义的现实性与形式正义的滞后性。"[4] 这些

---

〔1〕［美］丹尼尔·A. 法伯："法律形式主义举隅"，刘秀华译，载《中央政法管理干部学院学报》2001 年第 1 期。

〔2〕［美］丹尼尔·A. 法伯："法律形式主义举隅"，刘秀华译，载《中央政法管理干部学院学报》2001 年第 1 期。

〔3〕如经济法，经济法的实质主义在于区别不同的主体，通常按照行业或者身份的不同，因此是一个从契约到身份的过程。

〔4〕刘小庆、冯习恒、周蕙："实质正义与形式正义冲突的根源探究"，载《湖北警官学院学报》2012 年第 7 期。

冲突反映了二者在某些情况下可能对立的部分原因，在一些情况下，形式正义与实质正义之所以会发生冲突是因为技术和理性的有限性，法律技术，包括调查和发现事实的技术手段有限，以及理性——包括语言——的有限性。而这些冲突的表现是形式正义和实质正义在一定的条件下无法兼顾。

但是，并不是说，形式正义和实质正义任何情况下都是会产生冲突的。因为实质正义是在新历史条件下对形式主义的反思和矫正，它并不是完全否定形式正义，而是对形式正义的补正和发展。分配社会利益和负担永远是正义的主题，因此，实质正义的核心仍然是权利和义务如何分配。〔1〕而且，形式法治论只是就形式要件与价值目标两者而言，更加强调形式要件而已，但它并不是与价值目标无涉。这正如有人所指出的：形式法治论并不是价值无涉或价值中立的，而是内含着鲜明的价值承诺和价值偏向。〔2〕

当形式正义与实质正义发生激烈冲突时，何者优先，也是一个见仁见智的问题。有学者认为从法的特点以及法的整个历史发展来看，要真正走上法治化的道路，保障个人权利，理性的选择应该是形式正义优先。形式的优先并不一定意味着实质正义的丧失，但是完全摈弃形式正义的法不仅会失去自身的价值，并且也会给社会带来种种难以想象的弊端。〔3〕我们在法的形式正义与实质正义发生冲突时，如何取舍，这要取决于具体的冲突样态或冲突类型。当然可以认为，当法的形式正义与实质正义发生冲突时，

〔1〕 薛克鹏：“经济法的实质正义观及其实现”，载《北方法学》2008年第1期。

〔2〕 车传波：“综合法治论——兼评形式法治论与实质法治论”，载《社会科学战线》2010年第7期。

〔3〕 岳丽：“法的形式正义与实质正义”，载《重庆行政》2003年第6期。

形式正义优先的基础正在于它有同意的前提，但是被法律所吸收的法律原则、价值观念等实质正义准则，实际上已经因为人民的"同意"，而成为其中的当然内容。而且，形式正义和实质正义相冲突时，显然也要区分不同的法律部门。因为法律的调整对象和调整方法不同，势必对人民的权利产生的影响的范围以及程度各异，使形式正义或实质正义"试错"的代价要有所区别。通常而言，刑法对形式理性的追求高度肯定要高于民法。如刑法学家陈兴良教授认为，法治当然可以分为形式法治与实质法治，但形式法治是法治的逻辑前提，只有在法律形式所提供的空间范围内，实质理性才有可能获得。〔1〕

法治当然可以分为形式法治与实质法治，但形式法治是法治的逻辑前提，只有在法律形式所提供的空间范围内，实质理性才有可能获得。

（二）税法的形式正义的困境及实质正义的产生

1. 比较法视角下的税法的形式正义：税收法定原则

税法的形式正义，是法治（rule of law）在税法领域中体现的结果，基本体现是税收法定原则。历史上看，税收法定还是现代宪政的开端。

有学者认为，税收法定表现出来的形式正义有三层含义：第一，平等保护，这是税收权利对税收义务的先在性价值，纳税主体的权利是税收法定首先应当保护的；第二，平等遵守，这是指纳税主体在税收义务上是相同的；第三，平等适用，法律一律平等适用而不因人而异。〔2〕该观点从罗尔斯的形式正义角度进行分析，只是揭示了税法形式正义内容的"一角"。作为形式正义的法

〔1〕陈兴良："形式与实质的关系：刑法学的反思性检讨"，载《法学研究》2008年第6期。

〔2〕杨盛军："论税收正义"，中南大学2010年博士学位论文。

治，从税收法定原则体现出来之后，不妨仍然按照前述西方国家法治原则进行解读，包含的三点意思是：第一，税收只能通过一个适当的议会程序加以课征，而不能通过行政命令或者司法的裁决课征。过多的自由裁量，甚至是立法机关对政府的授权都是有悖于此的，因为政府机关可能能够决定法律的内容。第二，议会有完全的权力决定法律的内容，但是要在宪法的框架下行使权力。第三，议会通过的法律必须具有法律的属性，具有具体的规则，纳税人应当能够根据议会制定的法律事先预见他们行为的税法效果，并且有足够的确定性。[1] 从第三点而言，法治原则是反对一般反避税条款的，这也是一般反避税条款遭遇挑战的主要原因和重要依据。体现法治原则的税收法定原则，其包含的课税要素法定、确定等理念，能制约政府的征税权和裁量权，保护公民的财产，并提高确定性和可预期性。

2. 税法形式正义的困境和挑战

税法形式正义的困境和挑战实际上也是在近现代经济社会逐渐复杂化的背景下凸显的。无疑，法的形式正义的困境在税法领域并没有消失，而是有不同的表现形式，具体而言，税法形式正义的困境和挑战体现在以下几个方面：

（1）税法形式正义最大的挑战莫过于税法规则的滥用，税法规则的滥用包括各种避税行为（tax avoidance）和逃税行为（tax evasion）。尽管几乎可以肯定避税现象如同税收制度本身一样古老，然而在过去的几十年中，大量的税收代理机构和专业作者为避税现象的增加做了显著的贡献。纳税人在趋利避害的经济利益驱动下，得益于精通税法规则和财务规则、并且精于钻研利用规则的

〔1〕 See Graeme Cooper, *Conflicts*, *Challenges and Choices—The Rule of Law and Anti - Avoidance Rules*, *Tax Avoidance and the Rule of Law*, IBFD Publications BV, 1997, pp. 15 ~ 16.

专业人士的帮助，利用私法上的自由，通过选择和组合各种交易行为，绕开如果采取常规交易方式就必须适用的税法规范，取得与税法目的相悖，且与其经济地位、能力不相称的额外利益。从形式上而言，税法规范并没有被违反，只是“绕开”了，纳税人的行为与经济效果如果按照常规交易的话，是符合课税要件的，但是至少在交易的形式上看，包括经济效果和法律关系的形式，并不符合税法规定。当形式理性的税法规范被绕过，实际上税法的调整目的就在这种情形下已经落空，税收国家本身也受到威胁，税法形式正义已经受到严重的挑战乃至“挑衅”。面对滥用税法的行为，税法形式正义或者税收法治，是难以应对的，因为法律漏洞是不可能完全被填补的，引发避税的税收优惠也不可能被取消。而激进的法治主义者甚至反对行政裁量和法官“造法”，更是构成事实上的“纵容”。

（2）税法形式正义的第二大挑战来自于税法不能及时提供规则。现行的税收政策承载了太多的功能。税收被当成最重要的经济和社会政策工具，被用来对税收和财富进行再分配，鼓励投资和储蓄、限制特定商品的消费和使用、保护环境等等。税法功能的多样性也就意味着税收规则的复杂性，不同的经济活动的成果可能适用于不同的税收政策，以及享受不同的费用扣除办法。当一些新的经济形式、新的收入形式或者新的费用出现时，如何对应、归类和适用，是税法本身所难以提供答案的，而这种新的经济形式、收入形式等的出现速度，仅以现代金融工具和衍生产品层出不穷的业态就能窥见一斑。如我国 2010 年新出台《融资融券试点管理办法》，正是在法律规则层面认可了融资融券，融资融券交易量的不断扩大使如何对其进行课税成为不可回避的重要课题。其中对于《融资融券试点管理办法》第 34 条规定的“补偿费用”，应当如何征税显然就没有对应的税法规则加以确认。[1] 我国新《企业所得税法》实施后，因为过于原则，在旧所得税规则已经失效，而新的税法规则又不能及时提供依据的情况下，事实上，导致财税部门的很多部门规章及部门规范性文件大量地溯及至2008年1月1日起适用，也可谓是一个例证。

在税法形式理性不能及时提供规则，纳税人无法确定自己经济行为的后果的时候，税法的安定性和可预期性其实已经受到威胁了。

（3）税法形式正义的挑战还来自于行政权的扩张和立法权的分化。现代行政权的扩张似乎是个无法回避且从目前看无法逆转的趋势，无论是在法治发达国家代表的美国，还是发展中的中国。当授权立法的大量存在，以及税法实质需要依赖于行政法规和部门规章加以“配套”才能给予纳税人明确的指引的时候，税法的形式正义实际上已经在“隐忍”避让。而对于我国这种法治不完善的国家而言，则体现在要以有限和不完善的税法规则，应对无限的经济活动的力不从心，从而使得各种明确地或不明确地各种授权立法大量存在，导致形式正义在事实上丧失或者遭到侵蚀。

3. 从税法形式正义到税法实质正义

首先，税法不像刑法一样，在个案公正与普遍正义不能两全时，冲突如此激烈和备受争议。刑法与道德的关系远比税法要来得深刻，个案的不正义，往往是因为遵循程序正义的要求所致，因为刑法“必要之恶”对公民基本权利的影响之大，从而使得这

---

〔1〕 杨趣玲：“论我国融券交易中‘补偿费用’的税收路径选择——以实质课税原则为研究视角”，载《广东广播电视大学》2011年第4期；汤洁茵：“融券交易所得有效课税模式的构建——兼论课税的经济实质与法律形式之争”，载《金融理论与实践》2011年第2期。

种冲突广受关注。而税法主要是关于利益和负担的分配之法，尽管因为对利益和负担分配的结果会间接地影响到基本人权，个案的公正与否问题，相比较而言，不会直接关系到自由权和身体权。

其次，税法形式正义的困境，实际上却极大地损害了形式正义所依据的“民主”和“法治”原则。它不仅与税收国家的原生理想抵触，而且使纳税人处于不平等的地位。此外，因为无法及时对新的交易形式和利益形式进行回应，使纳税人对这些部分的税法规则得不到确定性和明确性的预期，税收权利义务处于悬而未决的状态。可见，很多时候，税法形式正义无法及时反映应当由分配正义所要求的税法实质正义，甚至也对自身合理性基础产生腐蚀。

税法实质正义并不是产生于税法形式正义的困境和挑战出现之时，其价值理念早已经随着民主法治国家和税收分配正义理念的接受而深入人心，或者被税法予以吸收和体现。只是，当税法形式正义的论理基础或者社会价值被一次次的强调、强化的时候，实质正义有时候被有意无意地挤在了一旁。然而，当税法形式正义出现挑战和困境的时候，实质正义正是能够进一步补正形式的正当性的一剂良药，并且某种程度上能够为进一步实现形式正义的理想而做出贡献。

税法的实质正义，是税收分配正义在税法上的体现，它的标准或者内容正是分配正义所体现出来的对法的要求。正因为如此，税法实质正义的最大内容便是公平，也理所当然的包含保障基本人权等内容。借用学者的话：“实质课税主义非但没有不当影响私人财产权，而且因其注意到掩盖在法律形式之下的经济实质而伸张了实质正义，更符合现代法治国家追求实质正义的精神与税法的社会法特质。……实质课税主义的产生是为了回应税收公平价值的呼唤。”[1]

对于税法形式正义与实质正义的关系，可以说，法治主义是基础，是必要条件，但不是充分条件。要实现税收的公平正义还必须从税收法定主义再往前前进一步，进入税收公平特别是税收的实质公平和实质正义。从税收法定到税收公平，从依法治税到以宪治税，从形式正义到实质正义，这是国外和我国台湾地区税法建构原则的演变轨迹。[2]

4. 税法实质正义的实现机制与实质课税

税法实质正义的实现途径有两种，其一是在立法上的实现，其二是在税法的解释和适用上的实现。在这两种途径中，实质课税原则都能发挥很大的作用，是一种实现实质正义的手段和方法。

（1）税法实质正义的立法实现。毫无疑问，税收立法应当按照实质正义的价值内涵，追求税收的公平，实现税收的再分配职能，在宪法和国际公认的人权理念下，保障基本人权。对于税法规则的滥用问题，通过一般反避税条款和其他具体的反避税制度如转让定价规则、反资本弱化规则、反滥用税收协定等加以明确。

（2）授权立法。授权立法或者授权对法律规则进行补充，无疑是一种有效的方式。一方面，税收立法具有极强的专业性，立法部门享有的信息不如政府部门的完足；另一方面，一些具体的执行和适用规则方面，在税法提供的一个课税要件的规定的基础上，由政府根据社会发展适时以授权立法或者行政立法的方式制定、发布规则，及时为经济社会提供可靠的规则要比悬而未决显然要现实有效得多。

（3）税法解释和适用的实现途径。税法的解释和适用过程中，

---

[1] 叶姗：“实质课税主义的理论价值确证”，载《学术论坛》2006 年第 2 期。

[2] 侯作前：“从税收法定到税收公平：税法原则的演变”，载《社会科学》2008 年第 9 期。

应当适当的引入税法目的解释和经济实质观察，在事实认定上面，按照实质课税的方法，判断应税交易的法律性质和经济属性，从而使税法的目的得以实现。

第三章

实质课税原则的适用对象（范围）

一、实质课税原则适用对象与范围概述

尽管学术界和实务界对实质课税原则的认识大都起源于反避税，且大多数学者都从反避税的角度来探讨实质课税原则的适用。[1]然而，实质课税原则的适用范围并不限于反避税已经得到理论

---

〔1〕 很多文章都是将实质课税原则与反避税相联系的，如李刚、王晋："实质课税原则在税收规避治理中的运用"，载《时代法学》2006年第8期；许安平："避税及其法律规制（实质课税原则）辨析"，载《美中法律评论》2007年第2期；刘尚华："浅议税收规避和实质课税原则"，载《知识经济》2012年第1期，等等。滕祥志律师认为，实质课税原则并非仅仅作用于国家反避税和保护国家税权的立场，以往学界每论及实质课税原则，比因反避税讨论而引起，仅提及其保护国家税权的功能，忧虑其对纳税人的权利可能造成侵犯，担心其侵蚀或削弱税收法定主义。但是实际上，实质课税原则是一个中立的原则。参见滕祥志："税企争议与实质课税原则的重新定位"，载熊伟主编：《税法解释与判例评注》（第1卷），法律出版社2010年版，第248～252页。

界和各国税法实践的认可。如“韩国《国税基本法》并没有规定租税规避的定义，其实质课税原则的适用范围当不限于租税规避情形，还包括无效行为、伪装行为及推定课税等。依德国、韩国的规定，当发生将货物销售（买卖）分解为货物与价款的赠与行为，即使税法中没有关于无偿赠送视同销售的规定，也可根据实质内容（经济效果）相同而与征税”。〔1〕

理论界关于实质课税原则的适用范围有不同的研究视角和维度。如熊晓青博士认为，实质课税原则解决的是实质与形式不符的种种问题。这些问题首先包括无效行为，即虚假、虚拟行为和违法或违反善良风俗的行为。虚假或虚拟行为是指现实中根本不存在或隐匿覆盖的行为，针对这些行为，实质课税原则所要解决的是探究真实的法律行为并按其实质进行征税。其次是纳税人交易定性错误问题。主要是指纳税人对其交易本身的定性，交易的数量（价格）、交易所产生的所得之定性归属定位等错误，需要税务机关纠正的情形。最后是纳税人与其他当事人约定的权利义务履行出现瑕疵的情况。实质课税原则需要解决的最重要的问题是避税问题，是纳税人利用法律的漏洞创制交易形式，但其实质是获取税收上的好处，缺乏合理经济目的之实质。〔2〕该种归类方式大体可以认为是采“横向”的观察角度对实质课税原则适用的具体行为类型进行归纳，以便分析其不同的适用方法。

国内税法学界通常讨论的也被广为争议的，实质课税原则的适用范围仅限于立法还是税法的解释与适用，抑或是税法事实认定的问题，这种讨论是从税法的“纵向”运行过程来看实质课税

〔1〕 许安平：“避税及其法律规制（实质课税原则）辨析”，载《美中法律评论》2007年第2期。

〔2〕 参见熊晓青：“实质课税原则研究”，北京大学2007年博士学位论文。

原则的适用。[1] 考虑到税法在立法机关、行政机关与司法机关中的运行表现是立法、法律事实的认定以及法律的解释与适用等过程和阶段，不同的过程和阶段应当遵循不同的规则和要求，需要对不同利益进行平衡与兼顾，这种研究路径可以对实质课税原则的适用界限以及应当遵循的规则进行界定。

还有台湾地区学者和大陆学者从税法构成要件的角度对实质课税之适用对象进行分析，将实质课税原则的适用范围总结为税收构成要件的认定，如纳税人的认定，税收客体的归属等。如黄茂荣教授认为，实质课税原则主要之适用类型为税捐客体之有无、税捐客体之范围、税捐客体之归属、无效契约之履行、非常规交易之调整等。[2] 这个与前述横向观察角度无异，但是更加抽象，结合了税法学理论体系的研究成果，使实质课税原则的适用更具逻辑性和科学性。本章即采这个角度对实质课税原则的适用范围进行分析研究。

我们认为，从实质课税原则对税收分配正义以及税法实质正义的追求与维护看，理论上的应然状态应当是全面的适用，不仅适用于立法和司法、执法过程，适用于各种形式与实质不符的问题，而且应通过对税收构成要件的认定，贯彻于每个具体的税法案件中。然而，理想的状态实现所需要的条件在现实中往往是不能全面实现或者甚至根本就不可能具备的。有鉴于此，要通过实质课税原则的适用范围、适用方法和适用界限将其约束在现实、可行、可控的法治框架中。从不同的角度对实质课税原则的适用

---

〔1〕 关于实质课税原则是适用于立法还是法律的解释，抑或法律事实的认定，这个不仅与其适用范围有关系，还在各国税法实践中表现为一种对待事实和法律的方法，也即是实质课税原则的适用方法。相关内容详见本书第四章。

〔2〕（台）黄茂荣：《法学方法与现代税法》，北京大学出版社 2011 年版，第 203 ~ 227 页。

范围进行总结和分析，不仅可以更好地对其进行定位，而且相应地研究不同领域适用时需要遵循不同规则，能够更有效地将其适用限定在必要和必需的范围，对实务也更具指导。〔1〕基于以上考虑，本书不仅从抽象的高度研究实质课税原则在税收构成要件中的适用，而且对典型行为类型中的适用进行分析。有关实质课税原则在避税中的适用放在第四章。

此外，实质课税原则的重要性在国际税收领域也非常重要，而问题则往往更为复杂——根据税收协定，各国对不同的税收主体的征税范围是不一样的，不同性质的所得的税收管辖权分配原则是不一样的，此外因为国际交易的避税行为更为复杂，各国国内法与国际法之间的效力关系使得相关规则的解释和适用需要考虑的因素更多。这已经成为一个重要的独立课题和税法理论和实务研究的热点主题，本书无法也不试图将其纳入。

二、从税收构成要件的认定看实质课税原则的适用范围

从这个角度看实质课税原则的具体适用范围，仍然存在观点的差异。如徐阳光老师认为，实质课税原则是税法适用中的具体原则，其理论基础是量能课税，适用领域主要涉及纳税主体资格的确认、税收客体的归属、征税客体的合法性、无效和可撤销行

〔1〕 陈清秀教授对实质课税原则的系统阐述也是基于类似的综合视角。陈教授认为，经济观察法适用于法律漏洞补充和事实认定两个方面。在法律漏洞填补方面，经济观察法在目的性限缩以填补隐藏的法律漏洞方面有适用之余地。此外，在明显的法律漏洞填补上，只有有利于纳税人的法律漏洞填补才应准许。在事实认定上，经济观察法适用于事实关系的判断。经济观察法的个别适用类型有：①税捐客体的经济上归属；②税捐客体的核实认定；③无效法律行为满足课税要件的课税；④违法或违反善良风俗行为满足课税要件的课税；⑤税捐规避行为的否认，即结合了纵、横向的适用范围。参见（台）陈清秀：《税法总论》，元照出版公司 2010 年版，第 205 ~ 223 页。

为的税务处理、税收规避防范等方面。[1] 实质课税原则适用于税收客体的归属、客体的合法性问题也即非法所得课税问题，效力瑕疵行为的课税以及反避税等方面是没有疑问的。至于在按照税收构成要件分析实质课税原则的适用范围时，是否还有需要将无效行为、非常规交易之调整并行列出，[2] 则要看税收构成要件的适用能否将后者包含，或者说能否解决形式与实质不符的各种行为类型。无效行为的课税问题，仍然可以归入税收主体的认定和税收客体的认定及归属中，税收规避行为的规制，实际上是通过税收客体的定性与归属等来解决，因此没有必要将二者并行列出。

关于实质课税原则是否适用于税收主体的认定，前述学者并没有将税收主体的确定纳入适用范围。税收主体的确定往往和税收客体的归属联结在一起，被后者所吸收，其独立性和重要性没有被充分发现，事实上，税法实务中仍然存在一些需要用实质课税原则单独认定税收主体的情形。滕祥志研究员就认为实质课税原则的立法已经贯彻到课税要件的全部领域，从纳税主体、课税客体（客体之有无、客体之定性）、税基以及课税客体的数量（所得之实现时点、数额、损失扣除、成本费用之轨迹及扣除等）、税收特别措施（税收优惠、特别纳税调整、关联企业纳税调整、税收核定）、税收管辖权之确定等。[3]

我们认为，实质课税原则适用于纳税主体的认定，税收客体

〔1〕 徐阳光："实质课税原则适用中的财产权保护"，载《河北法学》2008 年第 12 期。

〔2〕 如前述黄茂荣教授与徐阳光教授的观点，以及后引滕祥志律师的观点。

〔3〕 滕祥志："税企争议与实质课税原则的重新定位"，载熊伟主编：《税法解释与判例评注》（第 1 卷），法律出版社 2010 年版，第 252 页。滕祥志律师所称的税收特别措施指的是实质课税原则在反避税领域的适用。

的确定、税收客体的归属〔1〕以及税基的认定等需要通过法律和事实手段进行认定的全部税收构成要素，〔2〕其中，以税收客体的确定、税收客体的归属以及税基的认定为核心。实质课税原则运用于反避税时，大多借用一定的方法来按照交易之实质确定税收构成要素，这也是实质课税原则的特点所在。

（一）税收主体之确定

税收主体在这里是指纳税人，即税收法律关系中负担税收债务的一方当事人。税收主体解决的是对谁征税或者税收债务应当由谁承担的问题。〔3〕税收主体通常是税收客体的所有者或者受益者，因为经济生活中，税收客体通常处在运动的状态，会与很多的主体发生联结，其中由课税的环节决定，最常发生的是与客体的法律上的所有者、事实上的占有者以及背后的受益者等发生联结，当不同联结主体同时存在时，则产生实质课税原则的适用空间，即税法如何按照分配正义和实质正义的要求，对税法主体进

---

〔1〕 其中，以税收课题的归属和税基的确认最为复杂。施正文教授因此将实质课税原则放在税收客体的归属项下讨论，认为基于税收公平和量能负担原则的要求，在判断税收客体的归属关系时，如有“名义与实体”、“形式与实质”不一致的情形时，应依其实质来认定归属关系，此即所谓实质归属者课税原则。参见施正文：《税法要论》，中国税务出版社 2007 年版，第 210 页。

〔2〕 所谓税收构成要件，又叫税收要件、课税要件、课税要素，是指税收之债成立的必备法律要件，当满足税法所规定的税收构成要件时，即产生税收债务成立的效果。税收构成要件的内容一般包括税收主体、税收客体、税收客体的归属、税基以及税率等五个要件。参见施正文：《税收债法论》，中国政法大学出版社 2008 年版，第 23 ~ 24 页。因为税率由国家根据税收客体具体化后的税目统一规定，确定了税收客体的范围和性质也就确定了税率，因为没有必要单独列出实质课税原则的适用范围。此外，学者认为，广义的税收构成要素要还包括一些程序要素，如纳税时间、纳税地点。参见张守文：《税法原理》，北京大学出版社 2004 年版，第 49 页。事实上，正如滕祥志律师所言，实质课税原则还可以适用于税收管辖权（纳税地点）和纳税时间等程序要素的可能性，鉴于其适用方法与实体要素一样，且比实体要素的确定要简单得多，本书并不单独予以论述。

〔3〕 施正文：《税收债法论》，中国政法大学出版社 2008 年版，第 29 页。

行选择、认定。此外，因为税收主体的行为能力和权利能力等主体资格对其纳税义务的产生与否密切相关，而民法上，主体资格的取得与产生通常与一些形式要件相联系，如企业法人资格的取得在于完成工商登记、取得营业执照等，在于一些行为人未按照私法或者公法的规定取得相关主体资格，而又事实上存在经营活动时，是否具备纳税人权利能力的问题，也需要按照实质课税原则来加以判定。

1. 税收主体的选择

当经济活动涉及多个主体时，为了避免重复征税，以及为了最大限度地实现税收分配的公平和实质正义，需要对税收主体进行选择，这是个立法的问题，也是实质课税原则在立法上适用的体现。通常而言，立法者应当选择实质上具有税收负担能力或者其他实际上能够实现税法目的的主体作为纳税人，除非有其他正当的理由，如课税的效率要求、社会政策原则以及反避税的考虑等。如陈清秀教授认为在税法上，应以表彰在经济上的给付能力（例如所得税）或在技术上可以把握经济上的给付能力的对象（例如营业税等消费税），作为税法的权利主体〔1〕，这就提供了一个纳税人主体的立法选择、确定的标准。

信托关系中，对于纳税主体的认定就需要用实质课税原则。根据我国《信托法》第2条，信托是指委托人基于对受托人的信任，将其财产权委托给受托人，由受托人按委托人的意愿以自己的名义，为受益人的利益或者特定目的，进行管理或者处分的行为。信托中，信托财产及其收益同时与信托委托人、受托人、受益人发生联结。在信托的各个关系主体中，到底应该由哪些主体来承担税收负担？就信托受托人而言，他名义上占有和管理、处

〔1〕（台）陈清秀：《税法总论》，元照出版公司2010年版，第300页。

分信托财产，但是受托人经营管理受托财产而取得收益的目的是为了受益人的利益或者特定目的，他需要把这些收益转让给受益人。在这里，信托受托人转让收益给受益人的行为是来自他们之间事先的约定以及法律的规定。在这种情况下，应无视于所得的法律上的归属，而按经济上的归属来对受益者或者委托者进行课税。〔1〕

因此，在确定信托过程中各信托环节的应纳税主体时，需要明确只有实质上的受益人才应当承担纳税义务，原则上由信托受益人纳税，例外时由委托人、受托人纳税或者不征税。例外的情形主要有：在委托人以避税为目的建立的特定的信托中或委托人对信托持有相当的控制力或保留相当的收益权利的情况下，对委托人课税；当受益人不特定或尚未存在、集团信托和累积信托时，为了稽征经济的原因，往往会对受托人课税；公益信托则因其以公益为目的而不征税。这些例外情形并未违反实质课税原则，这是由于当受益人确定并对其实际给付信托利益时，需要从受益人获得的信托利益中扣除已纳税额，从而完成税负的转嫁。〔2〕

纳税主体的选择确定问题，绝大多数情况被税收客体的归属所吸收而成为税收客体归属运用的一部分。

2. 对于纳税人权利能力的税法认定

在私法主体因为没有完成私法或者公法上规定的形式要件而未能取得民事主体资格时，能否以及是否应当成为税收主体的问题。因税法对税收法律关系的调整，一定程度是建立在其他法律关系的基础上的，其课税对象是经济主体根据其他法律关系获得的收益。这关系到税法与民法和其他法律的关系问题，以及税法

〔1〕［日］金子宏：《日本税法》，战宪斌、郑林根等译，法律出版社2004年版，第132页。

〔2〕郝琳琳：“信托所得课税规则研究”，载《中央财经大学学报》2011年第7期。

的独立程度。目前，税法的相对独立性已经得到认可。对于那些在私法上不具有权利能力或仅具备部分权利能力的主体，其税收权利能力的取得则要根据税法的具体规定而定。[1]也即“税捐权利能力应考虑税法的特殊需要，系独立于私法上的权利能力。”[2]

对于实质课税原则运用于税收主体的确定的情形，不妨借用一个税务行政诉讼案例来说明。[3]尽管该案中，法院的判决显然认为税收主体资格应当以按照民商事及行政法的规定取得主体资格为条件。然而，该判决理由，不仅不符合实质课税原则，而且，《税收征收管理法》第37条已经规定，对未按照规定办理税务登记的从事生产、经营的纳税人以及临时从事经营的纳税人，由税务机关核定其应纳税额，责令缴纳。根据该条规定，纳税人是否应纳税，不以形式要件（是否办理税务登记）和私法要件（是否具备民事主体资格）作为唯一的判断标准，而是看是否具有实际收入，此即实质课税原则的体现。

以上是一个利用实质课税原则确定纳税主体的案例。反过来看，能否利用实质课税原则来排除纳税人的纳税义务？在一些场合，如一些事实上运作但是没有登记的公益基金，是否能够按照实质课税原则享受免税待遇的问题。我们认为，实质课税原则的

---

〔1〕 徐阳光：“实质课税原则适用中的财产权保护”，载《河北法学》2008年第12期。

〔2〕（台）陈清秀：《税法总论》，元照出版公司2010年版，第300页。

〔3〕 参见徐阳光：“实质课税原则适用中的财产权保护”，载《河北法学》2008年第12期。在本案中，对于未经教育主管机关批准且未办理税务登记的打工子弟学校，是否具有纳税义务，税务机关能否对其未申报、未纳税行为给予处罚。审理该案的法院认为，该学校未取得办学许可，不具有主体资格，不属于《税收征收管理法》第15条规定的应当办理税务登记的纳税人，税务部门在未能查清该学校是否具有民事主体资格的情况下，即认定该学校为纳税人，对其做出处罚，属于认定事实错误。故判决税务部门败诉。

适用是没有倾向性的，其适用并不是为了保护国库收入，而是一种建立在分配正义上的对各种主体的利益进行平衡的手段。从理论上说，如果纳税人的主体资格在事实上符合税法规定的享受税收优惠的实质条件，就应当能够将享受税法优惠的纳税义务主体排除在外。只是，税法为了避免和防止漏洞，税收优惠被滥用，往往会设置一些程序要件，甚至包括一些税法上的拟定和类型化规定，如果税收主体不能符合这些程序要件和形式要件，事实上往往不能具备申请税收优惠的条件，从而无法享受税收优惠。从这个角度而言，这些例外情形，可以视为实质课税原则的适用例外。同时，如果纳税人主动主张适用实质课税原则对自己创造的法律行为的形式进行否认，是否准许需要区分不同的情形。〔1〕

税收主体资格的认定，还与居民纳税人、非居民纳税人的认定有关系。居民纳税人和非居民纳税人在国际税法上的地位和权利能力是不同的，通常居民纳税人的纳税义务要高于非居民纳税人，而且一些国际税法协定的税收安排也是按照居民和非居民的标准区分适用的。因此，纳税人利用一些安排达到形式上的居民身份，从而享受税收协定的优惠（如条约滥用 treaty shopping），这时候也有实质课税原则的适用余地。

（二）税收客体之确定

税收客体是税收成立的物质要素，表明立法者对什么对象进行课税，也称为课税对象、征税对象、征税客体等。通常而言，

〔1〕 如对于纳税人能否主动主张适用实质课税原则来否认自己的伪装行为的问题，有时候伪装行为不是为了税法目的而做出，从而使税法的效果不利于纳税人自己。是否准许，各国有不同的做法。如在奥地利和比利时被允许，但在意大利、瑞士等国不被允许。而且，芬兰在纳税人的伪装行为是出于税法目的而做出时，不允许纳税人主张适用。See Frederik Zimmer, "General Report", in International Fiscal Association 2002 Oslo Congress, *Form and Substance in Tax Law*, Vol. LXXXVIIA, Kluwer Law International, 2002, pp. 32 ~ 33.

税收客体的选择是立法政策问题，税收客体的差异也是区别各国税制的重要方面。尽管如此，税收客体的选择上，应当留意税收客体的明确性、普遍性、继续性、划一性，同时也应充分考虑税务行政上的便宜性、稽征成本、岁入调度能力以及负担的公平等因素。[1] 尽管税收客体在理论上被抽象为财产、消费、所得、行为等，但因为税收征收的普遍性和经济社会生活的多样性，税收客体的形式是多种多样的。“在一些情况下，出于稽征便利、政策衡量的考虑，税收财产在转化为税收客体的过程中发生了一定的偏离，使二者之间不能做到一一对应，从而造成了税法在形式上的复杂多变的局面。”[2] 这些因素导致，税收客体的确定无论是在税收立法还是税收执法中都是很复杂的过程。而因为现代国家大多实行复合税制，以及税收被赋予的各种职能，导致不同的税收客体的税务处理方式不同、税率不同、享受的抵扣政策也不同，即使是同一类的税收客体中往往也可能适用不同的税率，使得税收客体的确定既复杂而又重要。

具体而言，实质课税原则在税收客体的确定过程中主要作用在于认定税收客体的有无、税收客体的性质，而客体的有无及性质确定之后，税收客体的范围也即随之确定。

1. 税收客体之有无

税收客体的有无关系到是否可以对特定的财产进行征税的问题，从纳税人角度而言，是否存在应税收入。税收客体的有无有时候是一个事实判断问题，也即存在伪装行为或者虚假行为时，对于税收客体的有无按照实际的事实状态进行确定。例如，一些纳税人从事一项交易后，应当确认收入而不确定的时候，需要按

---

〔1〕（台）陈清秀：《税法总论》，元照出版公司 2010 年版，第 328 页。

〔2〕 刘剑文、熊伟：《税法基础理论》，北京大学出版社 2004 年版，第 192 页。

照实质经济利益或者权责进行认定。一些情况下也是一项经济实质的判断问题，主要与一些避税安排相关。税收客体的有无，不仅限于判断应税行为或者收入等直接影响应税收入的积极因素是否存在，还与费用、可予抵扣的项目等消减税基的消极因素的存在与否相关。前者如，在信托的设立、存续和终止的各个环节均涉及信托财产在信托关系人之间反复转移的现象，这时候需要选择课税对象，公平地分配税负，因此学者提出形式转移不课税的原则予以解决。[1] 因为信托形式的“导管”性质，在财产在信托主体之间转移的过程中，不宜将其认定为税收客体，而应当遵循其没有交易的实质，避免重复征税。

后者如一个关联交易的案例。一个跨国公司集团下面的两家公司 A、B 签订了一份合同，根据该合同，A 公司如果不履行某项合同义务，将承担大额违约金责任。A 位于税率高的国家，而 B 位于税率低的国家。履行合同过程中，A 没有履行合同义务，从而向 B 支付了巨额的违约金。该项违约金是否成立，是否能够被税务机关认可为正当的支出，即该费用在税法上存在与否？这类问题与税收客体间接相关，可以归入本类。

2. 税收客体之性质

如前所述，税收客体是区别税种、决定应税义务的性质、数量的重要因素，尤其是在税法对不同性质的所得，不同性质的支出区别处理时，其重要性尤为明显，如何对税收客体的性质进行确定，不仅仅是个税法定性的问题，还可能是私法定性的问题。税收客体的性质确定，包含税收性质的认定和支出性质的确定等问题，并且与所谓的交易定性紧密相连。一项交易定性之后，相关的问题可能随之解决，因此，交易行为的定性，有时候是一个

[1] 参见刘继虎：“论形式转移不课税原则”，载《法学家》2008 年第 2 期。

"先行"问题。学者主张的交易定性，[1]其中很多情况，在本部分采用的实质课税分类方法中可以归属到税收客体的有无及其性质。

关于税收客体性质认定中实质课税原则的适用，经典的案例是英国的威斯特敏斯特公爵案。该案中，威斯特敏斯特公爵雇用了几位工人为其劳动，根据当时的英国税法，公爵支付的工资将不能在他的应税收入中扣除，而支付的年金可以扣除。因此，公爵与某些工人签订了年金合同，这些年金将在工人离职时支付，合同载明，年金是对工人以往工作的对价，其支付与工人是否继续为公爵服务无关，且不影响其取得工资的权利。但是，公爵同时预期工人将会放弃与年金等额的工资，这些工人也知道公爵的预期，并且实际上也放弃了这部分工资。对于这个支出的性质，英国上议院最后按照法律的实质主义定性为年金。[2]

再如，曾经发生的关于"补偿费用"的课税争议就是与税收客体的性质确定有关。《融资融券试点管理办法》第 34 条规定：客户融入证券后、归还证券前，证券发行人分配投资收益、向证券持有人配售或者无偿派发证券、发行证券持有人有优先认购权的证券的，客户应当按照融资融券合同的约定，在偿还债务时，向证券公司支付与所融入证券可得利益相等的证券或者资金。也

---

〔1〕 滕祥志研究员提出的交易定性理论用于实质课税原则，从其引用的案例看，大多数情形涉及税收客体的性质和范围。本书认为，交易定性理论中的"定性"，包括两个方面：一是要对案件事实进行事实判断，也就是去伪存真的过程。很多时候并不需要否定私法交易形式，严格意义上并不应当归为实质课税原则，对事实的认定是各个部门法适用的当然内容和三段论前提。二是对案件事实的法律判断，也就是税法如果认为民商法上的交易性质不应该被税法加以接受，根据税法的调整目的对交易进行法律性质的判断。两个判断的目的和结果是正确确定税收客体的性质和范围。

〔2〕 尽管该案的异议法官认为，根据法律的实质正义，该"年金"的实质是工资支出。See Richard M. Ballard, Paul E. M. Davison, "UK Branch report", in International Fiscal Association 2002 Oslo Congress, *Form and Substance in Tax Law*, Vol. LXXXVIIA, Kluwer Law International, 2002, p. 574.

即所谓的“补偿费用”。根据其企业的税法的规定，该项补偿费需要作为应税收入纳税并无疑问，但存在如何定性的问题。实际而言，该补偿费是一种对股权分配所得的补偿，而各国对股息都规定不同程度的税收优惠。通过对交易实质的把握以及对照英美国家的立法例，不应按照民商法上关于借贷的定性，而应当按照实际性质，作为股权分配所得而征税。〔1〕

（三）税收客体之归属

税收客体的归属，在确定税收客体应归属于哪一个税捐债务人。为成立税捐债务，必须一定的税收客体与特定的纳税义务人间有结合的关系存在，此种结合关系，称为税捐客体的归属。但是，在具体的情形，税捐客体究竟归属于何人，经常产生问题。〔2〕金子宏教授认为，课税对象的归属最困难的问题是名义与实体、形式与实质的互不一致。〔3〕因此，在经济活动中，存在大量的情形需要正确运用实质课税原则认定税收客体的归属。如在隐名合伙的情形，税收利益应当归属于隐名合伙人还是名义上的合伙人，从而决定谁是纳税人？在房产税中，房产应当归属于名义上的登记所有者，还是实际上的所有者？税收客体的归属，不仅包括所得的归属，还包括应税行为、应税交易和应税财产的归属。

为了解决税收客体的归属问题，德国和日本有专门的条文予以规定。如1977年的德国《税收通则》第39条规定：“①经济财产归属财产所有人。②对第一项之规定，适用下列例外：第一，

〔1〕这里如果将背景放到国际税收领域，则问题更为复杂，要考虑到来源国是否有权对该收入进行源泉征税等问题。参见杨趣玲：“论我国融券交易中‘补偿费用’的税收路径选择——以实质课税原则为研究视角”，载《广东广播电视大学》2011年第4期。

〔2〕（台）陈清秀：《税法总论》，元照出版公司2010年版，第330页。

〔3〕［日］金子宏：《日本税法》，战宪斌、郑林根等译，法律出版社2004年版，第130页。

非财产所有人之第三人，于事实上管领经济财产，且于一般状况，在通常之使用期间内，得排除所有人对该财产之影响者，则该经济财产归属该第三人。信托关系之经济财产归信托人，让与其所有权以担保债权之经济财产归属保证人，自主占有之财产归属自主占有人。第二，经济财产为数人所公同共有者，于租税课征上有分别归属之必要时，依应有份归属各共有人。”可见，德国立法上，通常情况下，按照民法的所有权标准进行判断、认定，唯在所有人与实际上的经济利益占有、使用人不一致时，采取实质课税的原则，以实际管理财产者为纳税人。

日本《法人税法》第12条规定：“当由资产或事业所产生的收益被认为是法律上的归属于某人（者）时，而该人（者）仅仅是名义人，在实质上并不享有该利益，而由该名义人以外的人（者）来享受该利益时，应认定该收益应归属于该收益的享受者。此时对收益享受者应适用实质归属者课税的法律规定。”在《法人税法》的第11条，也有类似的规定。日本《消费税法》第13条也有同样的规定，即“当认定为是法律上的资产转让的人（者）仅仅是个名义人，而该名义人并不享受该资产转让等的对价，而是由该义务人以外的人（者）来享受该资产转让等的对价时，则该资产转让当认定是享受该资产转让的对价者（人）所进行的。因此对转让对价享受者应当适用这一法律规定”。〔1〕

此外，韩国《国税基本法》第二章第一节规定“国税征缴的原则”，第二节则规定“税法适用的原则”即税法解释的原则。第一节“国税征缴的原则”下第14条以“实质课税”为标题规定：“①称为课税对象的所得、收益、财产、行为或交易之归属仅仅是

〔1〕［日］金子宏：《日本税法》，战宪斌、郑林根等译，法律出版社2004年版，第131页。

名义而事实上另有归属人时，以事实上的归属人为纳税义务人并适用税法；②税法中关于计算课税标准的规定不要拘于所得、收益、财产、行为或交易名称或形式，按实质内容适用之。”〔1〕第18条第1款规定，在税法的解释和适用上，应考虑到课税之平衡合于该条项之目的性，不使纳税人的财产权受到不当的侵害。〔2〕

以上是税法有明确规定的情形，按照其规定判断税收客体的归属即可。但是在税法未特别规定时，能否直接按照实质课税原则进行认定？陈清秀教授认为，如税法未特别规定时，应基于量能课税原则与负担公平原则之要求，应把握表彰经济上给付能力的实质的事实以及税法规定之经济上意义及目的，因此，就税收客体的归属，应采经济的观察法，适用实质的课税原则，加以判断认定。就所得的归属而言，所得应归属于实际从事经济活动而获得所得者。〔3〕对立的观点认为，从税收法定主义角度看，税收客体的归属应当由法律直接予以规定，以增加税收的可预测性和税法的安定性，不宜由征税机关裁量确定。〔4〕应当说，在法律没有特别规定时，如果在个案中以经济观察法（实质课税原则）来认定税收客体的归属，并不能总是保证结果的稳定性和可靠性，从而难免会将纳税人的稳定性预期及信赖利益造成损害。能否赋予税务机关通过税法的解释和适用来确定的裁量权，以及赋予多少，应当取决于各国的法治完善程度和权利救济的可能性。此外，在反避税中，如果符合避税的构成要件，有必要按照实质课税原

---

〔1〕许安平：“避税及其法律规制（实质课税原则）辨析”，载《美中法律评论》2007年第2期。

〔2〕史正保：“从实质课税原则视角分析非法收入之征税”，载（台）葛克昌、贾绍华、吴德丰主编：《实质课税与纳税人权利保护》，元照出版公司2012年版，第480页。

〔3〕（台）陈清秀：《税法总论》，元照出版公司2010年版，第330页。

〔4〕施正文：《税法要论》，中国税务出版社2007年版，第212页。

则进行认定，而认定的结果应能进行司法救济。

三、对效力瑕疵行为和非法收益的课税

（一）效力瑕疵行为的课税

这里的效力瑕疵行为主要是指因为欠缺法定的要素而不能发生当事人预期的效果意思的情形，发生的缘由有违反法律强制性规定而无效；违背当事人的意思表示，存在欺诈、显失公平等被一方当事人行使撤销权，导致法律行为自始无效、嗣后无效等；双方当事人互负财产或经济利益的返还义务，不能返还的，折价赔偿等。

一般认为，对私法上的无效行为，主要应依其是否发生经济效果、有无经济收益来决定是否应当征税。民法上的效力瑕疵，只要经济效果仍然存在，就应当予以课税。因为税法所关注的是经济生活的实质，关注的是纳税人有无纳税能力，而不是经济事实的法律外观是否合乎其他法律的规定。[1] 对效力瑕疵行为课税，可谓是根据经济的实质主义。

关于无效行为的课税问题，1977 年的德国《税收通则》第 40 条已有规定，对于违反法律或善良风俗之行为，实现税法构成要件之全部或一部之行为，不因其违反法律之命令或禁止，或违反善良风俗，而影响其租税之课征。

在一些国家，如果考虑到其税务会计与财务会计的联结，效力瑕疵行为，如无效法律行为的实质课税问题的重要性和讨论的必要性就会有所降低。在会计处理上，如果是根据现金收付制，理论上讲相关款项没有支出之前，并不确认为支付。即使是权责制，应付款项如果超过一定时间没有支付的话，也会确认为收入。在税务会计没有对此种处理进行专门调整的规定时，财务会计上

〔1〕 刘隆亨：“论实质租税原则的适用和作用”，载《税务研究》2003 年第 1 期。

的处理就会直接进入税法效果中。

此外，对于伪装行为〔1〕的课税，因伪装行为在民法上也不产生效力，通常会按照其隐藏的行为进行认定，也可以归入本类进行讨论。1977 年的德国《税收通则》第 39 条第 2 项规定，虚伪之法律行为与虚伪之事实行为，对租税之课征不具意义。虚伪之法律行为隐藏有他项法律行为者，依该隐藏之法律行为课征租税。也有观点认为，假装行为是一种非真实意思的行为，它作为法律行为时构成民法上的无效。因假装行为不带来任何实体上的意义，所以它也不具有课税上的意义，直接按照被隐藏的法律行为性质课税即可，因此并无实质课税原则适用的必要。〔2〕尽管如此，国际上税法学者仍然将其纳入税法的形式与实质问题进行讨论。

（二）非法收益的课税

所谓的非法收益，统而言之是指不符合法律规定的行为产生的收益，从范围上应当包括通常所说的“黑色收入”和“灰色收入”。对于非法收益是否可以征税、是否应当征税的问题在社会各界广为谈论和争议。〔3〕

〔1〕 Sham or Simulation，翻译并不统一，本书通常将其翻译为伪装行为，如遇其他著作的不同翻译，如虚伪行为、虚假行为等，直接引用，不作区别。

〔2〕［日］北野弘久：《税法学原论》，陈刚、杨建广等译，中国检察出版社 2001 年版，第 87 ~88 页。

〔3〕 有关各种主张的依据及理由，参见刘惠：“论非法收入的征税问题”，西南财经大学 2007 年硕士学位论文。根据其综述，主张对非法收入征税的理由包括：第一，对非法收入征税是实质课税理论的运用；第二，对非法收入征税是税收公平原则的体现；第三，对非法收入征税是普遍征收原则的要求；第四，对非法收入征税是税收的本质要求；第五，对非法收入征税是由税务机关在行政分工中的职能所决定的；第六，对非法收入征税是行政效率原则的要求。主张不应当对非法收入征税的理由主要包括：第一，对非法收入征税意味着承认非法收入的合法性；第二，对非法收入征税有违社会道德；第三，对非法收入征税无益于公平的实现；第四，对非法收入采取混合规制的方法（即又征收所得税又承担其他传统部门法上之法律责任）存在许多弊端。

根据收益可税性理论，一项经济收入具有收益性，则具有可税性。非税收益尽管不具有合法性基础，对取得者而言，无疑会对其财产造成经济增值，从而提高其纳税能力，符合现代税法的量能课税理念。此外，根据实质课税原则，税收的课征不应当根据收益法律之外观，而应根据其经济能力增加之实质，即根据纳税人的实际负担能力。因此，非法收益可以也应当课税，并能消除对合法收益纳税人的“逆向”不公平。

非法收益的课税，尽管有学者认为直接将非法收益包括进“收益”概念即可，从而没有实质课税原则的适用必要。实际上，将收益本身的概念扩张到非法收益，本身就已经适用了实质课税原则——即按照收益的经济实质进行认定，而不是其据以取得的来源形式合法性问题，从这个意义上讲，实质课税原则适用于非法收益的课税。

对于非法收益的课税的争议，笔者认为其焦点可能并不在其税法基础，而主要在其道德基础。反对者与其说是反对其经济上的可税性，不如说是一种“情感”上的不接受，担忧征税之后将意味着“合法化”了。然而，正如学者指出的，税法的功能仅仅在于确认某种收入是否具有可税性并保障财政收入的实现。因此，税法对某种收入的关注，主要在于该收入的经济性质而非法律性质，税法也无意于完成对该收入乃至产生该收入的经济行为的法律价值的判断。[1]

非法收益的可税性无疑在一些发达国家是已经被认可的。如在美国，美国法院系统尽管对非法收入是否应当征税的问题有过犹豫，在案例中对非法收入的课税给予否认，但美国最高法院在

[1] 刘剑文：“非法未必不征税”，载《中国税务》2006年第4期。

1961 年的詹姆士案件中，作出了具有里程碑意义的判决。[1] 我国财政部、国家税务总局2006 年1 月发布的《关于加强教育劳务营业税征收管理有关问题的通知》（财税［2006］3 号）也对这个问题作了很好的回答。该通知明确规定，国内学校超过规定收费标准的收费以及学校以各种名义收取的赞助费、择校费等超过规定范围的收入，不属于免征营业税的教育服务收入，一律按照有关税法的规定征收营业税。尽管该文发布之初引起过轩然大波，引发人们对征税之后将其合法化的担忧，然而，随着各税法学家对其进行解释，已经消除了疑虑。[2]

关于非法收益可税性的争议，还在于其可行性与必要性。如在我国，在某项收入确定为非法之后，按照行政法或者刑法的规定，通常会被收缴和罚没，其征税的可行性和必要性自然已经丧失。因此，在我国强调所谓经济秩序的法律背景下，非法收益的可税性，可能是个“伪命题”。首先，因为税务机关的征税，并不需要审查收入来源的合法性问题，是洗钱所得，还是贪污所得，抑或赌博所得。按照外观主义或形式主义的原则来征税，而不问收益的来源是否合法这本身也是现代社会对税收效率的要求。由于要坚持征税客体的无因性即税务机关对征税对象（收益来源）的合法性并不进行实质审查，因此对于各类收益在并非明知其为非法收益的情况下税务机关都可以直接依据税法的规定征税。[3] 其次，在通常的社会背景中，并不会有人，至少正常的人不会去将自己的非法所得抑或非法收入所得（尤其是既违反了法律，又与社会道德观念不符的收入）去申报纳税。在判定为非法所得之后，根据法律规定被收缴或没收，也就丧失了征税的基础。在我

---

〔1〕 施正文：《税法要论》，中国税务出版社 2007 年版，第 203 页。

〔2〕 据与一些基层税务工作者的交流，很多地方实际上并没有征收。

〔3〕 张守文：“收益的可税性”，载《法学评论》2001 年第 6 期。

国这样的号称“礼仪之邦”的国家，在未被法律文明彻底开化之前，恐怕实质课税对非法收益的可税性的适用，目前的意义仅仅在于已纳税所得被确认或者证明为非法之后、国家对征税效果的保持上有适用余地。如果以其他的法律体系为讨论的背景，非法收益的可税性问题却不乏理论和实务价值。如前所引的美国詹姆士案，该案当事人詹姆士是美国某联邦官员，由于非法侵占公款73.8万美元而没有申报纳税，被联邦地区法院判定偷税罪入狱3年，巡回法院维持原判。詹姆士上诉至最高法院，要求援引先例（威尔考斯特案），判定他没有犯罪。但是最高法院的法官们推翻了先例，理由是，1916年的《联邦所得税法修正案》中取消了以前税法中所得的“合法”二字，国会的意图很明显，就是要对合法所得和非法所得都要征税。[1]

需要指出的是，这个“伪命题”，已经被我国现有的税法明文（如前述财税［2006］3号文）认可而成为“真命题”之后，如果再辅以具体的制度安排，则其可行性的质疑也可以解决。已有学者在比较美国40多年对非法收益课税实践进行比较研究，尝试对我国非法收益的课税制度提出构建意见。[2] 如果随着社会对经济的管制越来越低，可能我们对非法收入的认识将不再仅局限于诸如偷盗所得，非法交易所得（如性交易所得）等，一些不具合法性的所得，如应当进行营业审批或登记而未审批或登记的经营收入，未依法取得民商法上的处分权限而取得的收益等，都可以进入税法的视野予以可税性的认定。

四、实质课税原则适用之例外

这里的适用例外主要指立法上不予适用的情形。实质课税的

〔1〕 施正文：《税法要论》，中国税务出版社2007年版，第203页。

〔2〕 刘惠：“论非法收入的征税问题”，西南财经大学2007年硕士学位论文。

适用并不是绝对的、更不是适用于任何形式与实质不符的时候和场合，相反，税法常常要在公平和效率、私法上的意思自治和以国家税权为体现的公共利益之间做出衡量和选择。首先，税法的主要功能之一在于组织收入，为国家机器的运行和社会目标的实现提供经经济保障，税收在追求公平的同时，也以实现效率为目标，对任何的课税要件的满足，如均采实质主义，既无现实上的可能，也不符合征税经济原则。其次，因为实质课税对事实调查和认定的要求很高，即使课税事实的认定是可能的，但如事实调查与认定所需要的举证或调查的责任无论是施加于纳税人，还是分配给税务机关，都将造成更多的权益和效率损失（如为了查证事实而赋予税务机关过多的调查职权后），对私人领域干预过深，则实质课税原则所追求的价值因手段之客观不能而应当暂时谦让。因此，税收执法的大量性与重复性使税法为了保证效率，往往会采取一些标准性、法律推定的做法，在这些时候，实质课税原则是被排除适用的。

关于实质课税适用例外的具体情形，黄茂荣教授认为，基于计征经济原则，税法以类型化标准课税的情形，可以不适用实质课税原则。熊晓青博士认为，实质课税原则适用之例外在于税收优惠、定额征收和核定征收的场合。不同的看法源于其对实质课税原则的内涵及定位差异。税法以类型化标准课税的情形，不再单独考察交易的实质，凡是符合该类型和形式者即自动适用，可谓实质课税的例外。税收优惠是在税收主体和客体具有可税性的前提下，而人为专门设定的人的课税除外（主体除外）和物的课税除外（客体），或者是优惠税率。为了实现税收的中性和公平，国家应当尽量减少或者不用税收优惠的。现代社会，各个国家为实现其经济社会管理目标或者社会政策，如为节约资源、发展高科技产业、优先发展某个行业或地区等，通常以税收优惠作为手段，加大税收的调控功能。因此，税收优惠并不是与实质课税原则相对应的，毋宁是量能课税或者税收公平、中性原则的例外。很多情况下，恰恰因为税收优惠的吸引，一些纳税人实质上并不具备享受税收优惠的条件，而采用虚假或者形式合法的手段来获取税收优惠，这时恰恰需要利用实质课税原则对是否符合税收优惠的条件进行考察。

基于以上，本书认为，实质课税原则适用除外的情形主要是税法类型化和推定征税。

（一）适用例外之理由

因为税收执法的大量性及重复性，税法的制定和执行必须有利于提高经济运行的效率和税收执法行政的效率，降低社会成本。而按照实质课税，有时候是不经济的，给纳税人和税务机关带来极大的成本，从而浪费了社会资源。因此，实质课税原则适用例外之理由是税法上的效率原则。

税法的效率原则是基于税收效率原则在法律上的确认，税收效率是税法效率原则的分析起点。[1] 税收效率包括税收的经济效率和税收的行政效率也即征税的效率（effectiveness of tax collecting）。

1. 税收的经济效率

税收的经济效率体现为两方面的要求：一是尽量使税收保持中立性，让市场机制发挥有效配置资源的调节作用。国家税收不应伤害市场的这种调节作用，以避免影响或干扰纳税人的生产和投资决策、储蓄倾向以及消费选择。二是国家税收除了使纳税人因纳税而损失或牺牲这笔资金外，最好不要再导致其他经济损失

〔1〕 徐孟洲："论税法的基本原则"，载史际春、邓峰主编：《经济法学评论》（第1卷），中国法制出版社2000年版。

或额外负担。〔1〕有关税收的经济效率，经济学上有诸多理论，对政府与市场关系的主张不一样可能也会导致对税收经济效率的观点不一样。严格来说，因为税法同时要平衡其他的价值目标，如社会政策目标，公平目标等，各国的税收制度中，税收中性原则只是作为一个理想的原则，而在实践中，尤其是西方民主国家，税收制度还会受到政治的影响，没有一个国家能够做到完全遵循这一原则。

税收的经济效率与税收公平原则会存在冲突，而实质课税原则是实现其他税法价值如税收分配正义的手段，从而有间接冲突的可能。

2. 征税效率

征税效率，又称税收的制度效率、税收行政效率等。征税效率，作为一个综合指标，可以理解为征税成本与税收收入之比。〔2〕征税成本主要包括两个方面的内容：一是，从税务机关的角度，征税机关因为税源管理、税收征管、税务稽查等税收征管活动中所花费的费用，涉及人、财、物各个方面。这些成本通常由国家承担，成为行政事业经费中的一部分。二是，从纳税人的角度，即税法的遵从成本，如纳税人进行纳税申报的支出，聘请税务顾问的支出等。除此，还有认为包括中介机构的成本，社会花费在税收的教育、研究等方面的间接费用等。这是更广意义上的成本。〔3〕

以上的成本是积极成本，也即一定费用的现实支出，实际上征管成本还应当将隐性的成本纳入考虑，即税源流失、税款逃避的对税收造成的减少。通常而言，税制越复杂，征税成本越高。

---

〔1〕 徐孟洲："论税法的基本原则"，载史际春、邓峰主编：《经济法学评论》（第1卷），中国法制出版社2000年版。

〔2〕 胡湘桂、乔宝云："论征税效率"，载《当代经济科学》1996年第4期。

〔3〕 胡湘桂、乔宝云："论征税效率"，载《当代经济科学》1996年第4期。

为了实现税收效率，在税法构造中，有时候权衡税收公平原则和税收效率原则，排除实质课税，而直接按照法律外观或者法律拟定进行课税。

（二）适用例外之样态

1. 税法的类型化观察

也即税法上的事实拟定，税法直接对某些情形拟定一定的税法事实，并据此征税。税法上的类型化观察的取向在于根据一般观念是为典型的形成者，则依据拟适用之法律规定之意旨及目的，该典型化的形成均可以而且应当在税捐判断上作为基准。[1]“税法上类型化观察法忽略个别纳税人的特殊性，直接以法定典型事实替代对税务事实查明作为法律评价的基准。”[2]税法以类型化标准课税的情形，不再单独考察交易的实质，凡是符合该类型和形式者即自动适用，可谓实质课税的例外。因类型化观察往往不能真实反映纳税人的经济状况，在进行类型化的选择和拟定过程中，仍然应当将量能课税的因素纳入考量。此外，类型化观察一般根据效力的强弱可以分为实质类型化和形式类型化。前者属于法律拟制，不容推翻，后者则是法律推定，容许推翻被类型化的事实。[3]

2. 推定征税

鉴于有大量的经济交易量小、财务核算能力低下的小经营实体的存在，出于征管经济的考虑，税法上也存在定额征收和核定征收的情形，这与实质课税原则不相一致。但是在设定定额和核定的同时，仍然应当符合量能课税，尽量与纳税人的纳税负担能力保持较小的差距。如增值税的小规模纳税人，适用征收率进行

---

〔1〕（台）陈清秀：《税法总论》，元照出版公司2010年版，第249页。

〔2〕闫海：“税收事实认定的困境及出路”，载《税务研究》2010年第3期。

〔3〕闫海：“税收事实认定的困境与出路”，载《税务研究》2010年第3期。

征收，而不问实际的进项税额和销项税额，征收率的确定，应当参照小规模纳税人的利润率，税负大小等能够反映实际增值额的因素进行。在特别纳税调整中的推定课税，可能还有反避税的效果，如《税收征收管理法》第35条第6项，似乎可以当成是实质课税原则的适用，只是适用中采取推定的方式，并将举证推翻的责任分配给纳税人。

此外，还有一种税法上的拟定。如我国税法上有众多的“视同应税行为”，其中有一些类型即是为了简化税收的征管，提高征管效率，税法将符合规定的一些事实进行拟定，或者进行法律的拟制。如《营业税暂行条例实施细则》第6条对混合销售行为区分情况进行简便处理，规定除该细则第7条的规定外，从事货物的生产、批发或者零售的企业、企业性单位和个体工商户的混合销售行为，视为销售货物，不缴纳营业税；其他单位和个人的混合销售行为，视为提供应税劳务，缴纳营业税。〔1〕

在以上诸多例外的样态中，尽管实质课税原则并没有完全贯彻，在进行相关税收立法或者税务处理的过程中，对相关要素的类型化、拟定等仍然要尽可能的符合纳税人经济状态的实质，尽可能最小程度地损伤税收的正义。〔2〕

〔1〕 贺燕：“‘视同应税行为’规则的税法解析”，载《中国律师》2012年第1期。

〔2〕 按照“形式征税”，还是按照“实质课税”，在具体征管程序中可能涉及对“实质”的举证问题。

第四章

反避税中实质课税原则的适用

一、避税与反避税

在谈论避税之前，有必要对几种同样具有税负减少目标的税收规划行为进行概念区分。根据共通的观念，以减少税负为目标的税收规划行为可以分为三类，即逃税（tax evasion）、税收规避（tax avoidance，简称避税）[1]和节税（tax saving，有时候也用 tax planning 的概念）。尽管三者的定义在学术上还有争议，实践中其界限往往会比较模糊，

---

〔1〕 在澳大利亚，尤其是澳大利亚税收办公室（Australian Tax Office），经常被称为“侵略性的税收规划（aggressive tax planning）”；在南非被称为“不被允许或恶意的税收规避（impermissible or abusive tax avoidance）”；在新西兰和英国被称为“不被接受的税收规避（unacceptable tax avoidance）”；在美国，“恶意税收庇护（tax abusive shelters）”的概念经常被使用。See Chris Evans, “Containing Tax Avoidance: Anti – Avoidance Strategies”, *University of New South Wales Faculty of Law Research Series*, 2008, p. 4, available at http://law. bepress. com/unswwps/flrps08/art40.

但其核心观念上仍然有显著的区别。[1]除了概念上的区别，三者引致的税法后果和其他法律后果也迥异。逃税行为是违法行为，将能引起行政处罚或者刑事责任；税收规避通常被认定为非合法（illegitimate），并没有明确违反法律的规定；而节税行为则是一种合法行为（licit）。

（一）避税

1. 避税的概念

尽管避税是一种常见的现象也是各国税法、国际条约处理的对象，但是很少有国家在立法上对其进行定义，理论上对避税的进行定义则有很多种方式。大陆法系和英美法系学者对该概念的表述大体上而言有所差异。英美法和国际组织上对避税的定义都比较宽泛，如 OECD 的税收术语认为避税是一种纳税人旨在降低税负能力的一种事务安排，其严格来讲是合法的，但是违背了其所依据的法律的目的。[2]该定义从节税的效果和合法性上进行界定。

大陆法系对概念的定义通常更为注重对构成要素的发掘。如金子宏教授认为，当事者利用私法上的选择的可能性，虽从经济贸易所固有的见解来看没有其合理的理由，但他们通过选择通常所不用的法律形式不但在实质上实现了所预想的经济目的乃至经济性成果的目的，而且还回避了同通常所采用的法律形式相对应的课税要件的充足，以使其税收负担减轻或排除掉了他们的税收负担。[3] 该定义解释避税的要素为：缺乏合理的商业目的；采取

〔1〕 Reuven S. Avi – Yonah, Nicola Sartori, and Omri Marian, *Global Perspectives on Income Taxation Law*, Oxford University Press, 2011, p. 101.

〔2〕 OECD, International Tax Terms for the Participants in the OECD Programme of Co-operation with Non – OECD Economies, available at http://www. oecd. org/dataoecd/17/21/33967016. pdf, last accessed 10 February 2012.

〔3〕［日］金子宏：《日本税法》，战宪斌、郑林根等译，法律出版社 2004 年版，第 93 ~ 94 页。

了非常规的法律形式；造成税负的减少或者排除。也有国内学者的观点认为，避税专指滥用法律事实选择的可能性，进行违反税法目的的异常行为安排，以实现规避税负的不当行为。对那些符合税法规定和目的的旨在减轻税负的合法、正当的行为，则以节税一词指称。该观点同时认为，避税的构成要件有二即足够：一是行为要件，即滥用法律的形成可能性；二是效果要件，即规避税负的经济效果，两者均属客观要件。从该文对避税构成要件的表述来看，与前述金子宏教授的观点并没有实质性的差别，纳税人主观意图也涵盖其中。[1]

在反避税实践中，不同的国家基于其自身的法律体系和社会背景，反避税制度适用的范围和条件会有所差异，但前述关于概念的定义如果放到反避税法律制度框架中，可能并不具有实质性差别。本书仅从 OECD 的定义理解避税这个概念，但是对避税行为的界定、构成要件的讨论、避税条款适用条件的研究，包含在下文将要讨论的反避税中实质课税原则的适用条件中。

与避税概念相联系的还有美国常用的税收庇护（tax shelter），但是学者之间并没有就税收庇护的概念达成共识。广义上说，税收庇护可以被定义为交易和安排，“被设计为减少或者迟延纳税，通常以虚假（artificial）的方式”。然而，并不明确，这个概念是否仅指技术上违反了法律条文的规定，还是是否也指所有参与并且唯一目标在于降低税负、缺乏任何商业目的的活动。Bankman 教授将税收庇护定义为以税收为驱动的交易，与纳税人常规的商业经营无关，根据一些立法机关的条文观察，产生超出任何经济损失的税收上的损失，以违背立法目的或者意图的方式。[2]从

[1] 刘剑文、丁一：“避税之法理新探（上）”，载《涉外税务》2003 年第 8 期。

[2] Reuven S. Avi – Yonah, Nicola Sartori, and Omri Marian, *Global Perspectives on Income Taxation Law*, Oxford University Press, 2011, p. 103.

美国的判例及文章来看，税收庇护可以认为是指各种的避税方案，尤其是那些流行度较高的、具有可重复性的一些避税模式。

2. 避税与逃税、节税的区别

从主观方面和法律效果上看，逃税是一种故意减少税负的非法行为（illegal）。从客观方面来看，“逃税是全部或者部分地把课税要件的充足的事实给隐瞒下来的行为”。[1] 也就是说，逃税行为本身就存在手段的非正当性和非法性。相反，避税则是将税收构成要件的成立予以回避，即在税收构成要件满足之前即通过交易的安排使得更高税负的税收构成要件在形式上全部或者部分不能满足。因此，避税可以定义为非合法、非正当（illegitimate）的行为，而不是非法的（illegal）行为，目的在于减少税收负担。避税行为不违反法律条文字面规定，但是很显然违反法律条文的精神（the spirit of law）。[2]

相比避税和逃税的区别，避税与节税在理论上区分容易，但在实践中进行界定则更为困难。节税是依据税法规定谋求税负减轻的行为，而避税是采取税法没有规定的异常的法律形式来谋求税负担的行为。但是二者的界限很难确定，最终只有通过社会通念来确定。[3] 可见，理论上二者的区别一方面在于是否符合税法的目的，另一方面在于是否采取了异常的法律形式。

3. 伪装行为（sham or simulation）

伪装行为，又被称为虚伪行为、虚假行为，英美法系有 sham

〔1〕［日］金子宏：《日本税法》，战宪斌、郑林根等译，法律出版社 2004 年版，第 94 页。

〔2〕 Reuven S. Avi – Yonah, Nicola Sartori, and Omri Marian, *Global Perspectives on Income Taxation Law*, Oxford University Press, 2011, p. 101.

〔3〕［日］金子宏：《日本税法》，战宪斌、郑林根等译，法律出版社 2004 年版，第 94 页。

规则，与之类似的，大陆法系有 simulation 规则。伪装行为规则是一种比较独特的规则类型，是很多国家反逃避税行为的重要手段之一，在一些没有反避税规则，或者反避税规则供应不足的国家，如墨西哥、哥伦比亚，还被引申、扩展为反避税规则。[1]伪装行为的规制范围、构成要件、行为效果，以及其中实质课税原则的适用也值得探讨。[2]

目前，在理论上和税法制度上对伪装行为的界定及其与避税行为的关系有以下几种典型看法和实践：

其一，狭义的伪装行为观念，从私法上进行界定，认为伪装行为或虚伪行为是以表面的行为掩盖另一个真实的行为，表面行为不是当事人内心意思的真实表现。避税行为与伪装行为的不同在于前者如没有法律依据，不能直接否认其法律形式的效力，后者则法律上一般不予认可，而以隐藏的真实行为确定其效力，[3]从而使二者有明显的区别。类似的观点将伪装行为作为民法上与其掩盖的真实法律行为或者法律事实相对应，在税法上仅仅根据民法适用，即忽略表面的伪装行为，而直接按照其掩盖的内心真意或者事实情况进行课税即可。[4]所不同的是，这里的伪装行为不仅包括了对法律行为的伪装，还包括了对法律事实的伪装，前者是法律判断，后者是证据认定的问题。德国 1977 年《租税通则》第 41 条第 2 款即包含了两种。这个意义上的伪装行为与避税

---

〔1〕 Frederik Zimmer, "General Report", in International Fiscal Association 2002 Oslo Congress, *Form and Substance in Tax Law*, Vol. LXXXVIIA, Kluwer Law International, 2002, p. 30.

〔2〕 但也有学者并不认为有实质课税原则适用的必要性，且伪装行为可能已经不能归属于避税行为，而是构成逃税行为。参见［日］北野弘久：《税法学原论》，陈刚、杨建广等译，中国检察出版社 2001 年版，第 87 ~ 88 页。

〔3〕 刘剑文、熊伟：《税法基础理论》，北京大学出版社 2004 年版，第 154 页。

〔4〕 如前引北野弘久教授的观点。

行为是有所区别的，伪装行为可能构成逃税行为，从而是一种应受处罚的行为。

但是民法上的伪装行为是否能够被用于税法上，在意大利存在争议。在一些涉及善意第三人情形下，根据私法规定，伪装行为将对当事人具有约束力。在奥地利，善意第三人的权利可能具有税法效果。[1]

英国法上的 sham 规则也是在税法之外发展出来的。有关 sham 规则最重要的判例是 Snook v. London & West Riding Investments Ltd.（简称 Snook 案）。在该案中，法官认为 sham 的含义是当事人故意让做出的行为或者执行的文件呈现给第三方或者法院一个不同于当事人真实意图设立的权利义务的表象。Snook 案尽管不是税法案件，但是其观念被平等的适用于税收目的，而且范围比较狭窄。只有满足以下条件时，一个 sham 才能被认定：第一，文件设立的交易与法律实质不一致，即当事人用文件表述的合同不是实际上约束各方的合同（如果存在实际上的合同）；第二，当事人之间必须具有共同的故意，给第三方如税务局，制造不同于真实法律关系的假象。[2]从这个严格意义上的 sham 规则讲，其与避税的区分还是比较明显的。

其二，广义的伪装行为观念，被赋予税法含义。在一些民法国家，法院常倾向于将 simulation 扩展到作为反避税概念的权力滥用（abuse of law）。比利时法院也将 simulation 的概念扩展到指称

---

〔1〕 Frederik Zimmer, "General Report", in International Fiscal Association 2002 Oslo Congress, *Form and Substance in Tax Law*, Vol. LXXXVIIA, Kluwer Law International, 2002, p. 30.

〔2〕 Richard M. Ballard, Paul E. M. Davison, "UK Branch report", in International Fiscal Association 2002 Oslo Congress, *Form and Substance in Tax Law*, Vol. LXXXVIIA, Kluwer Law International, 2002, pp. 571 ~ 572.

那些在税法上不具有真实性的交易，即使这些行为在私法上是真实的。[1]比利时法中，sham不仅适用于单个的交易，也可以用于表面上独立的多个交易，如果当事人秘密将其建立联系并且调整了真实的法律内容。[2]哥伦比亚税法中的sham或simulation概念包含私法上的绝对意义上的伪装行为，即试图掩盖当事人内心真实目的的表象行为，也包括用虚假的法律形式掩盖经济实质的行为，如股息剥离的交易。[3]后者可以归入避税的概念。美国法上，也有法官将sham概念引申到反避税领域。如在Knetsch案中，最高法院将一个贷款合同称为sham，即使该案中的交易具有真实的私法目的。[4]

在采取广义的伪装行为观念的国家中，伪装行为和避税乃至逃税之间存在交叉地带。也有学者认为，伪装行为是避税和逃税之间的中间地带。并且，伪装行为有纳入权利滥用的趋势。[5]无疑，根据以上论述可知，伪装行为与避税行为的关系在于各国税法实践中伪装行为的适用范围大小。如第一章所述，伪装行为同时会涉及法律的实质课税主义，如在广义的伪装行为中，同时有

---

〔1〕 Victor Thuronyi, *Comparative Tax Law*, Kluwer Law International, 1998, p. 159.

〔2〕 Daniel Garabedian, "Belgium Branch report", in International Fiscal Association 2002 Oslo Congress, *Form and Substance in Tax Law*, Vol. LXXXVIIA, Kluwer Law International, 2002, pp. 154 ~ 156, 该分报告人举出一个案例，即布鲁塞尔上诉法院1982年10月26号判决中的案件。该案中，一位雇员将公司应付的劳动报酬免除，与此同时，该公司的母公司同意按照高于市场公允价值的价格购买其配偶的股份。该案的法律行为被按照实际的行为进行认定。

〔3〕 Jorge E. Paniagua - Lozano, Hector M. Mayorga - Arango, "Colobia Branch report", in International Fiscal Association 2002 Oslo Congress, *Form and Substance in Tax Law*, Vol. LXXXVIIA, Kluwer Law International, 2002, pp. 217 ~ 220.

〔4〕 Victor Thuronyi, *Comparative Tax Law*, Kluwer Law International, 1998, pp. 159 ~ 160.

〔5〕 Victor Thuronyi, *Comparative Tax Law*, Kluwer Law International, 1998, p. 160.

经济的实质主义之适用。

（二）反避税

1. 避税的产生及反避税的理由

避税现象在税法产生之初可能就已存在，在税收史上也不鲜见，如在十八、十九世纪，英国、法国征收门窗税，导致人们将建好的建筑物的窗户封起，或者干脆在建房子的时候，设计更小更少的窗户以便少纳税。[1] 然而，避税现象在最近几十年所引起的关注是史无前例的。避税现象是如此的普遍，甚至有美国学者戏言，旧时有名言称人生有两件事是无法避免的：死亡和税收。现今普遍的认识是，在现有的税法典下，只有一件事是无可避免的。[2]

避税行为的原因有主客观两方面。主观方面而言，存在避税方案的需求和供应市场。在全球化背景下，企业面临的竞争激化，存在控制成本包括税收成本，提高收益包括税收利益的需求；与此同时，企业的需求催生了税收中介的发展、壮大，中介内部的竞争增大，反过来形成税收规划方案的供应。客观方面而言，税法漏洞的存在、各国税制的现实差异以及税负的沉重是重要的原因。[3] 与此同时，新的金融工具层出不穷，税制的复杂化无疑也给了纳税人可以凭借的手段。

避税行为的大量存在无疑降低了各国取得税收收入的能力，并间接影响到政府公共服务的有效提供。一方面，避税行为带来不公平，包括税收负担的不公平和经济竞争的不公平。从横向上看，避税使得具有同样经济地位而守法的纳税人处于不公平的地位，

---

〔1〕 梁发芾："从窗户税到房产税"，载网易新闻 http://news.163.com/11/0514/03/7401U1RG00014AED.html，最后访问日期：2013 年 3 月 29 日。

〔2〕 Joseph E. Stiglitz, "The General Theory of Tax Avoidance", National Bureau of Economic Research (NBER) Working Paper Series, No. 1868, p. 2.

〔3〕 刘剑文、丁一："避税之法理新探（下）"，载《涉外税务》2003 年第 9 期。

也使税收负担不公平地向具较少移动性的劳动和消费转移。〔1〕此外，利用各国税制的差异而有更大的避税可能，因避税在跨国活动中最突出，相较避税空间和手段相对少的国内纳税人而言，税负负担也存在不公平。从纵向而言，避税使社会财富在国家和纳税人之间的分配比例发生变化，增加了纳税人的收入，减少了国家的财政收入，〔2〕纳税人负担的税负与其得到的公共服务失衡。另一方面，避税的危害不仅在于公平，还在于经济因素，即带来效率损失。一个将交易不准确定性的纳税人意味着更高的征管和遵循成本，从而导致无效率。〔3〕为了应对避税，各种反避税条款又使各国税法复杂化，提高了税法的遵从成本，这是就征管效率而言。此外，据研究，避税行为还带来资源配置的无效率，削弱议会和国家财政设定、执行国家经济政策的能力。〔4〕此外，避税行为还降低了税法的再分配功能。综上观之，避税行为尽管具有形式上的合法性，实际上则是对税收分配正义和税法实质正义的损害，这是多数国家反避税的基本理由和依据。

2. 反避税规则与实质课税原则

反避税的必要性已经得到各国的共识，从一般反避税条款立法例的增长，到 OECD 的 BEPS（base erosion and profits shift）行动计划可见一斑。近些年，也有从社会责任和收益贡献、成本部分角度对反避税的正当性进行论证者。无论何种理由，当前以

---

〔1〕 See，R Avi－Yonah，“Globalization，Tax Competition and the Fiscal Crisis of the Welfare State”，*Harvard Law Review*，113（2000），pp. 1575～1578.

〔2〕 郑仁荣、梁伟：“避税问题的法律思考”，载《商业研究》2002 年第 17 期。

〔3〕 Reuven S. Avi－Yonah，Nicola Sartori，and Omri Marian，*Global Perspectives on Income Taxation Law*，Oxford University Press，2011，p. 102.

〔4〕 South African Revenue Service（SARS），“Discussion Paper on Tax Avoidance”（November，2005），pp. 11～15，available at http://www. sars. gov. za/uploads/images/0_Discussion_ Paper_ on_ Tax_ Avoidance. pdf，last accessed 2013－02－12.

OECD 主导的反避税的“风暴”，财政压力是一个很大的推动力，这一现象是有目共睹的。既然反避税已经成为国际税法、国内税法的任务之一，需要研究的是如何构建合理的反避税制度。问题的一方面，在反避税政策选择上，要斟酌纳税人的意思自治与国家税收利益，税收中立以及税收公平的关系；问题的另一方面，具体反避税规则的设计，更是要在税收法定原则与税法实质正义之间寻求平衡点，既要最大限度的保障税法的稳定性和可预期性，又要尽可能地消减反避税规则自身固有的不确定性和裁量性，使得纳税人的权利有所保障，同时要给其提供有效救济手段。

目前各国采用的反避税规则形式多样，从法律渊源而言，有法院发展的反避税规则，也有立法制定的反避税条款；从适用的范围而言，反避税措施通常包含一般反避税条款和特殊反避税条款，后者主要是指转让定价规则、受控外国公司规则、资本弱化规则等。有关一般反避税规则的正当性与必要性争论不断，但采用一般反避税规则的国家日渐增多，无论是成文的一般反避税规则，如德国、法国、澳大利亚等，还是不成文的一般反避税规则，如英国、美国，甚至最近的意大利。[1]在税法之外，各国也重视银行等第三方信息共享制度、各国税务行政合作等的建设。自

---

〔1〕 美国的反避税规则如实质重于形式原则、商业目的原则、经济实质原则等是由法院发展出来的，最近几年普通法发展出的原则被一些成文法适当吸收，2010 年的《国内收入法典》更是将经济实质原则写入，作为 Internal Revenue Code Section 7701(o)，但该条仍然把经济实质原则（economic substance doctrine）定义为普通法规则，且在判断该原则是否与一项交易相关时，要根据本条未被成文化的状态进行，言下之意是普通法的规则仍然要适用，成文化的经济实质原则毋宁是将一些据以判断的标准予以概括。意大利原本只有“准一般反避税规则”，2008 年最高法院在欧洲法院权利滥用概念的影响下，根据宪法上的量能课税原则发展出禁止权利滥用原则用于反避税。See Roberto Cordeiro Guerra, and Pietro Mastellone, “The Judicial Creation of a General Anti-Avoidance Rule Rooted in the Constitution”, *European Taxation*, November, 2009, p. 511.

2013 年 OECD 主导推出 BEPS 行动以来，一种全新的反避税模式跃然而出，反避税从单边行动，转而进入多边合作的历史性“新时代”。

作者并不试图论证一般反避税规则的必要性与正当性，因一般反避税规则以及其他反避税规则与实质课税原则的密切联系，仅仅从实质课税原则的适用条件与程序等视角研究反避税。反避税中实质课税原则的适用也无疑最能体现实质课税原则的精神，北野弘久教授对实质课税原则的各种学说进行分析和批判后，甚至认为在即使法律未作明文规定，也可以否认避税行为的时候（这种情况下，在课税上可以认定这种关系实际上是与当事人设定的关系不同）实质课税原则才真正成其为税法固有的实质课税原则。[1]

台湾地区学者认为，认定纳税义务人之交易是否构成适用实质课税原则时，亦应考量纳税义务人之交易模式是否同时符合下列要件，国税局方可援引实质课税原则进行调整：①纳税义务人之交易模式是否为滥用法律形式。当纳税义务人最终所欲达成的经济上效果，在现实上所选出来的法律形式，若同时符合下列二重态样，始可认定纳税义务人的交易行为系为滥用法律形式。其一为纳税义务人之交易模式系为一般人不会从事之交易模式，以及该交易模式以一般人角度观察系属“复杂的、笨拙的、非理性的、不符合成本效益”，则此法律形式和经济实质不一，即可认定该纳税义务人之交易模式属不相当的法律形式；其二为如纳税义务人不为如此之交易模式，难以实现其于税法上之目的。②纳税义务人之交易模式是否存在明显的税负节省效果。③纳税义务人之交

[1] ［日］北野弘久：《税法学原论》，陈刚、杨建广等译，中国检察出版社 2001 年版，第 85 ~92 页。

易全部目的或主要目的为节省税负，而无其他合理商业目的。[1]他显然是在反避税的角度来分析实质课税原则的，构成避税行为方有实质课税之适用，同时也显示了实质课税原则与反避税的关系无疑是密不可分的。即使我们认为实质课税原则的适用范围比反避税要广的多，无论是学术界还是实务界都将反避税作为实质课税原则最重要的适用对象。此外，为了将实质课税原则的适用控制在法治框架下，在适用实质课税原则进行反避税时，其适用要以存在避税行为为前提，并遵从一定的程序规定。

目前，英、美等判例法系国家的适用及其经验，国内已有较多介绍。实际上，大陆法系国家根据私法的规则引申和发展出来一些反避税的基础理论，主要是利用禁止滥用权利（尤其在一般反避税条款中），结合特殊反避税规定来对避税行为提供规制的法律手段。而后者恰恰对同属于大陆法系国家的我国更具有借鉴意义，遗憾的是其理论和实践经验在国内尚没有得到更多详细介绍。欧洲税法上的反避税经验尤其是在直接税领域的反避税经验，有进行介绍和比较研究的必要。

反避税的税法实践中，无论遵循的路径和理由为何（普通法系的实质重于形式抑或大陆法系的禁止滥用权利），几乎都会不可避免的用到实质课税原则作为重要的手段和调整税款的依据。如第一章所述，实质重于形式观念以及禁止滥用权利，无论是本质上还是手段上，都与实质课税原则有千丝万缕的联系，从某种意义上说，实质课税原则因为反避税而更彰显其价值和典型性。

---

〔1〕（台）许祺昌：“从台湾地区实质课税原则案例看税捐稽征法第 12 条之一的未来修法方向”，载（台）葛克昌、贾绍华、吴德丰主编：《实质课税与纳税人权利保护》，元照出版公司 2012 年版，第 433 ~434 页。

二、反避税中实质课税原则适用的不同方式

（一）判例法系实质重于形式原则——以美国税法为观察主体

美国并不存在成文的一般反避税规则，其反避税规则是作为“税法普通法”发展而成的，且主要是从涉及国内收入署质疑一些特定的避税方案的法院判决中产生。从美国的司法实践看，相对其他普通国家，美国法院对于反避税态度更为积极，介入也更早，〔1〕比较注重交易的经济实质而不囿于法律形式。美国法院在司法审判中，确立了很多反避税规则，知名的有实质重于形式（substance over form）、分步交易（step transaction）、商业目的（business purpose）、虚假交易（sham transaction）以及经济实质（economic substance）。这些规则，是在不同的时期、由不同的法官在适用于不同的事实类型时创造的，相互的界限可能并不是很清晰，正如学者所言，这些规则是相互交叉也是富有争议的，并且基于具体案件中的事实类型，很难清晰界定他们。〔2〕在以上众多的反避税规则中，出现时间较早的是实质重于形式和分步交易。分步交易规则规定，纳税人的形式如果合法、拥有经济实质，则将被尊重，即使不同的交易安排将产生更多的税负。然而，这项规则会将一项包含很多步骤的交易看作是一项交易，如果这些步骤都对准最后的结果。换句话说，税务机关可以忽略没有经济意义的步骤，而根据交易的整个结果进行税务处理。实质重于形式的进一步发展是经济实质原则。〔3〕

---

〔1〕 自 1935 年的 Gregory 引发出实质重于形式原则至今有 80 年历史。参见 Gregory v. Helvering，293 U. S. 465（1935）。

〔2〕 Victor Thuronyi，*Comparative Tax Law*，Kluwer Law International，1998，pp. 160 ~ 161.

〔3〕 Reuven S. Avi – Yonah，Nicola Sartori，and Omri Marian，*Global Perspectives on Income Taxation Law*，Oxford University Press，2011，p. 104.

经济实质原则（economic substance doctrine，又被称为economic sham）被认为是美国super court在1960年的Knetsch v. U. S. 案中确立的。该案法官总结虚假交易规则为：首先，虚假交易规则只是帮助认定以税收为动机的交易，对这些交易，国会没有将其纳入给予税收优惠的范围的意图；其次，一项交易如果是为了利润或者其他非税法的、合法商业目的而进行的，则将不会被认为是虚假。这项规则在1966年的Goldstein v. Commissioner一案中被详细阐述。该案中，纳税人将从银行借得的钱投入美国财政部债券，后者支付的利息要远低于银行的贷款利息，尽管也有很小的机会获利，即债券市场好转，但这项交易没有多少营利的可能。法院不同意利息的扣除，认为："1954年的国内收入法典第163（a）部分没有允许扣除在借贷中支付或者增加的利息，正如我们面前这些，除了他们预期的税收效果以外，没有理由认定具有目的、实质或有益。"在ACM一案中，法庭总结经济实质检验如下：深入审查纳税人的交易是否具有充分的经济实质被税法目的所尊重，应当审查客观经济实质和背后的主观商业动机两个方面。

经济实质原则如今已经于2010年被纳入美国税收法典，成为Code § 7701（o）部分，从而变成一条成文的反避税规则。该条文详细规定了适用的规则，而且修订了关于处罚的规定。

美国的反避税税法制度发展到现在，已经不仅仅只有普通法规则，而是同时具有众多的成文法反避税规则，包括税收法典和财政部制定的规章等，适用于各种特殊类型的避税情形，税收法典也授权或者要求国内收入署制定反避税类型的规章来规制一些特殊的避税类型。[1]国内收入法典中有一些特殊反避税规则，如

〔1〕 William P. Streng, Lowell D. Yoder, "United States Branch report", in International Fiscal Association 2002 Oslo Congress, *Form and Substance in Tax Law*, Vol. LXXXVIIA, Kluwer Law International, 2002.

转让定价规则，CFC 规则，以及资本弱化规则，合伙制度反避税规则等。财政部也已将很多的反避税条款写入一切重要的规章（regulations）中。美国学者认为，实际上，反避税条款是普通法规则的制定法化。财政部和其他的立法者提出了立法（statutory）应对避税的对策，这些对策，如法规一样，也是建立在普通法规则之上的。在一系列重要的案件中，法院也接受了政府的主张，利用普通法规则拒绝避税参与者的税收利益。这些普通法规则的联系都很紧密，单一的规则不可能起作用。[1]因此，有学者指出，应该在行政实践的背景下看美国的反避税规则。因为有行政法规的详细细则、税收规则和其他公开的公告、信函裁决，通常很容易确定一项交易是否会有被 IRS 根据反避税规则进行攻击的风险，或者是否能够安全通过这些详细审查。[2]尽管如此，美国乃至全球的税法学者和实务人士还是热衷于分析作为规则产生源头以及审查标准的法院判决。

相对美国，英国和澳大利亚的法院在应对反避税上更为谨慎，但是同样也通过案例建立了一系列的反避税规则。

历史上，英国既没有成文的也没有普通法的反避税规则，直到晚期发展出的关于对交易进行税法重新定性的 Ramsay 或 Furniss（又称为 Dawson）规则。[3]1936 年，英国在威斯特敏斯特公爵案确立了法律的实质原则之后，面对严重的避税行为，法院于 1980 年的 Ramsay 案中做了一个转变。Ramsey 案可能与美国的分步交易

〔1〕 Joseph Bankman, The Economic Substance Doctrine, *Southern California Law Review*, 5 (2000), p. 6.

〔2〕 John Tiley, "Judicial Anti – Avoidance Doctrine", in Victor Thuronyi, *Comparative Tax Law*, Kluwer Law International, 1998, p. 161.

〔3〕 Richard M. Ballard, Paul E. M. Davison, " UK Branch report", in International Fiscal Association 2002 Oslo Congress, *Form and Substance in Tax Law*, Vol. LXXXVIIA, Kluwer Law International, 2002, p. 569.

规则有点类似，适用于效果相互抵消的环形交易。纳税人 Ramsay 出售农场获得资本收益，为了避免纳税，设计了一个产生损失的避税方案。根据这个避税方案，Ramsay 购买 Caithmead 公司的股票，同天向 Caithmead 提供两笔均为 11% 利息的贷款，贷款合同约定，债权人有权减少其中一笔贷款的利率并将减少部分加到另一笔贷款上，数天后，Ramsay 行使选择权将一笔贷款利息变为 0，另一个变为 22%，随后将债权凭证售出获利，与此同时，因为这笔贷款交易，Caithmead 公司的股票价格下跌，Ramsay 将其售出形成损失。Ramsay 出售债权凭证获利金额与出售股票损失相当，因此其经济状况并没有任何改变，但因英国对债权凭证出售收益免税，Ramsay 因环形交易产生的收益免税，而产生的损失可以税前扣除，从而取得税收利益。法院将一系列交易视为整体，否认了环形交易的效果。Ramsay 规则的适用需满足一定的条件，在 Dawson案中，Brightman 大法官总结的适用条件被认为是适用 Ramsay规则的界限，根据其表述，Ramsay 案的适用界限为：①必须有预先计划好（pre - ordained）的一系列交易；②交易中嵌入了除避税之外没有任何商业目的的交易——而不是没有经济效果（not“no business effect”）。在 Craven v. White 案中，Oliver 大法官详细阐述了预先计划的要点。[1] 自此，英国法院关于法律实质主义的立场发展转变，不再固守纳税人采取的法律形式转而探求交易的经济实质。

20 世纪中的大部分时期，澳大利亚法院采取一种文义的法律解释及税法重构态度，这种态度在 1981 年澳大利亚最高法院审理 Cooper Brookes（Wollongong）Pty. Ltd. v. FCT（1981）ATR 949 案

〔1〕 Richard M. Ballard, Paul E. M. Davison, “UK Branch report”, in International Fiscal Association 2002 Oslo Congress, *Form and Substance in Tax Law*, Vol. LXXXVIIA, Kluwer Law International, 2002, pp. 575 ~582.

中发生转变。该案中，法院考虑到本案的事实，抛开了法条的字面理解，而是按照考虑了相关的其他法条、立法背景等以防止不合理的审理结果。此后，这种解释方式也在 FCT v. ANZ Savings Bank Ltd.（1983）中出现。但是总体而言，在没有特别反避税规则的情况下，澳大利亚法官不愿按照经济效果实质对交易进行重新定性，通常只按照特殊反避税规则进行重新定性。[1]而且，澳大利亚法官与立法机关在反避税问题上的态度并不一致，一些反避税计划受到立法的具体攻击，然而因为法院长久以来的文义解释方式而损害了有效性，以至于立法上不仅引入一般反避税规则，立足于对实质的认定，而且于 1981 年修改《法律解释法》（Acts Interpretation Act 1901）时增加了目的解释法，其中指出，在解释任何法令时，能够体现立法意旨的解释方法比其他种的解释方法好。[2]

普通法系国家反避税实践中，其要点是否定当事人所采取的法律形式而按照其经济实质进行课税，是一种经济实质主义。这里实质课税原则的适用路径及其适用规则，包括适用的条件和程序主要由法院设立，而且先后被立法所体现和吸收，但是各国的具体情况有所不同，成文法上也充分吸收了实质课税的普通法原理，体现于各种反避税规则中。

---

〔1〕 C. John Taylor, "Australia Branch report", in International Fiscal Association 2002 Oslo Congress, *Form and Substance in Tax Law*, Vol. LXXXVIIA, Kluwer Law International, 2002, pp. 95 ~97.

〔2〕 Yuri Gibich, "Beyond Form Versus Substance: A Road Map for Chinese Tax Lawyers Serious about the Rule of Law"，蓝元骏、郑皓文译，载（台）葛克昌、贾绍华、吴德丰主编：《实质课税与纳税人权利保护》，元照出版公司 2012 年版，第 138 ~139 页。

（二）大陆法系的反权利滥用——以欧盟税法为观察主体

1. 欧盟税法中反避税规则简况

欧盟法中与税法相关的内容被称为欧盟税法。[1] 里斯本协议签订生效后，欧洲人权公约（the European Convention on Human Rights）也成为欧盟法以及欧盟税法的一部分。事实上，欧洲人权法院在欧盟税法的发展上做出了很大的贡献，发挥了举足轻重的作用。此外，欧洲法院的判例无疑是欧盟税法的重要组成部分，尤其是在直接税领域，欧洲法院根据成立协议提供的基本原则和共同市场目的，发挥着“消极”协调的作用。

欧盟的税收政策包括两个方面：直接税，该领域仍然是成员国的自有职责；间接税，其对货物的自由流动和自由提供服务有影响。直接税领域，成员国已经采取措施在反避税和避免双重征

---

〔1〕 与欧盟税法概念相关的还有欧洲税法（European tax law）、欧洲共同体税法（EC tax law）这两个概念。三者的区别与联系可归纳如下：欧盟税法和欧洲共同体税法两者实质上是相同的，唯一的区别在于前者用欧盟作限定词，后者用欧洲共同体作限定词，其实欧洲共同体是欧洲联盟发展的一个初始阶段而已，正如在本书中所介绍的，欧盟由欧洲共同体（三大共同体）发展而来。两者的外延都包括条约、条例、指令及欧洲法院判决。但欧洲税法是一个比这两者外延范围更广的概念，它的外延不但包括条约、条例、指令及欧洲法院判决，还包括欧洲人权法院的判决、适用于欧洲大陆的共同法律原则、成员国的一般法律原则和欧洲贸易自由联盟裁决。不过三者在习惯上用法差异不大，都包括一体化税法和需要在欧盟层面上协作、配合的成员国税法。相关具体的法律渊源或法律文件（materials）有基础条约（constitutive treaties）、条例（regulations）、指令（directives）、决定（decisions）、裁决（judgments）、建议（recommendations）、意见（opinions）、通知（notice）、行为准则（code of conduct）。参见 Kees van Raad, Materials on International & EC Tax Law（third edition）, international tax center leiden, 2003。需要说明的是各大共同体（包括欧洲煤钢共同体、欧洲共同体、欧洲原子能共同体）的法律规范统称为共同体法，其中的基础条约称为基础性共同体法，条例、指令等称为派生性共同体法，都属于狭义上的欧洲法，存在于欧洲、但处于欧盟之外而独立存在的国家间其他合作组织的法律规范则属于广义上的欧洲法。参见翁武耀：“欧盟税收制度概况”，载《重庆工商大学学报（社会科学版）》2010 年第 2 期。

税。此外，欧盟税法中也有防止有害税收竞争的一些举措。[1]

对于成员国而言，欧盟的每个成员国都有自己的国内税法体系，与欧盟税法、成员国签订的税收协定一起，构成其税法体系。这些不同的税法部分之间关系密切，相互影响，如欧盟税法对成员国的国内税法有重大的影响。欧盟成员国的国内税法不得违反其基于欧盟各成立协议及国际协定所应履行的义务。[2]正因为欧盟税法深刻地影响了其成员国的税法，及其法律的解释和适用，欧盟税法对各国的一些立法的影响也越来越复杂，从而成为研究欧洲国家税法不得不面对的课题。

通过以上介绍，可见在欧盟背景下的税法或者具体而言——反避税规则具有三个层面，即成员国税法层面（domestic tax law）、欧盟税法层面（European tax law）、国际税法层面（international tax law），三个概念具有不同的适用范围。本部分关于欧盟禁止权利滥用实践的路径介绍主要是从欧盟税法的层面进行，集中在直接税领域，因此以欧洲法院判例为主，兼及典型欧盟成员国中民法法系国家的国内禁止权利滥用实践。需要指出的是，并不存在真正的欧洲税，欧盟机构中，并没有税收征管机构，也没有在共同体层面的税收课征和征收活动（对 EC civil servants 及 Eurocrats 薪酬的工薪税除外）。

2. 欧盟法基于禁止权利滥用原则的反避税实践

新世纪以来，税收欺诈和税收规避已经引起了欧盟层面的密切关注，欧盟组织在采取行动加强成员国之间的合作。欧洲委员会鼓励成员国根据欧洲法院确立的原则修改其直接税的反避税法规。欧洲委员会也鼓励成员国在反避税领域寻找协调和建设性的解决方

---

〔1〕 来源于欧洲委员会网站 http://europa.eu/legislation_summaries/taxation/index_en.htm，最后访问时间：2012 年 11 月 21 日。

〔2〕 Marjaan Helminen, *EU Tax Law - Direct Taxation*, IBFD, 2011, p. 4.

案。并力求实现反避税的公共利益需要与避免限制欧盟内部跨境活动之间的平衡。为此，欧洲委员会区分了适应于欧盟内部的反避税措施与适用于第三国的反避税措施。并于 2007 年 12 月 10 日以“直接税领域的反避税措施适用：欧盟内部和第三国”［COM（2007）785 final］为题，为欧盟理事会、欧洲议会和欧洲经济和社会委员会提交了一个欧委会沟通文件。[1] 该文件并没有在官方公报上刊登。根据 COM（2007）785 final，欧洲委员会系统的表述了自己对反避税的看法，列举出成员国之间可以采取的协调或合作方式，以便他们在遵守欧共体协议义务、避免双重征税的同时，实现税收目标以及保护税基。鉴于欧洲委员会的法定职责是确保成员国遵守其协议义务，也有职责去寻求和促进建设性的解决方案，其意见对成员国政府具有重大影响，也构成欧盟层面和成员国层面反避税的参照，同时，该沟通文件也提供了欧洲反避税实践的框架。[2] 概言之，该框架基于欧洲法院发展出反滥用制度（anti – abuse rules），[3] 因

---

〔1〕 鉴于欧盟成立协议缺少关于直接税协调的具体规定，以及在税收领域措施要求一致同意表决机制，欧洲委员会经常以提交建议（recommendation）或者沟通（communication）的方式，积极为成员国提供参照和施加影响。

〔2〕 European Commission, Communication from the Commission to the Council, the European Parliament and the European Economic and Social Committee – The application of anti – abuse measures in the area of direct taxation – within the EU and in relation to third countries ［COM（2007）785 final］, available at http://eur – lex. europa. eu/smartapi/cgi/sga_ doc?smartapi! celexplus! prod! DocNumber&lg = en&type_ doc = COMfinal&an_ doc = 2007&nu_ doc = 785, last visiting date 2012 – 11 – 22.

〔3〕 如前所述，大陆法系国家的反避税实践建立在反滥用的基础上，包括滥用权利（abuse of rights）、滥用法律（abuse of laws）、滥用规则（abuse of rules）等，可以宽泛的在同等意义上使用。一些成员国在立法或者案例的基础上，采用一般滥用观念。另外一些采用具体的反滥用条款，如受控外国公司（Controlled Foreign Corporation，CFC）、资本弱化规则（thin capitalisation rules），以保护国内税基不受特定种类的税收侵蚀。此外，还有一些其他的具体反避税措施。一些国家综合一般反滥用规则和特殊反滥用规则。反滥用规则也包含在《欧共体公司法税指令》中。

为成员国反滥用措施在欧盟内部跨境交易的适用必须遵循四项自由，而对第三国适用则只需要遵守资本自由流动自由，[1]因此，会因为适用对象的不同而进行区别，大体而言，适用于欧盟境内跨境交易的反滥用规则要比单纯的国内交易及国际交易要严格得多。[2]

3. 禁止权利滥用原则在欧盟税法领域中的发展和演变

（1）罗马法中的滥用（abuse）概念。通常认为，权利滥用的概念渊源于罗马法。实际上早期的罗马法中也并没有“滥用法律”的概念，诚如罗马法谚：“行使自己的权利，无论对于任何人，皆非不法。”直到几个世纪后的后罗马帝国时代，绝对权的行使必须满足特定的条件。然而，无论是安东尼努斯·皮努斯还是盖尤斯，都没有试图去减少财产权的内容，这个权利仍然是绝对的和排他的，而是根据公共利益的要求，认为权利的行使应当具有外在的和客观的边界。[3]

中世纪，罗马法中的权利滥用概念传播到了整个欧洲大陆。学者认为，这个概念的基本观点是：①任何权利的行使都不得损

---

〔1〕 鉴于成员国没有对欧盟以外的第三国的禁止歧视义务，因此，他们可以适用 CFC 和 Thin Capitalisation Rules，同时，共同体法律也没有对这些规则适用于欧盟以外的合法性提出特别的要求。但是，仍然，这些规则的适用不应当被限制于公司集团内部的企业之间，并且应当遵守《欧共体条约》的第 56 条，与该条相关的只适用于纯粹虚假的交易。

〔2〕 欧盟各国的反避税制度建立在他们对欧盟各协议义务的遵守之基础上，尽管反避税目的能够构成歧视和限制基本自由的合理理由，但是以不超过必要的限度为条件，即需要符合比例原则。当然，在成员国内部不涉及跨境经济活动和基本自由的场合，成员国有自主性制定和适用反避税制度的权利，并且不用受制于欧洲法院的判例。只是重要的反避税制度和措施，大多与跨境交易联系在一起，这也就造成了欧洲国家的反避税力度和手段远远不能和美国等国家相比较。

〔3〕 Marco Greggi, “Avoidance and abus de droit, The European Approach in Tax Law”, *e - Journal of Tax Research*, 1 (2008), p. 29.

害其他人；②权利的行使应当本着诚实信用原则，而且应当在立法者意图保护的权利的范围内，或者符合立法者创造权利的目的。税法上的滥用概念主要是基于第二个观点。[1]其核心是蕴含了一种实质正义价值观和目的解释方法。

随着民法的法典化，立法权被立法机关垄断，法院解释权缩小，民法上权利滥用概念的重要性一度已经降低。在最近一个世纪以来，各国法院出于反避税的需要纷纷求助于滥用权利的概念。欧洲法院也采用了这个概念，以应对欧盟居民滥用欧盟条约赋予的基本权利的问题，其中包括滥用欧盟条约的自由以谋取税收利益。

当然，尽管税法中的权利滥用概念来源于民法，且都出于处理利益冲突的必要，因为各自调整范围及方式等的不同，发展到今天，税法上的概念和民法上的概念已经有很大的不同。如在法国，“abuse of law”是一种“损人不利己”的行为，即没有自己的利益而唯一目的在于损害他人的一种权利行使行为。[2]而税法上的“abuse of law”或“abuse of rights”大不相同，可谓“损公肥己”。因为纳税人的避税行为是以减少或者迟延纳税为目的，追求自己的税收利益，而损害代表公共利益的国家税收收入。虽然有部分民法学者认为权利滥用在民法上的适用范围非常窄，在中世纪仅仅适用于防止不当行使建筑物权利及帮助城镇规划，通过借助于其他更清楚的概念和规则，“禁止权利滥用”几乎没有未来。而且民法史上对于该原则的正当性及其适用范围，根据个人主义取向还是社会主义取向而多有争议和反复。然而，禁止权利滥用，至少在适用成文法体制、法官没有更大造法空间的诸多大陆法系

〔1〕 Marco Greggi, Avoidance and abus de droit, “The European Approach in Tax Law”, *e－Journal of Tax Research*, 1 (2008), pp. 30～31.

〔2〕 Maurice Gomian, “What is Abuse of Law?”, *Intertax*, 2 (1991), p. 103.

国家，已经发展成为一种反避税规则、方法。这个被认为起源于民法的原则，已经成为与普通法系“实质重于形式”原则相当的一种反避税经验，[1]在最近一个世纪以来，被众多大陆法系国家采用，随后欧洲法院也采用了这个概念。

（2）最初在其他欧盟法领域中使用，被欧洲法院发展成为一项普通法原则。[2]在欧盟法中，禁止权利滥用的概念首先并不出现于税法领域，更不是一项成文的法律原则。欧盟条约和其他的成文法上最初并没有滥用的概念，将近40年前欧洲法院才引入滥用的概念，其最早的案例大概可以追溯到1974年的van Binsbergen案。[3]该案是一个关于“服务提供自由”的案例。该案中，法院认为：如果一个完全或者主要在某国境内提供服务的服务提供者，为规避如其设立于该国并执业本应遵守的执业规则，而选择在其他成员国成立，反过来利用条约赋予的服务提供自由实现在前一国家执业，此时，一个成员国有权采取其他措施，拒绝《欧共体协议》第59条所规定服务自由之适用。[4]此后，van Binsbergen案被欧洲法院在20世纪90年代末关于广播权的案例再次确认，且被法院用到涉及企业设立自由和公司法领域、竞争法领域的案例中。在20世纪90年代以前，欧洲法院的“滥用”概念及其适用

---

〔1〕 Reuven S. Avi - Yonah, Nicola Sartori and Omri Marian, *Global Perspectives on Income Taxation Law*, Oxford University Press, 2011, pp. 105 ~ 107.

〔2〕 禁止权利滥用是否已经成为一项“法律原则”，受到欧盟法学者的广泛争辩和讨论，恐怕得出的答案是肯定的。参见 Rita de la Feria and Stefan Vogenauer eds. , *Prohibition of Abuse of Law: A new General Principle of EU Law?* Hart Publishing, 2011。

〔3〕 Case 33/74 , VAN BINSBERGEN v. BEDRIJFSVERENIGING METAALNIJVERHEID. Rita De La Feria, “Prohibition of Abuse of (community) Law: The Creation of a New General Principle of EC Law Through Tax”, *Common Market Law Review*, 45 (2008), p. 395.

〔4〕 Case 33/74 , VAN BINSBERGEN v. BEDRIJFSVERENIGING METAALNIJVERHEID, para. 13.

范围并不明确，[1]因此也并未引起学术界对这个概念或者“原则”的更多关注。在一个下文将要介绍到的农业政策的案件 Emsland－Stärke 案之后，欧洲法院不仅明确地“坚定”了“滥用”（abuse）的用语，而且突破性地确立了关于滥用的构成标准，从而引起理论和实务界经久不衰的讨论“兴趣”。欧洲法院对于禁止滥用的适用，并不是面向所有的欧盟法领域，或许是出于推行欧洲一体化政策的考虑，欧洲法院对于公民和工人的流动自由就要宽松得多，禁止权利滥用并不适用于这个领域。对于利用人员流动自由，采取一些复杂的步骤，唯一目的在于取得一个成员国的国籍或者取得欧盟公民待遇的情况，尽管有案例诉至法院，但欧洲法院并没有支持成员国的意见来排除人员流动自由的适用。

（3）禁止权利滥用概念在欧盟税法（判例法）中的发展和演变过程。欧盟法院对于反避税必要性的认识存在一个发展过程，其反避税的理念也在逐步发展，并最终以禁止权利滥用的大陆法系概念确定了其反避税规则的基础原则。

第一，1983 年的 Avoir Fiscal[2]案中，欧洲法院不承认任何的反避税理由。在这个直接税的案件中，法国拒绝为支付给外国保险公司（非居民）的法国分支机构的分红提供归集抵免，但是在居民公司的情形，就可以享受归集抵免。法院简单拒绝了法国避税风险的理由，认为协议第 43 条清楚地禁止了任何对非居民外国经济活动提供的不利抵免措施，为防止滥用而采取的任何对自由设立商业机构的基本原则构成限制的措施都不被允许。本案中，法院没有引用合理原则，而是仅仅依据 EC Treaty 作为裁判依据，

---

〔1〕 Rita De La Feria，“Prohibition of Abuse of（community）Law：The Creation of a New General Principle of EC Law Through Tax”，*Common Market Law Review*，45（2008），pp. 396～397.

〔2〕 Case 270/83（Commission v. France［Avoir Fiscal］）.

而没有提到滥用。[1]

第二，1996 年 ICI 案[2]开始，法院引入完全虚假测试。ICI 案中，英国的企业集团税收政策允许母公司按照一定比例抵扣合资子公司的损失，条件是该合资子公司的大部分股东是英国居民。法院在本案中引入了完全虚假测试，认为避税的风险应当被消除，但是本案中，英国采取的反避税措施不区分是否是滥用情形就一概排除纳税人的基于欧盟协议赋予的基本自由，因此不具有正当性。[3]此后，1997 年的 Eurowings 案[4]中，欧盟法院认定成员国不得惩罚利用其他低税率的行为，只要经济活动是真实存在的。2004 年的 Cadbury Schweppes 案[5]中，法院认为只要经济活动是真实的，就不是滥用，为了逃避不利的国内税法规则而单纯的选择管辖权的行为不构成滥用。可见从 20 世纪开始，欧盟法院逐步认识到一些滥用欧盟条约赋予的基本自由和权利以谋取税收利益的情形存在，及其对成员国税收利益的影响。但这一阶段，出于对欧盟条约所赋予的自由和权利的保护，欧盟法院的态度很谨慎。可见这个阶段，欧盟法院只同意对于不具有真实性的交易可以否认其效力。至于欧盟法院通过判例在其他领域所确立的禁止权利滥用原则是否适用于税法领域，则税法实务和理论界都在观望。同时，因为禁止权利滥用原则自身也并不成熟，何为"滥用"，并没有具体的标准。

---

[1] Ben J. M. Terra, Peter J. Wattel, *European Tax Law*, fifth edition, Kluwer Law International, 2008, p. 747.

[2] Case C－264/96 (ICI v. Colmer).

[3] Ben J. M. Terra, Peter J. Wattel, *European Tax Law*, fifth edition, Kluwer Law International, 2008, p. 747.

[4] Case C－294/97 (Eurowings Luftverkehrs AG and Finanzamt Dortmund－Unna).

[5] Case C－196/04 (Cadbury Schweppes Overseas Ltd. v. Commissioners of Inland Revenue).

第三，1999 年 Emsland - Stärke 案[1]中，法院确立了判断是否存在滥用的主观和客观的测试标准，该标准后来也适用于税法。本案中，一个公司从德国出口商品到第三国（瑞士），根据欧共体法规（EC Regulation2730/79）的规定，德国应当提供出口补助。但是德国支付了出口补助后，这些出口的商品又被原封不动地以同样的运输方式重新进口到德国或者意大利，只需要缴纳关税就可以在欧盟境内自由循环。但是显然，出口补助要比进口关税要高。法院第一次设定了客观和主观测试标准，认为在这些情形下，尽管该公司申请出口补助的条件根据欧共体法规已经满足，但是前述欧共体法规不能被 Emsland - Stärke 据以为享受出口补助的依据。

所谓的客观与主观测试，是指为了认定一项滥用的存在，首先，在客观方面，结合客观环境，不管共同体法律设定的条件的形式观察为何，这些规则的目的没有被实现；其次，在主观方面，行为人有利用创设符合共同体规则的虚假条件来获得不当利益的主观意图。本案中，主观意图尤其可以通过证明共同体出口方接受补助和在非成员国进口货物的共谋予以确立。

此后，本案中关于滥用欧共体出口退税规则的测试，被用到间接税领域，其中最为典型的就是 Halifax 案。[2]

第四，在 Halifax 案[3]中，首次明确适用于间接税法。尽管禁止权利滥用原则已经在多个领域被欧洲法院坚持，然而它是否适用于税法领域仍然存在很多疑问。终于在 2006 年 2 月，欧洲法院在被期待已久的 Halifax 案的判决中认为，禁止权利滥用原则也适用于增值税。

---

〔1〕 Case C - 110/99 (Emsland - Stärke GmbH and Hauptzollamt Hamburg - Jonas).

〔2〕 Case C - 255/02 (Halifax a. o. v. Commissioners of Customs and Exicise).

〔3〕 Case 255/02 (Halifax and others).

Halifax 是一个增值税的案例，不仅是欧盟税法上一个里程碑式的案例，也对欧盟法上禁止权利滥用原则的发展具有重大的意义。本案中，Halifax 是一家银行，根据《欧盟增值税指令》，它的绝大部分服务不属于增值税的应税范围〔1〕，增值税进项税额中只有最多 5% 能够被抵扣。Halifax 拟在北爱尔兰、苏格兰和英格兰管辖下的四个城市，建四处电话服务中心（call centers），从而会发生数额较大的建设费用支出，根据欧盟增值税的抵扣规则，为此而支付的巨额进项增值税不能得到抵扣。为了能够抵扣这笔巨大的进项税，Halifax 利用几家关联公司（Leeds Development, County and Property）设计出了一系列的交易。忽略些许的差别，大致的交易模式为，Halifax 采取逐层委托的方式，将 Halifax 的电话服务中心的建设工程事项在关联公司之间进行两层有偿委托，以第二层的受托公司的名义与独立的建设公司签署建筑施工合同。Halifax 关联方之间的系列合同均是同一天签署，建设所需资金等，除了以报酬的名义支付外，均由 Halifax 以无息贷款的形式提供，且在最后的受托公司与独立的建设公司签署合同时，Halifax 以担保人的名义实际取得参与并且监督工程的权利。该系列交易的增值税效果是，末端的两家关联公司可以就因本系列交易承担的进项税额尤其是因实际的建设合同而发生的进项税额进行抵扣。后因为关税与消费税委员会（Commissioners of Customs and Excise）拒绝给予抵扣而导致争议，从而引发对于滥用权利进行避税的行为是否应当给予增值税抵扣权的讨论。

对于 Halifax 案，欧洲法院的结论是，禁止权利滥用原则适用于增值税，纳税人滥用权利（包括欧共体层面的和国内规则层面的），唯一的目的在于谋取税收利益的，将被拒绝给予该等税收利

〔1〕 根据《欧盟增值税指令》，金融业不属于增值税的应税范围。

益，按照本应该发生的交易效果判断税法效果。本案中，欧洲法院也沿用了在 Emsland - Stärke 案中确立的主客观判断标准。

第五，此后的 Cadbury Schweppes 案，在间接税法中确立的规则被适用于直接税领域。尽管有 Halifax 案，欧洲法院已经明确了增值税领域的禁止权利滥用规则，考虑到当时的欧共体层面间接税的规则已经大体协调和统一，而直接税仍然是成员国自己的主权范围，除了几个直接税指令，几乎没有受到欧共体层面统一规则。因此，欧盟法上禁止权利滥用原则能否适用于直接税领域仍然不明确。直到 2006 年 9 月的 Cadbury Schweppes 案判决〔1〕中，禁止权利滥用原则被明确用于直接税领域。如前所述，因直接税领域的特殊性，禁止权利滥用原则被以一种与间接税略有不同的方式在适用。

Cadbury Schweppes 案涉及的国内法是英国的受控外国公司条款。根据英国当时有效的 1988 年《所得税和公司税法案》的规定，设立于低税率国家的受控外国公司（CFC，居民公司持股权超过 50% 的公司），其未分配利润应当归结到居民公司进行纳税。如果同一笔利润事后现实地被分配给居民公司，则居民已经缴付的税收被视为一种在境外支付的额外的税收，允许在该股息收入的应纳税额中抵免。而根据英国当时的法律规定，在其他非 CFC 规则适用的情形，一则居民公司从本国境内子公司分回的利润免于征税，二则不对子公司的未分配利润征税，且对居民公司从境外子公司取得的股息，提供抵免避免双重征税。在本案中，Cadbury Schweppes 集团在爱尔兰都柏林的国际金融服务中心（International Financial Services Center）设立了子公司，该国际金融服务中心适用的税率低，符合英国 CFC 的适用标准，因该子公司利润的征税

〔1〕 Case C - 196/04 (Cadbury Schweppes and Cadbury Schweppes Overseas).

问题引发了争议。原本英国的 CFC 规则比较常见，大多数国家均有 CFC 条款，但在欧盟条约所保障的企业设立自由以及禁止歧视原则背景下，则存在几大核心问题。首先是英国的 CFC 规则是否构成歧视并且限制企业设立自由？其次是英国的限制是否存在正当性且是否符合比例原则？就滥用权利而言，企业仅仅为了享受一个成员国的低税率而选择投资于彼，是否滥用了欧盟条约赋予的企业设立自由？

对于欧洲法院而言，因其职权范围的原因，对案件事实本身进行审查的重要性要远低于对讼争国内税法规则进行审查的重要性。其在审理过程中逐一回答了前述问题，除重申审查滥用的两步标准之外，欧洲法院强调了只有在存在完全虚假行为的情况，才存在 CFC 规则的适用余地。[1]

如前所述，因为直接税领域的特殊性，在该领域禁止权利滥用原则的适用，主要体现在欧洲法院以此为标准来审查成员国的反避税制度是否构成妨碍欧盟条约赋予的各项自由，如果构成，这些反避税规则是否具有正当性基础，且是否不超过必要的限度及是否符合比例原则。

（4）欧盟直接税法中的成文反避税规则。欧盟在直接税领域的四个指令中有一些专门的避税条款，如《公司合并税收指令》中，第 15 条是专门的反避税条款，公司重组行为的主要目的或者主要目的之一是税收规避或者逃税时，成员国有权拒绝给予合并指令规定的迟延纳税的税收利益，重组交易没有有效的商业理由如重构或者使公司经营活动合理化，这个事实本身可以假定交易主要目的或者主要目的之一是税收规避或者逃税。欧盟直接税领域的反避税规定仍然是基于欧洲法院的判例，因此有学者认为其

[1] See Case C－196/04（Cadbury Schweppes），paras. 55～70.

实该条款没有存在的必要性，但是关于对商业目的和逃避税目的的要求在程度上是否有所区别尚待观察。

4. 成员国层面基于禁止滥用权利的反避税实践〔1〕

除英国以及法律体系受其影响的国家外，大陆法系的成员国主要是根据民法上的禁止权利滥用原则进行反避税实践的。如法国，它在权利滥用的概念下进行反避税，其避税规则包括一般反避税规则和特别反避税规则。一般反避税规则是由《法国税收程序法典》（French Tax Procedure Code）第 L 64 条规定的，该条通常被理解为一个法国法上更为普遍的法律原则“滥用法律”（abus de droit）在税法领域的适用。而且，现行的法律条文从很大程度上而言，是从判例法中得出的。〔2〕

（三）分析和比较

实质重于形式原则和禁止权利滥用原则尽管在法律适用方法、法律渊源上可能有所区别，但是基本原理或者构成要件上并没有实质的差异。英美国家的实质重于形式原则在慢慢地成文化，而大陆法系国家的权利滥用原则也有相当部分是经由法院从民法中发展出来的。一方面，二者对于避税构成要件的认定，以及税收调整方法而言，可能没有实质的区别，如欧洲法院现在对于所谓的“完全虚假交易安排”的认定，不仅要根据是否具有合理商业目的来确定，在一些情形下，也要根据是否具有经济的实质来进行判断。而判例法系国家用判例确立的各种避税行为类型中，按

---

〔1〕 有关欧盟税法案件中禁止权利滥用原则的具体适用标准，及欧盟法院禁止权力滥用原则对成员国反避税制度的影响。参见贺燕、张亚伟：“欧盟反避税之禁止权利滥用原则”，载施正文主编：《中国税法评论》（第 2 卷），中国税务出版社 2014 年版，第 245 ~ 264 页。

〔2〕 Sébastien de Monès, Pierre – Henri Durand, Jean – Florent Mandelbaum, “Abuse of Tax Law across Europe, Part I France”, *EC Tax Review*, 2 (2010), p. 86.

照大陆法系的法理分析，都可以归为权利滥用行为。另一方面，对于避税方案进行否认后，在应纳税额的确定上，主要也都要根据法律实质或者经济的实质进行应纳税额的调整。

也存在一些国家，兼采实质重于形式原则与禁止权利滥用原则。如我国《特别纳税调整实施办法（试行）》的表述，大概可以认为是综合模式。在笔者看来，大陆法系的权利滥用，可以认为是强调构成纳税调整的原因。而实质重于形式原则或实质课税原则则不如认为是强调了纳税调整的方法。无论采取何种模式，二者的核心法理，都是可以用来比较和借鉴的。

此外，无论是否存在成文的或者判例的一般反避税条款，通常而言，大多数国家都有特别反避税规则对一些特定的避税行为类型进行调整，也有一些国家采取一些“准一般反避税规则”对某些种类的避税行为进行规制，如意大利。然而，反避税手段以及反避税规则的选择，应当符合本身的国情，以便依托自身的法律环境，实现公共利益和纳税人权利之间的一个合理平衡。事实上，各国对反避税的态度、反避税的范围以及程序，很大程度上是根据自己原有的法律体系和司法传统进行选择，无论这种选择是立法机关主动进行的，还是在司法系统潜移默化进行的。

三、反避税中实质课税的适用前提

反避税中实质课税原则适用，通常要求抛开纳税人交易行为的形式，而按照纳税人交易行为的经济实质确定应纳税额。这时候，实质课税原则所具有的对税收法定原则以及税法安定性的威胁需要通过严格实体要件和程序要件加以限制。

在反避税领域中，实质课税原则适用的实体要件在于存在避税行为。避税行为的构成要件满足后，才存在实质课税原则的适用。因此，避税行为的构成要件得以满足，是实质课税原则适用的前提。如台湾地区学者简介大陆法系国家的反滥用规定，认为认定纳税义务人之交易是否构成适用实质课税原则时，应考量纳税义务人之交易模式是否同时符合下列要件，国税局方可援引实质课税原则进行调整：其一为纳税义务人之交易模式是否为滥用法律形式；其二，纳税义务人之交易模式是否存在明显的税负节省效果；其三，纳税义务人之交易全部目的或主要目的为节省税负，而无其他合理商业目的。〔1〕

通常，各国在反避税条款中会对税务机关有权调整的要件加以规定。例如法国 2008 年度的第二财政法案（the Second Finance Act for 2008）拓展了《法国税收程序法典》第 L64 条的范围，根据新的规定，法国税务局有权对虚假行为，或者真实的行为，定性为滥用法律并进行纳税调整，但是，首先，追求对一项条文或者决定的字面适用的利益；其次，违背立法者的意图；最后，因规避或者减少税收负担为唯一目的所驱动。然而，尽管适用范围有所拓宽，除非交易是虚假的，税务机关适用新的滥用法律概念难度增大。税务机关目前不仅需要确立纳税人的唯一目的是规避或者减少税收负担，而且还被要求说明法律条文的适用将违背立法意图。〔2〕根据这个规定，实质课税原则的适用对象包括伪装行为和通常意义上的避税行为。而适用于避税行为的实体条件在于同时满足其所列的三个条件。

法律所调整的行为，其构成要件无非是从主观和客观两个方面去考量。如前述，对于避税行为的构成要件，也无非总结为主

---

〔1〕（台）许祺昌：“从台湾地区实质实质课税原则案例看税捐稽征法第 12 条之一的未来修法方向”，载（台）葛克昌、贾绍华、吴德丰主编：《实质课税与纳税人权利保护》，元照出版公司 2012 年版，第 433～434 页。

〔2〕 Sébastien de Monès, Pierre - Henri Durand, Jean - Florent Mandelbaum, “Abuse of Tax Law across Europe, Part I France”, *EC Tax Review*, 2 (2010), p. 87.

观和客观两方面。在欧盟税法上，欧洲法院在界定税法上的权利滥用行为时，也兼采主客观标准。同时，作者试图将特定的要件抽象为“消极要件”。消极要件的存在，一方面可以排除避税行为，另一方面，可以作为避税行为认定的“程序要件”——在举证责任的分配中予以区别。主观方面的要件可以从两个角度进行分析：从积极要件的角度，是否要求纳税人存在谋取税收利益的主观故意；从消极要件的角度，纳税人的其他合理目的能否使其交易安排获得税法的尊重。两个角度具有相关性，然而在举证责任的分配上会有迥然不同的规则。

（一）避税行为的积极要件

1. 主观方面：谋求税收利益的主观故意

是否要求纳税人的行为以“减少、免除或者推迟缴纳税款”为目的。一般而言，纳税人的行为构成避税行为，从主观上看，是以谋取税收利益为主要目的，存在一种积极追求的心理状态，从行为的目的上看，是以谋取税收利益为主要目的。这里的税收利益，是指如减少税基、迟延纳税以取得税款的时间收益、取得税收优惠等可以用货币衡量的利益。

根据欧洲法院在 Emsland – Stärke 案中确立的关于认定权利滥用的主客观标准，纳税人的行为构成滥用行为，从主观上看，具有创造完全虚假安排以谋取税收利益的故意。根据法国的前述规定，其税务机关对于真实交易行为进行纳税调整的前提条件中，“追求对一项条文或者决定的字面适用的利益”、“因规避或者减少税收负担为唯一目的所驱动”实际上都是对于主观故意的要求。

当然，也有学者认为，作为对避税概念的一种定性或描述，可以将纳税人的主观避税动机突出，以明确其行为的特征和揭示避税概念的内涵。但如将它作为法律上避税行为成立的构成要件而单列，则没有必要。原因在于避税构成要件的行为要件和效果要件实际上已经包含了对主观方面的认定。[1]

在德国《税收通则》第 42 条于 2008 年被修订之前，联邦税收法院也没有就该一般反避税规则的适用是否要求纳税人的主观要素的问题达成共识，不同的观点也存在立法中。不赞同主观要素的人尤其认为税收应当关注纳税人行为的经济实质，而不是难以捉摸的主观动机。此外，他们认为，当审查当事人是否具有经济目的时，主观动机已经被纳入考虑。至于 2008 年之后，该修订要求非税收的目的，有关争议是否会结束，将由税收司法和研究证明。现行 42 条明确要求纳税人的交易安排应当具有税收以外的目的。[2]

从效果上看，将主观要件认定予以客观化，与将主观要件的认定暗含在行为要件和效果要件中，在结果上可能并无二致。然而，强调主观要件，正表明了纳税人行为的可“归责性”。因此，我们主张将其作为一个避税行为的构成要件，但并不需要单独将其证明确定，而是可以根据纳税人对法律形式的滥用行为以及行为的实际效果来确立。在对避税行为进行处罚的国家，则主观要素应成为构成要件，以确保处罚的合比例性。

（1）主观目的的客观化。主观故意毕竟是难以触摸和证明的，尤其是对于主张避税的税务机关而言，要证明避税的故意非常困难，也难以保证效率。因此，谋取税收利益的故意，需要借助客观的要素来推断。就主观要件的客观化认定而言，根据欧洲法院在 Halifax 案的判决，需要证明的不是特定的目的（specific intention），而是行为的目标（aim of the behaviour），后者可以通过客观

[1] 刘剑文、丁一：“避税之法理新探（上）”，载《涉外税务》2003 年第 8 期。

[2] Martin Klein, Alice Niemann (Hengeler Mueller), “Abuse of Tax Law across Europe, Part I Germany”, *EC Tax Review*, 2 (2010), p. 93.

的事实，如交易所采取的完全虚假的本质加以确立。根据欧洲法院对于“完全虚假”判断的发展，实际上要根据是否具有合理的商业目的来进行佐证。与之类似的是《欧盟公司重组合并指令》第 15 条，该条规定，逃税或者避税的故意，可以通过交易没有有效的商业理由的事实来推断。[1]

（2）谋取税收利益应为主要目的。与这个问题相关的是，税收利益目的是否是主要目的或唯一目的才能够构成避税行为，各国的规定有所差别。一般来说，谋取税收利益成为交易安排的主要目的就足以构成避税。根据《企业所得税法实施条例》第 120 条的规定，以谋取税收利益为主要目的的，就可以构成税务机关进行特别纳税调整的条件。

交易行为是否以谋求税收利益为主要目的，在现实中并不容易判断，尤其是在交易行为存在其他合理目的，如商业考虑、法律考虑的情形时，何种为主要，实在难以分别。然而，在一些类型的交易中，仍然可以提供一些判断的标准，如根据商业目的的经济效果与税收效果进行比较，根据其他目的的必要性、必须性等加以判断。

2. 客观方面：存在非常规的交易形式，以及税收利益取得之效果

仅仅凭借主观要素不足以认定避税行为，法律不得对人的思想进行处罚，而只应处罚其行为。因此避税的判定，需同时根据客观方面进行判断。根据各国反避税规则的界定，税收的规避，常常采取非常规的交易形式进行，以谋取税收上的利益。

---

〔1〕 See COUNCIL DIRECTIVE 2009/133/EC of 19 October 2009 on the common system of taxation applicable to mergers, divisions, partial divisions, transfers of assets and exchanges of shares concerning companies of different Member States and to the transfer of the registered office of an SE or SCE between Member States, Article 15.

（1）纳税人采取了非常规的交易形式。也就是说，纳税人必须适用了滥用法律形成可能性作为税收避税的手段，这里的“法律”，不仅包括私法，还包括其他法律。就手段而已，不仅包括法律行为，也包括事实行为等。[1]

私法领域的基本原则是意思自治，纳税人具有选择交易形式以实现其目的的权利，税法上应当充分尊重这个权利。然而，权利的行使应当善意，这也是罗马法上的法理。纳税人的纳税义务不得因其采取的不合于常规的交易形式而被规避，如果采取通常采用的交易形式会产生该等纳税义务的话。

欧洲法院对于权利滥用的主观标准，认为可以根据纳税人的“完全虚假交易安排”来推断谋取税收利益的主观故意的存在。完全虚假交易安排，实际上成为构成避税的一种行为要件。该种完全虚假交易安排，在欧洲法院反避税实践的前期仅指不具有真实性的行为，后来逐渐被欧洲法院扩大其意义，延伸到一些即使真实存在，但是不具有合理商业目的的行为上。

非常规的交易，可以从几个方面来判断：

第一，如果不是为了税收利益，具有同样的经济目标的理性当事人，是否会采取该方案。这个方面的审查，可以结合交易安排采取步骤的繁复性、交易安排的成本等进行判断。如果交易步骤异常的繁复，或者交易安排的成本要高于普通的交易形式，则可以认为行为要件满足。

如现行德国《税收通则》第42条要求，对于构成滥用的第二个步骤是，判断纳税人所选择的法律形成形式是否为不适当（inadequate）。这个要件并不是要求纳税人选择传统的法律形式，也并不意味着税法不接受创新的交易方案。而是应当理解为，具有

---

〔1〕（台）陈清秀：《税法总论》，元照出版公司2010年版，第232页。

同样经济目标的理性当事人，如果不是为了税收目的，不会选择该方案。[1]

第二，如果交易缺乏商业效果，或者商业、法律等合理目的，或者，即使具有该等效果和目的，但是与其采取的交易方案谋取的税收利益及成本不相当时，也构成非常规的交易。

第三，行为要件的满足需要结合纳税人对交易安排的事先筹划进行判断。纳税人所采取的非常规交易，应当是一种事先筹划的交易安排，这正体现了避税的主观故意。对于一系列的交易安排，与其他的行为相比，尽管在效果上具有税负减少的效果，但是如果纳税人不是事先就预计交易的步骤或者对后续的交易安排有所预期，则当事人并不具有避税的主观故意，不能认定为是避税行为。

结合英美法上的分步交易规则等判断环形交易和线型交易的案例，纳税人的该非常规的交易形式，应当是在一系列的交易安排采取之始，纳税人即对行为所欲达成的最终效果有所计划或者期待。也就是说，交易方案中所包含的各步交易是纳税人事先计划好为了最终的经济效果或者税收效果而服务的，或者虽然其中某具体步骤并没有事先确定，但是为了取得预期的税收利益，该步骤是实现税收规避方案所必须，而且不超出事先总体计划范围。

（2）纳税人因为交易安排取得了税收利益。此也被称为“效果要件”。纳税人因为交易安排取得了税收利益，才事实上构成对国家财政收入的损害。否认，则没有在税法上将其予以否定的必要。

---

〔1〕 Martin Klein, Alice Niemann (Hengeler Mueller), “Abuse of Tax Law across Europe, Part I Germany”, *EC Tax Review*, 2 (2010), p. 94.

（二）避税行为的消极要件：反避税的排除

1. 存在合理的商业目的

从上文论述看，不仅是避税的主观方面的认定，还是客观行为要件的确立，都或多或少免不了以是否具有“合理的商业目的”为参照，在客观方面的要件而言，缺乏商业目的的行为可被认定为一项“非常规”的交易。事实上，目前很多国家都以是否具有合理商业目的作为认定避税的必要条件，如根据欧洲法院在税法禁止权利滥用上的推理思路，谋取税收利益的主观故意可以通过完全虚假的交易安排来确立，而一项行为如果缺乏合理的商业目的，则被认为是一项完全虚假的交易安排。我国《企业所得税法》第 47 条的规定可以归入此列，该条规定“企业实施其他不具有合理商业目的的安排而减少其应纳税收入或者所得额的，税务机关有权按照合理方法调整”，如果将这条当成《企业所得税法》上的一般反避税条款，则根据该条规定，凡是不具有合理商业目的的交易安排都构成避税行为。

但如果把合理的商业目的作为一项消极要件而不是积极构成要件来进行规定，可缩减避税行为的范围，对一般反避税条款的适用对象进行限制。换句话说，这意味着，首先，具有合理的商业目的的纳税人的交易安排，应当获得税务机关的尊重，排除一般反避税规则的适用，尤其要排除罚款的适用。其次，关于“合理商业目的”的证明，对于纳税人而言是一项抗辩的权利而非责任，除了法律根据情形对举证责任的分配另有规定外，纳税人的举证“权利”并不能使税务机关免除该项的举证责任。

那么，什么是商业目的？这是一个与作为商主体的纳税人相关的概念，而不是与自然人普通民事行为相关的概念。商业目的，是指税收利益之外的目的，但不应当被限制为“营利”。企业的目的固然是追求经济利益，经济利益既有长远的，也有眼前的，取得经济利益的基础在于具有合法性、满足法律关于市场规制和管制的各种要求，需要具有良好的商誉和可供调配、运用的各项市场要素，基于这些因素和要素考虑而为的行为，都可能成立“商业目的”。故此，学者认为：“一般而言，商业目的必须根据特定的经济行业与特定商业活动的属性、实施交易时的经济环境等因素予以判断，必须考虑纳税人的动机和交易是否服务于有用的经济目的。”〔1〕此外，商业目的的判断还可与“非常规的交易”相互印证，如果一项交易安排，一个理性的善意的纳税人是不会采用的，则难谓具有商业目的。具体什么是合理的商业目的，既然难以提供共通适用的标准，唯有通过案例的积累来提供可兹遵循的先例，减少认定的随意性。

什么是“合理”的商业目的？与此相关的问题，什么是以谋取税收利益为“主要”目的？纳税人存在税收目的以外的其他合理目的时，通常能够获得抗辩理由，但是该其他目的，如商业目的，是否应当合理、是否为主要目的或主要目的之一，则与前述问题相关，各国有所差异。有时候，纳税人仅仅举证证明具有其他目的并不足以对抗税务机关的反避税程序。如在法国，纳税人被要求证明其他目的与争议行为的相关性。而且，法院在认定纳税人的其他目的时，也经历了变化，纳税人主张的其他目的已经不被一概、简单地接受，除非该其他目的有足够的说服力。合理的商业目的，是与交易行为具有相关性的，也即行为按照正常的商事交易环境和情形是可以合理预期的，且其适用的效果与税收利益相比，应当至少是相当的，或者应当要优于税收利益。然而，正如学者指出，商业活动所欲达成的目标往往是在复杂且瞬息万

〔1〕　汤洁茵：“《企业所得税法》一般反避税条款适用要件的审思与确立——基于国外的经验与借鉴”，载《现代法学》2012 年第 9 期。

变的经营环境下形成的，这在很大程度上依赖于经营者当时的直觉与判断。[1] 且商业目的的计划往往是事先的，事先的预计与执行的结果往往会有所差异，如何确保税务机关事后评价的公允和妥当？合理商业目的的判断，要基于一个理性和善良的商主体，根据计划当时及可合理预计的情形加以判定。正因为如此，有学者主张避税案件应当基于个案去判断，也有学者认为税法具有普通法或者判例法的属性。

2. 税收利益的取得符合法律的目的

税收利益的取得，如果符合法律的目的，则为合法的节税行为，具有法律上的正当性。而相反，违背税法或者相关的其他法律的目的、甚至是设定税收政策的社会目标的交易安排，不具有法律上的正当性。这一点也正是避税行为和合法节税行为的分界线。

税收利益的取得，如果符合法律的目的，则为合法的节税行为，具有法律上的正当性。而相反，违背税法或者相关的其他法律的目的、甚至是设定税收政策的社会目标的交易安排，则不具有法律上的正当性。这一点也正是避税行为和合法节税行为的分界线，也是对企业追求包括税收利益在内的经济利益的最大限度的尊重——纳税人合理减少税负的权利应当被尊重。众所周知，企业在经营过程中，自有增加收入、减少成本的利益倾向，在税负占 GDP 相当比重的国家，企业经营成果的很大一部分要交由国家"免费"分享，税收负担无疑构成企业经营中的一项重大"成本"。企业在经济活动中，税收因素占唯一或者优势考虑因素，也是常见的商业行为，甚至有经理人认为如果税法反对企业去争取税收利益、降低"税收成本"，是不可思议的国库主义，违背市场

[1] 汤洁茵："《企业所得税法》一般反避税条款适用要件的审思与确立——基于国外的经验与借鉴"，载《现代法学》2012 年第 9 期。

经济的精神。尤其是现代国家乐于以税收作为推行社会政策的工具，国家以税收利诱企业时，企业因此而行为，正是税法的目的所在。因此，企业谋取的税收利益是否符合法律的目的，应当成为是否构成避税行为的考虑要件。

我们观察到，美国法院的判决中，在否认纳税人的交易安排时，通常都会以“违背了国会的目的”为理由。无独有偶，一些大陆法系国家，也开始将法律的目的纳入考察范围。在法国，前述2008年第二财政法案案规定，除非交易是虚假的，税务机关适用新的滥用法律概念难度增大。税务机关目前不仅需要确立纳税人的唯一目的是规避或者减少税收负担，而且还被要求说明法律条文的适用将违背立法意图。[1]因此，从2008年以后，法国法院将是否构成法律目的作为审查滥用法律行为的构成要件之一。在不久前的一个股息剥离的案例中，法院认为纳税人寻求获取税收间接抵免的行为符合法律关于提供间接抵免的目的，其本身不属于避税行为。但是如果税务机关能够证明这个交易是虚假的，如买方事实上并不承担所收购的股份的风险，则另当别论。[2]根据

---

〔1〕 Sébastien de Monès, Pierre - Henri Durand, Jean - Florent Mandelbaum (Bredin Prat), “Abuse of Tax Law across Europe, Part I France”, *EC Tax Review*, 2 (2010), p. 87.

〔2〕 根据原《法国公司法》第158bis条，从法国公司取得分红的股东，按照分红净额加上特殊的抵免额课税（可以认为，分红的金额被分为两部分，一个是纯所得，另一部分是子公司承担的税额，可由股东进行抵免的部分），该抵免额根据股东的持股情况，为分红净额的50%或者15%，可由股东在当年的应纳税额中进行抵免。不同于个人纳税人，公司如果当年没有应税利润，将不能抵免该部分，也不能得到税收的返还。因此，一些当年没有应税收入的公司会选择在分红前将股份转让给能够抵免的公司，在分红后再扣除分红款后买回，这样对于买者而言，获得了抵免额，对于卖者而言，获得了税收抵免额的现金利益。See Sébastien de Monès, Pierre - Henri Durand, Jean - Florent Mandelbaum (Bredin Prat), “Abuse of Tax Law across Europe, Part I France”, *EC Tax Review*, 2 (2010), pp. 88 ~ 89.

现行德国《税收通则》第42条规定，认定滥用行为的存在第一步需要问的是，法律形成可能性的选择是否导致了法律目的以外的税收利益。如果税法支持一个更有利的税务处理，则该第42条不能适用。[1]换句话说，法律目的的判断，能够区分合法的或可接受的税收筹划行为与非合法的或不可接受的税收筹划行为。

目前我国《企业所得税法》第47条以及《企业所得法实施条例》第120条一般反避税条款对避税行为的界定，并没有法律目的的要求，而仅仅规定企业实施的“不具有合理商业目的”产生税收规避效果的行为，构成税务机关纳税调整的依据，这有使避税行为的界定范围过于宽泛的隐患，也是很多反避税案件引发争议的原因之一。

必须承认，税法目的可能本身就比较复杂，很有可能很难找到符合与非符合之间的界点，这个要件本身会带来一些困难。然而，法律目的的判断很多时候的确能够起到一个阀门的作用，将合法的节税行为排除在外。此外，法律的适用过程，不仅是一个法律的判断过程，也是一个基于客观社会经验的判断过程，如果承认社会通念的存在，在绝大多数场合的特定案件中，结合主观客观事实，能够就法律目的判断达成一个各方接受、利益均衡的结论。[2]而通过程序的设计，也能够将法律目的认定的不确定性降低到最小的程度。

四、反避税中适用实质课税的举证责任

举证责任的问题，对于反避税中实质课税原则的适用具有重

---

〔1〕 Martin Klein, Alice Niemann (Hengeler Mueller), “Abuse of Tax Law across Europe, Part I Germany”, *EC Tax Review*, 2 (2010), p. 94.

〔2〕 不容否认的是，在我国目前的税收征纳关系中，争议双方地位实际的不平等，哪怕是再正当的程序，也实现不了“均衡”的结果。

要的意义，甚至构成一种“程序性”的条件。在欧洲法院审理的 Emsland - Stärke 案中，欧盟委员会呈交给法院的意见甚至认为，权利滥用构成应当包括三个要件，除了主客观要件外，还应当满足程序要件，即举证责任应当由相关的国家行政机关承担，在非常严重的滥用行为中，初步证据的存在才可以使举证责任转移至行为人。〔1〕

（一）关于税法举证责任分配的一般理论

1. 举证责任分配的基础理论

通常说的举证责任是指诉讼中的举证责任。诉讼中的举证责任有两个层面的问题：即主观举证责任，即哪一方主体对相关事实有举证的义务；客观举证责任，即在经过各方举证，相关事实仍然不能得到证明时，由哪方主体承担不利的结果。古老的罗马法谚“主张权利的人，应负举证责任”，仍然是一个重要的举证责任分配原则，当然，罗马法并无关客观的举证责任。不同的法律领域，因为其调整方式以及当事人主体之间的地位的不同，举证规则会有差别。如民事诉讼、刑事诉讼以及行政诉讼领域的举证规则迥异。

证据理论发展至今，以民事诉讼领域为主发展出了很多的学说。主要包括法规分类说，待定事实分类说，依事件性质说，法律要件分类说等。其中法律要件分类说是德国民事诉讼法学家罗森伯格所创立的，对大陆法系各国的民事诉讼理论影响最大。根据这个学说，主张权利存在的人，应就权利成立法律要件事实举证，而主张权利障碍的人，应当就权利的妨碍、消灭或者受限的法律要件事实举证。目前，行政法上乃至税法上的举证责任分配

---

〔1〕 当然，实施反避税措施与构成避税行为的要件还是有所区别的，因为欧洲法院本身的权限问题，其仅仅确立了主客观的实体要件，直接将举证责任的问题留给了成员国自己的法律系统，由成员国法院根据其国内法律决定如何分配。

的基本规则也是在这个理论的基础上发展而来的。

2. 税务诉讼中举证责任分配的规则

目前关于税务诉讼举证责任的分配理论，主要是根据罗森伯格的法律要件分类说建立的，并且根据是否对“法律要件分类说”进行税法特征的调整的不同，分为“法律要件分类说”和“修正的法律要件分类说”。根据“法律要件分类说”的观点，请求撤销税收确定处分的诉讼中，关于构成权利障碍要件的事实和构成权利消灭要件的事实，应由作为税收债务人的纳税人负举证责任。然而，批评者认为，民事诉讼的有关理论能否直接适用于税收诉讼，有必要进行慎重探讨。毕竟，不同于民事实体法，行政法规范国家的行政活动，在立法之际即已充分设想诉讼时举证责任的衡平分配。

关于课税要件事实的存在与否以及课税标准问题，原则上应当由税收行政机关负责举证。然而，在行政诉讼中，尤其是税务诉讼案件中，应当结合税法的特殊性，考虑与有关课税要件事实证据的距离，因此，日本学者金子宏教授主张根据利益状况对该原则进行修正。例如，必要经费的举证责任，原则上应当理解为由行政机关负责，对特别经费，在很多场合应认为举证责任在原告方面。对坏账损失的存在以及金额，也应当做同样的理解。〔1〕

就原则上的举证责任分配而言，经济合作组织大多数国家规定，在税收程序中（包括税收处理程序及复议程序）以及诉讼中，由税务机关承担举证责任。在这些税务机关承担举证责任的国家中，有些国家规定举证责任可以转移，如果纳税人没有遵守诚实信用原则，如在提供纳税资料方面不够合作或不够遵从，包括填报虚假的或者误导性的申报表时，则允许税务机关估计应纳税所

〔1〕［日］金子宏：《日本税法》，战宪斌、郑林根等译，法律出版社 2004 年版，第 547 ~ 548 页。

得，从而将举证责任转移给纳税人。[1]然而，无论是举证责任在纳税人还是在税务机关，双方都应当善意行为，不得恶意利用举证分配规则。事实上，即使在规定举证责任在纳税人的国家，也并不是说税务机关可以不受限制的对纳税人法律依据不够牢固的纳税申报，做出相反的税收调整决定。而且，在这些国家，举证责任在满足一定的条件时，将转移给税务机关。[2]

在确定需要修正的具体情形时，应当立足税务案件所具有的不同特点，如税收是作为一种无对待给付的公法金钱债务、注重课税公平原则，大量性行政和经济课税的考量及课税资料多为纳税人所掌握等等。[3]此外，税法的适用，在遵守税收法定原则的同时，重视税收公平原则，强调实质课税及税法的技术性等也是需要考虑的因素。[4]

需要修正的具体情形有以下两方面：①纳税人未履行提供其所掌握的课税资料的协助义务，致使税务机关无法查明事实的场合，税务机关有权按照合理的方法进行纳税调整；②基于税收法律法规规定进行法律上的事实推定。分别为税收诉讼证明程度的减轻和税收诉讼举证责任的倒置。[5]税法上出于征税之效率考虑，有大量的类型性规定和法律的拟定及对意思表示的推定。[6]

---

〔1〕 OECD Transfer Pricing Guidelines for Multinational Enterprises and Tax Administrations, Part B2, p. 134, available at http://www.svcmscentral.com/SVsitefiles/nlc/contenido/doc/fe29c2_ OECD%20TP%20Guidelines%20June%202010.pdf, last visiting date 2013 - 03 - 23.

〔2〕 Ibid., p. 135.

〔3〕 黄士洲：《税收诉讼的举证责任》，北京大学出版社 2004 年版，第 6 ~ 18 页。

〔4〕 熊晓青："实质课税原则研究"，北京大学 2007 年博士学位论文。

〔5〕 翁武耀："论税收诉讼中举证责任的分配"，载《中南财经政法大学研究生学报》2006 年第 4 期。

〔6〕 贺燕："'视同应税行为'规则的税法解析"，载《中国律师》2012 年第 1 期。

在有法律拟定及推定的场合，可能并无举证的必要，除非根据税法的规定及其目的，纳税人有权举证进行推翻的除外。至于一些具体的分配规则，还要根据相应的平衡机制予以制约。如将举证责任分配给税务机关的，则要求纳税人有相当高度的提供纳税资料的义务，反之，如果将举证责任分配给纳税人，则税务机关在作出具体行政行为时必须有相当严格的程序限制以及执法正当性的要求。[1]

3. 税收程序中的举证责任问题

但在税收行政程序中，也会有举证的问题，如本章节关于实质课税原则的举证责任问题，实际上笔者将其作为反避税程序中适用实质课税原则的程序条件来进行分析的。所谓税收程序，是指税收征纳主体实施征纳行为、做出征税决定及其所遵循的方式、步骤、时限和顺序的相互关系的总和。[2]

然而，对于税收程序中的“举证责任”是否存在的问题，有不同的观点。有学者提出，行政诉讼举证责任与行政程序举证责任密切相关。因为在行政诉讼之前，已经存在行政机关首先适用法律的情形。行政机关适用法律的过程，必然涉及行政中举证责任的分配问题。行政诉讼举证责任与行政程序举证责任所依据的实体法是统一的，行政程序证据范围与行政诉讼证据范围基本一致，行政案件在审理过程中，法院必须审查行政程序举证责任的分配是否正确。[3]因此，具体在税务案件上，如果作为原被告双方的纳税人和税务机关在税收征收程序中负有一定的举证责任，

---

〔1〕 熊晓青：“实质课税原则研究”，北京大学2007年博士学位论文。

〔2〕 施正文：《税收程序法论——监控征税权运行的法理与立法研究》，北京大学出版社2003年版，第20页。

〔3〕 卢立秋：《行政诉讼举证责任》，中国政法大学出版社2001年版，第46～47页。

在税收程序中对征纳行为的合法性负举证责任，也决定了其在诉讼中必须负担举证责任。[1]

如我国《行政诉讼法》第32条规定，被告对做出的具体行政行为负有举证责任，应当提供做出该具体行政行为的证据和所依据的规范性文件。可见，如果作为被告的税务机关在税收程序中，遵照法律的规定，尤其是关于举证责任的规则，所做的税务处理决定具有足够的依据，则只要在行政诉讼中按时提供其作出行政行为所依据的证据及规范性文件，即为完成举证责任。

对于前述观点，有学者持不同的意见，认为举证责任是诉讼法的专门术语，它与事实判断不清时承担败诉后果相联系。而在行政管理过程中，并无败诉的后果。如果将举证责任一词也用于行政程序中，很难区别此举证与彼举证的区别。[2]必须承认，行政诉讼中的举证责任与行政程序上的举证责任有所区别，根据我国行政诉讼法关于证据的规定即可看出。然而，对于行政机关而言，行政诉讼中的证明责任实际上是其行政程序举证责任的延续，行政机关在行政执法程序中的证明责任构成了在行政诉讼中的举证责任的基础。[3]两个问题是紧密结合的，在行政法背景下，甚至前者的答案直接决定了后者，毕竟行政诉讼关于行政行为的合法性和合理性的审查结果，是要根据行政行为依据的证据材料及法律依据来判断的。有鉴于此，我们认为，尽管行政程序中的客观举证责任的后果有别于诉讼中的客观举证责任，对于举证不能者而言，不利的后果都是存在的，法理上也有相通之处，而且，

---

〔1〕翁武耀："论税收诉讼中举证责任的分配"，载《中南财经政法大学研究生学报》2006年第4期。

〔2〕熊晓青："实质课税原则研究"，北京大学2007年博士学位论文。

〔3〕王学辉：《行政诉讼制度的比较研究》，中国检察出版社2004年版，第306页。

相关的区别也可以通过不同的表述来彰显，并不必然导致法律适用上的混淆。[1]

至于本部分讨论的意旨，在于反避税中适用实质课税原则的举证责任。根据前文的论述，这里反避税的举证责任分配而言，应理解为是谁对避税的存在承担举证责任，不能举证者，就纳税人方面而言，可能的不利后果是必须接受税务机关税收调整结果。对于税务机关而言，可能就是不得启动反避税程序，或者虽经启动，也不得实施纳税调整。如果税务机关缺乏法律依据和证据，根据实质课税原则实施了反避税措施，即为违法，在行政诉讼程序中也会承担败诉的风险。反过来，如果在税务行政诉讼中对于举证的问题，已有专门的规则，则实际上也会构成税收程序中税务机关和纳税人关于举证的权利义务分配的法律基础。

（二）反避税中举证责任的分配

如前所述，本书将避税行为的构成要件分为主观方面和客观方面，其中避税的主观目的不需要单独证明，而客观方面则是指纳税人的交易安排不符合常规交易模式，以及交易安排事实上取得了避税的效果。根据“法律要件说”的基本思想，主客观要件是避税的构成要件，应当由主张者即税务机关承担举证责任。而因为合理商业目的或者其他税法以外的正当理由是作为消极要件而存在，应当由主张的纳税人承担举证责任。对于举证程度而言，税务机关的举证责任需要根据不同的避税方案，由特别反避税规

---

〔1〕 如很多 OECD 国家，税收程序和行政复议以及诉讼中的举证责任都是一样的，均由税务机关承担。“In most jurisdictions, the tax administration bears the burden of proof both in its own internal dealings with the taxpayer (e. g. assessment and appeals) and in litigation.” See OECD Transfer Pricing Guidelines for Multinational Enterprises and Tax Administrations, Part B2, p. 134, available at http://www.svcmscentral.com/SVsitefiles/nlc/contenido/doc/fe29c2_OECD%20TP%20Guidelines%20June%202010.pdf, last visiting date 2013-03-23.

则予以调整。对于纳税人的举证责任而言，一般认为，不能仅仅证明具有税法以外的其他目的或理由，而是结合各种背景条件的判断，还应当证明该等目的或者理由具有足够的相关性。对于是否符合法律的目的而言，我们认为是一种法律判断，而不是事实判断，因此不存在举证责任分配的问题，征纳双方均有权利引以为支持自己的主张。

如法国，就积极要件而言，滥用法律的要件已经符合的举证责任主要在税务机关，只有在案件已经被提交给滥用法律委员会以及后者认为具备滥用法律的特征时，纳税人才承担举证责任。[1]对于根据其标准判断的滥用行为，法国税务机关可以选择反滥用法律程序来处理。对于纳税人而言，最有效的避免成为“滥用法律”的方式主要是提出存在非税动机（如经济的、法律的理由或者其他的优点）的主张。然而，在主张非税目的时，纳税人应当举证证明非税考虑的真实相关性。纳税人被要求要做的是，证明交易安排不是完全由税收考虑驱动的。[2]

同样，在德国，对于以下要件的证明责任在税务机关：一项不适当的法律形式被选择，因此给纳税人或者第三者带来法律目的以外的税收利益。然而，纳税人必须证明，其所选择的交易形式存在税收目的以外的动机，且就整体情形而言，该动机必须中肯。[3]

举证责任的分配还应当考虑公平和合理性，不得将不可能完

---

〔1〕 Sébastien de Monès, Pierre - Henri Durand, Jean - Florent Mandelbaum (Bredin Prat), “Abuse of Tax Law across Europe, Part I France”, *EC Tax Review*, 2 (2010), p. 89.

〔2〕 Ibid., pp. 87 ~ 88.

〔3〕 Martin Klein, Alice Niemann (Hengeler Mueller), “Abuse of Tax Law across Europe, Part I Germany”, *EC Tax Review*, 2 (2010), p. 94.

成的事项作为举证责任进行分配。正如法国检察官 Bissara 所指出的，当一个行为或者协议被法国税收机关认定为滥用法律而予否认后，纳税人不能被强迫提交不可能存在可能性的证据，去证明涉案的行为或者协议不存在税收动机。[1]

以上的分配规则不是绝对的，而是在满足一定的条件后，可以发生转移。尤其是在一些特定的避税方案中或者严重的滥用行为类型中，税务机关提供初步的证据材料之后，举证责任就转移给纳税人。或者法律直接进行事实的拟定或者类型化的方式，凡纳税人的交易类型落入该范围，则直接由纳税人承担其交易安排具有合理商业目的或者其他合理目的的举证责任。如在欧洲法院审理的 Emsland－Stärke 案中，欧盟委员会呈交给法院的意见也认为，一般举证责任应当由相关的国家行政机关承担，在非常严重的滥用行为中，行政机关提交初步证据后，即可以将举证责任转移至行为人。

值得关注的是，我国台湾地区 2009 年 5 月 13 日新修正公布的“税捐稽征法”第 12 条之 1 规定了实质课税原则，该条同时规定，前述课征租税构成要件事实之认定，税捐机关就其事实有举证之责任，但纳税人不被免除协力义务，也需要适用到实质课税原则中。

五、反避税中实质课税原则的适用效果

反避税中实质课税原则的适用效果，在这里是指除了导致税负调整的结果外，是否还对纳税人科处处罚，包括刑事处罚和行政处罚。通常避税行为由于不是明确的违法行为，不对其进行刑

[1] Sébastien de Monès, Pierre－Henri Durand, Jean－Florent Mandelbaum (Bredin Prat), “Abuse of Tax Law across Europe, Part I France”, *EC Tax Review*, 2 (2010), pp. 87～88.

事处罚是各国一致做法。但是对于避税行为能否引致行政处罚，则有不同的做法。除了纳税人本身以外，一些国家还规定对于避税方案的提供者或者帮助者，主要是税务中介机构及相关责任人员，处以惩罚。

（一）对纳税人的适用效果

一般来说，大多数国家都规定，进行纳税调整后，应当按照一定的利率，对调补税款征收利息，以弥补财政收入的时间损失。但是对于避税行为是否进行处罚，如罚款等，则有不同的做法。

一些国家在 GAAR 条款成功适用时，课加处罚，拒绝给予税收利益。例如，在澳大利亚可以按照纳税人的所得税利益金额的50%加以处罚，或者 25%，如果存在合理的抗辩理由使得 GAAR 可能没有适用。在不同的情况下，税务机关有权予以增减，或者免于处罚。在新西兰也有类似做法，纳税人如果实施了 GAAR 条款规范的恶意避税行为，最高能被处以少缴税额 100% 的罚款，但是，对于主动提供信息的纳税人，以及在最近四年中没有接受过处罚的纳税人，处罚比例将减低。

在欧洲的几个主要国家（法、德、意大利、西班牙和英国）中，只有法国对税法上的滥用行为进行处罚。根据《法国税收程序法典》第 1729 条的规定，可对实施避税行为的纳税人科处避税额 80% 的罚款。但，如果法国税务机关没有证明纳税人存在以下情形，则罚款金额为 40%：①是构成滥用法律行为的交易安排的主要促进者；②纳税人是避税方案的主要受益者。因此，受益于滥用交易的当事人根据他们在交易中的作用被科处 40% 或者 80% 的罚款。而且，根据该法典的第 1754V－1 条规定，所有参与滥用交易的各方应当对罚款的支付承担连带责任，这使得税务机关可以将纳税调整通知送达给其中一方即为已足。〔1〕但在法国的税收管理实践中，反法律滥用程序，只有在极少数情况下才被使用。被确认发生了法律滥用行为的纳税人一般情况下会被处以罚款，该罚款相当于重新核定税款的80%，还要加上相应的滞纳金。〔2〕

也有很多的国家，不对避税行为进行处罚，如加拿大的GAAR没有关于处罚的规定。

从处罚能够改变风险和回报率的角度看，课以处罚是合理的，尤其是如果避税行为的构成要件包括主观要素时。但是否科处处罚，应当根据各国本身的法律系统进行判断，比如反避税程序中，征纳双方的地位，以衡平公共利益与纳税人的权利。如果对避税行为施加处罚，则对避税行为的构成要件及反避税的程序应当有更加严格的规定，否则，应当以仅加收利息方为合理。如法国纳税人被赋予更多的抗辩权利：滥用法律程序的执行需要事先取得一个地方总税收监督员（lacal chief tax insperctor）的同意；此外，在行政程序中，法国税务机关或者纳税人自身都可以决定将争议事项提交给滥用法律委员会（Comité de l'Abus de Droit fiscal or CAD）〔3〕

此外，在处罚金额的幅度上，应当考虑纳税人的过错或者故意的主观状态，即反对客观归责原则。一些国家可能在税收违法责任中采过失责任原则，则在其避税行为的构成要件上，如果不以主观故意为必要的话，对于避税行为适用效果就不应该对其进

---

〔1〕 Sébastien de Monès, Pierre – Henri Durand, Jean – Florent Mandelbaum (Bredin Prat), "Abuse of Tax Law across Europe, Part I France", *EC Tax Review*, 2 (2010), p. 89

〔2〕 赵岩："有关法国反法律滥用制度的分析及启示"，载《涉外税务》2006年第12期。

〔3〕 Sébastien de Monès, Pierre – Henri Durand, Jean – Florent Mandelbaum (Bredin Prat), "Abuse of Tax Law across Europe, Part I France", *EC Tax Review*, 2 (2010), p. 89.

行处罚。如德国1977年的《税收通则》第72条规定，对于纳税人损害税收债权行为，以故意或者过失为要件，现在该国对于避税行为的主观故意尚存疑义，因此对于避税行为并不加以处罚是符合其法律规定的。对于不考虑过错行为的避税处罚，如果要适用的话，处罚幅度应当比对纳税人过错行为的处罚要更低。

根据我国的税法规定，税务机关在进行纳税调整后，要加收利息。在我国税收征管技术手段和征管能力条件下，税务机关反避税多少有点单方“施压”的意思，不加处罚和滞纳金而是仅仅加收利息恐怕也不失为一个很好的选择。

（二）对帮助者的适用效果

与避税方案的需求一样，恶意的税收筹划市场同样也被避税方案的供给所驱动，因此，经常有意见主张应当对提供者与使用者一样进行处罚。基于这个理由，澳大利亚引进一个新的处罚制度，2006年4月6号起生效，对避税方案提供者课加处罚。此外，美国对于税收筹划方案提供者也规定了配合义务以及相应的责任。帮助者同罚，尤其是对那些提供税收筹划方案牟利的人进行适当处罚，并不违背比例原则和基本的法律精神。然而，这时可能需要掌握界限，区分正当的执业行为以及不适当的行为，不得对税收中介强加其不能合理预见的风险。

六、限制实质课税适用的比例原则

比例原则又叫过度禁止原则，是公法上普遍适用的法律原则。它是指公法主体在行使公权力时，要在保护与平衡的意义上，对个人利益与公共利益仔细进行斟酌，尤其是要具体斟酌国家与公民利益在冲突状况下的失衡度，以得到较为合理的结果，防止过分、错误的立法与行政决定。德国学者奥托·梅耶曾将比例原则誉为行政法的“皇冠原则”。[1] 因此，原本意义上的比例原则是约束行政机关自由裁量权的重要“帝王原则”，其要求行政机关在行使权力时，选取最小侵犯公民的手段达到目的。

但是，比例原则的适用早已突破了传统的行政法，在国家行政权力渗透的其他领域都已经受到重视。因为税收与国民的财产权、人身权等基本权利息息相关，在法治原则要求下，必须为纳税人提供以程序正义为核心内容的法律程序保障，所以，作为公法上核心原则的比例原则，理应成为税法上的一个基本原则，以使国家征税权的行使与人民财产权和自由权之间维持合理的关系，防止征税权的滥用及其对人民财产权的侵害。[2]

比例原则也在反避税领域中被运用，被用来平衡公共部门和私人部门之间的利益。尤其是在欧盟的反避税实践中，几乎每个诉至欧洲法院的反避税或反滥用案件都能找到比例原则的身影，比例原则被用来判断成员国的反避税措施是否具有必要性，是否最低限度的限制自由或构成歧视，从而使反避税措施控制在最低损害自由和统一市场的范围内。在欧洲法院的判例中，发展出了一些判断是否符合比例原则的标准。比例原则的测试标准首先在于反避税措施的适当性（appropriationality），其次在于措施的必要性（necessity）。[3]

实质课税原则的适用，是税务机关行政裁量权的行使过程，并且与纳税人选择法律形式的私法自由又构成冲突，其协调的是国家利益和私人利益之间的冲突，因此应当受到比例原则的约束。具体而言，应当根据比例原则的适当性、必要性和合比例性的要

---

〔1〕 施正文：“论税法的比例原则”，载《涉外税务》2004 年第 2 期。

〔2〕 施正文：“论税法的比例原则”，载《涉外税务》2004 年第 2 期。

〔3〕 Dr. Adam Zalasinski，“Proportionality of Anti – avoidance and Anti – Abuse Measures in the ECJ's Direct Tax Cace Law”，*Intertax*，vol. 35，5（2007），pp. 317 ~ 319.

求，考察税务机关对纳税人否认措施的合理性和正当性，比例原则通常还与正当程序密切相关，在反避税程序认定形式与实质的过程中，应当赋予当事人申辩权和举证权利，不得对纳税人附加过多的协力义务，尤其在协力义务的履行直接关系到实体税负的时候，应当斟酌考虑。

第五章

实质课税原则的适用主体和条件：一个税权横向分配的视角

实质课税原则的适用主体与适用条件，解决的是实质课税原则的适用方式及程度问题，以适当处理税法的实质正义与形式正义之间的关系，实现二者之间的平衡与协调。不论是从现有的对实质课税与税收法定关系的讨论来看，还是对反避税措施的认识来看，从根本上说并不仅仅是课税的方法和手段之争，而是税权的横向分配与制衡的问题，构成一个宪政层面的问题，即便如此，税法的研究不能因为“分门别类”而回避问题。

关于实质课税原则与税权配置的关系，已有学者认识到了类似的问题。如有学者认为，一般反避税条款试图以法律规定的形式，通过要件描述、涵盖违反立法意图的所有避税行为，并对行政机关和司法机关认定避税的行为、重构正常合理行为以及征税行为中的权力进行分配，以实现对避税行为的立法否定以及反避税的权力配置。〔1〕在这个过程中，税权中的权利实质上也进行了重置。〔2〕实质课税原则与一般反避税条款是交叉的，一般反避税条款通常以实质课税原则为指导而拟定。

从本书研究的逻辑结构上看，在研究了实质课税原则的适用范围的基础上，进一步发掘其深层次的横向权力分配和制衡，以此为基础分析实质课税原则的适用主体和适用条件问题。如果说实质课税原则的适用范围是实质课税原则的表征的话，那么，其内涵的税权的分配与制衡问题则是研究如何在认可实质课税原则存在价值的前提下，将其控制在税收法治的框架下，尽量消减其给法的安定性与纳税人信赖利益所带来的冲击。

现代国家的税收领域，同其他领域一样，面临行政权力扩张和立法权分化的挑战，从某种意义上说，实质课税正是反映了这种扩张和分化给税收法治带来的挑战，也成为如何在税收领域正确处理这一挑战的联结点和突破口。笔者尝试在现代社会的法律环境和政府结构发展动向中，寻求一个中庸的方案，在最大限度尊重和实现税收法律主义的基础上，最大限度地实现税法实质正义。因此，在本章中试图从税权的横向分配的角度来分析实质课税原则的适用，为其提供“枷锁”，并且，进一步分析实质课税原则在税收执法中的具体适用程序，通过税收权力尤其是税收立法权的横向配置和制衡，以及权力的运行程序控制，为实质课税原则的实现提供了运行的路径。目前，税权的纵向配置已经得到比

〔1〕 李茜、韩瑜：“《企业所得税法》一般反避税条款评析”，载《涉外税务》2008 年第 8 期。

〔2〕 王文婷：“一般反避税条款对税权的配置”，载《兰州大学学报》（社会科学版）2012 年第 5 期。

较多的研究，但是横向配置则较少受到关注。[1] 这也是本书为税法研究以及实质课税原则研究的贡献之一。

如果说，当前税法学的研究重点仍然应该是解决形式上的税收立法权的归属，消除税法效力体系内部的冲突和矛盾，探讨税收法定主义的适用范围和界限，以实现形式上的税收法治。[2] 那么，本章节所要解决的，正是试图对该问题提供一个合理的解答。

一、实质课税原则与税收立法权

（一）税收的法律保留

税收的法律保留所要解决的是税收事项中最低限度的需要交给作为立法机关的议会而不是行政机关的政府的范围。税收法定主义所称的税收要素法定揭示了税收法律保留的一个方面，另一个方面是税收领域的授权范围和授权方式。而法律保留和授权立法又是紧密结合在一起的。正如学者所总结的："随着社会对立法的需求骤增，议会没有能力提供全部的立法，不得不授权政府制定法规，但政府大量从事委任立法又重新引起了人们对政府权力的恐惧，要求对政府委任立法权进行范围上限制的呼声高涨，于是议会法律保留原则在立法领域重新焕发活力，成为委任立法的

〔1〕 既有在财政分权框架下讨论的，从检索到的书目看，如王宏希：《中国中央与地方财政分权研究》，湖北人民出版社 2006 年版；李波：《基于财政分权的地方税研究》，中国财政经济出版社 2006 年版；伍红：《地方税系研究》，江西人民出版社 2006 年版；白彦锋：《税权配置论：中国税权纵向划分问题研究》，中国财政经济出版社 2006 年版；靳东升：《依法治税：中央与地方税权关系研究》，经济科学出版社 2005 年版；黄君洁："中国纵向税权划分的设想"，载《税务研究》2008 年第 4 期；肖建华："对我国纵向税权合理配置的探讨"，载《涉外税务》2009 年第 2 期；贾鸿、何万波："对我国税权纵向划分的探讨"，载《经济体制改革》2008 年第 6 期。

〔2〕 刘剑文、熊伟：《税法基础理论》，北京大学出版社 2004 年版，第 106 页。

界限（这种界限即在于，某些立法事务必须由议会自身制定法律规则，不得授权政府进行委任立法，以保证立法的民主性与正当性）。因此，现代的法律保留，重新适用于立法领域是民主与法治原则的必然要求。”[1] 税法领域的授权立法也是存在的，需要研究的是法律保留的范围或者底线应该是什么。

1. 税收法律保留的范围

如第一章所述，税收法定主义的要义是税收要件法定、确定以及明确等。关于为什么要遵循税收法定主义，也即为什么要确定税收的法律保留的范围，学者们发掘出了诸多的理由。首先，税收通常被认为是国家或称公法人团体对符合法定课税要素的主体无偿课征资财以获取财政收入的活动，它是将私人经济主体（企业和个人）的部分财富转为国有的手段，是加在人民身上的负担。正因如此，调整税收关系的税法通常被视为侵权规范，是侵害人民权利的法律；为了使人民的财产权免遭非法侵害，就必须要求税收的核课与征收有法律依据，从而形成了税法上至为重要的原则——税收法定主义。[2] 这仅仅揭示了问题的一个方面，的确，单纯从收入取得的方面讲，税收表现为国家对纳税人的财产权无偿的索取，但是因为现代税收国家，税收是国家提供公共服务的手段，税收取之于民，最终是为了“用之于民”，从这个意义上说，我们不能简单将税法与刑法进行比较，认为类似于刑法的罪刑法定而有税法的税收法定，犯罪之认定与税收构成之认定是全然不同的。中国或许因为数千年来的封建体制，政治社会问题往往以税捐的矛盾最为激烈，也往往因此改朝换代，老百姓对于“税”是痛恨有加的。因此，或许公民教育中应该多一些有关税收

[1] 温明月：“法律保留原则的探析”，载《行政与法》2006 年第 9 期。

[2] [日] 金子宏：《日本税法原理》，刘多田等译，中国财经出版社 1989 年版，第 47 页，转引自张守文：“论税收法定主义”，载《法学研究》1996 年第 6 期。

功能的宣传教育，不能片面强调税收的“侵犯”和剥夺效应，不如理解为“税收是文明的对价”，角度不同，境界迥异。

有学者也认为，税收法定主义在商业社会中的机能在于它给国民的经济生活带来了安定性和预测可能性这两方面。因此，税收法律主义并不仅仅是依据其历史性的沿革和宪法思想史的意义而产生，而且在当今复杂的经济社会中它还必须保证能给予各种经济贸易和事实上的税效果以充分的法的安定性和预测可能性的内容。[1] 但是，这两方面恐怕并不足以成为为什么要坚持税收法定主义的坚实基础。因为在一个充分得到审查和监督的法治发达国家，行政立法并不是不能实现税法规则的安定性和可预测性。

有鉴于此，笔者认为，税收的法律保留主义的根本基础仍然是关于民主的宪政理念，以及三权分立和制衡的宪政机制。遵循民主原则，公民不得未经其同意而被课征税收，权力之间需要分立和制衡，故有法律之保留和授权之限制。按照洛克的观点，政府的维持需要经费，从而凡是享受政府保护的人都应该从他的财产中贡献一份用于维持政府。但是，财产的贡献仍然需要经过其同意，或者经由其代表的同意。因为如果任何人可以凭借权力向人民课税而无需经其同意，就是侵犯财产权，就破坏了政府存在的目的。需要指出的是，从西方法治国家的做法来看，虽然划分立法权最根本的依据都是三权分立原则（法治原则的一部分），宪法中也规定立法权在中央横向分配中特定指议会（国会）立法权，但各国实际权力运作并非按启蒙理论所为。[2] 而且坚持民主原则并不意味着完全排除授权，以下将要论述。

---

〔1〕［日］金子宏：《日本税法》，战宪斌、郑林根等译，法律出版社 2004 年版，第 59 页。

〔2〕朱维究：“论中央行政立法的权限——对宪法第 89 条规定的理性思考”，载《行政法学研究》1995 年第 3 期。

对于需要保留的税收事项，无疑凡是对公民的财产权利构成实际上的经济负担的、具有税收性质的课征，都应当由法律进行规定，这也是税收法定主义的要求。法律保留的基本底线是由立法机构（议会）规定基本的税收构成要素，也即税收基本构成要件法定。税收构成要件有程序性的，有实质性的，有基本的，也有非基本的。基本的构成要素应当能够为纳税人提供一个对自己纳税义务在通常情况下基于社会常识判断的基本预期，包括纳税人、课税客体、税率、税基和税收的归属原则，也就是通常意义说的“开征”一个新的税收，即任何税收的开征都应当交给议会。如《法国宪法》第五章规定了国会与政府之间的权力划分，其第 34 条列举了 20 个领域的事项属法律的权限，其中包括“各种赋税课税基准、税率及征收方式、货币发行制度由法律规定”，第 37 条规定，凡法律范畴以外之一切其他事项均属行政法规性质。〔1〕

法律的保留并不排除基于个别的、紧急的情由，授权政府开征。该个别的、紧急的情由，通常是指面临战争等国家、民族处于危难时刻的应急做法，而且应当是暂时性的、应急性的。

在税收基本构成要件法定的基础上，需进一步追求税收构成要件的明确，税收构成要件的明确性源于法律所用概念的穷尽性和文字的精准性。鉴于税法是在私法调整的基础上分享其收益，为此，税收立法可以充分依赖民商法领域的借用概念，仅仅基于分配正义和实质正义的要求，根据实质课税原则给予不同的界定，从而使税法具有安定性和可预见性。

〔1〕 法国《第五共和宪法》。参见朱维究：“论中央行政立法的权限——对宪法第 89 条规定的理性思考”，载《行政法学研究》1995 年第 3 期。

2. 税收领域的授权原则

因为议会制度运行之客观局限，法律的授权即不可避免，而因为税收事项本身的复杂性和更新性，税收领域的授权也不可避免。行政立法，传统上被认为是一种必要的恶，是对分权原则令人遗憾然而不可避免的“侵害”。[1]

授权立法本身并不具有可责性。正如民事领域的代理制度，民事授权制度的合理性和价值在于它能够拓展行为人的行为能力和范围，能够充分发挥和综合利用其他人的智慧，以弥补行为人包括空间、时间、能力上的障碍。在立法权的授予方面，以代理理论进行解释也是说得通的。立法权的授予的合理性基础在于其延伸和突破了代议制民主决策的局限性，能够灵活应对和处理新的发展变化。因此，一般认为，“授权立法是在现代社会不断发展和国家立法事务日益繁重的情况下，为了解决立法的不足，适应社会大量而迫切的立法需要而出现的一种立法形式。通过这种形式，立法机关将本应当由自己行使的立法权转授给立法机关以外的其他国家机关乃至社会团体或社会组织行使。授权立法在现代社会极为普遍，无论是严格奉行三权分立原则的西方国家，还是以‘议行合一’为原则的社会主义国家，概莫能外”。[2]

外国学者也指出，税法的授权决策实际上不可避免，而如果授权具有明确性并且明智，它在一个庞大且地域分散的税收制度下有其好处。我们在这里要处理的是如何在一个受到限制的集体的决策机制中进行有效运作。西方评论家往往忘记，在英国的法律制度框架内，法官，至少在理论上，也不过是受到作为最高决

---

〔1〕 Sir William Wade, Christopher Forsyth, *Administrative Law*, Oxford University Press, 2009, p. 731.

〔2〕 袁明圣：“行政立法权扩张的现实之批判”，载《法商研究》2006 年第 2 期。

策机构的议会所委任之人。重要的是，确保如此的委任是否明确，以及受托之决策者是否负有责任，而其决策是否受到审查。[1]

我们所要解决的是规则供应的有效性[2]，以及授权的具体性和确定性，以及确保对获得权力者的行使行为有足够的监督。这便是税法领域授权的原则。尽管如此，税收立法权的授予并不是无限的，税收保留的底线是不能被授予出去的，完全的、普遍的授权等于放弃和让与了全部的权利，从而使民主宪政的基础不复存在。在税法领域，为了确保能够及时地为私有活动的税收预测提供明确和一致的规则，可以授权政府在税法规定的确定、明确的基本要素的基础上，根据税法的目的对具体事项提供补充性、解释性的规则。

（二）实质课税原则作为课税要件的选择和确定的原则

1. 实质课税原则在立法上贯彻可以减少税法适用中的困境

实质课税原则应当作为一项立法原则，指导课税要件的选择和确定，以及经济行为之税法定性。或者也是基于这个考虑，刘剑文教授、熊伟教授主张在效力范围上，实质课税主义最多只能作为税收立法的原则，不能成为贯穿税收立法、执法和司法的基本原则。他们赞同将实质课税的精神通过立法的形式加以体现，但不太赞同制定过于宽泛的一般性条款，主张实质课税主义在税法中更多的应该以个别立法的形式加以肯定。如关于无效行为的税法效果、经济财产的归属、借用概念的特殊含义，只有在具体的税收实体法中加以明确规定，才不至于出现因为行政机关滥用

---

〔1〕 Yuri Gibich, *Beyond Form Versus Substance: A Road Map for Chinese Tax Lawyers Serious about the Rule of Law*，蓝元骏、郑皓文译，载（台）葛克昌、贾绍华、吴德丰主编：《实质课税与纳税人权利保护》，元照出版公司2012年版，第120页。

〔2〕 在中国这样一个经济社会发展迅速的转型期国家，规则供应的及时有效性、确定与合理性，恐怕比单纯地强调税收法定等形式正义来得更有价值。

权利而违反税收法定主义的现象。[1]

尽管我们认为实质课税原则也是税法适用和解释的原则，无疑，在立法中将实质课税原则的精神予以贯彻、据此选择和确定课税要素，将减少征税机关的自由裁量权，减少其利用“实质课税”来“拓展”、“补充”税法规定的可能性和机会。有学者认为，这时候就已经不是实质课税，而是税收法定主义的问题了。其实不然，原因在于税收法定主义和实质课税是相辅相成而不是相互排斥非此即彼的，换句话说，这正是实质课税与税收法定主义既有冲突表征而又协调之所在，也是法的实质正义与形式正义能够共生和相互补充的表现。

2. 实质课税原则在立法中贯彻可以提高税法的正当性和合理性

由于缺乏对宪政的理解，许多人主张的税收法定实际上就是在主张“没有宪政的民主”。而在这种民主体制下产生的税收规则，能否实现分配的正义则不能不引起我们的关注。值得庆幸的是，人们对此已经产生了怀疑。[2]实质课税原则，所追求的正是税收的分配正义和税法的实质正义，贯彻到税收立法中，能够提高税法的正当性和合理性，同时也为税收的正当性或者正义性提供根本基础。实质课税的理论基础在于税收的分配正义和实质正义，其存在的价值和必要性在于为税收分配正义和税法实质正义提供一种正义的课税之方法和手段。

因此，税收法定原则的建立并不意味问题的终结。税收法定从形式上制约立法过程中的权力滥用现象。但是，对于立法者本

---

〔1〕 刘剑文、熊伟：《税法基础理论》，北京大学出版社 2004 年版，第 163 ~ 164 页。

〔2〕 崔皓旭：“对国家征税权进行宪法约束之必要性探讨”，载《廊坊师范学院学报》2006 年第 1 期。

身侵犯纳税人利益的行为却难以形成有效的制约。因为如果立法机关在立法过程中制定了不合理的税法，而依据税收法定的原理又必须严格按照该法律执行，那么，纳税人得到的便是形式上的保障和实质上的损害。〔1〕可见，实质课税原则在立法中的贯彻是必然的要求。

3. 贯彻于税收立法之后，实质课税原则还有在税法运行中适用的必要吗？

如前所述，对于实质课税原则是否适用于税法的解释和具体如何适用是有争议的。日本北野弘久教授也持同样的观点，他认为，贯穿整个税法解释与适用的基本原则是租税法律主义，而且只能是租税法律主义。〔2〕在他看来，某个行为即便在税法学理论上属避税行为，只要法律上没有关于否认该行为的个别性的规定，就应将该行为视作节税行为。在研究税法的解释与适用时，讨论避税行为并无价值。只有在研究现代税法如何防止直接税间接税的避税行为时才有价值。防止避税行为不是行政权、裁判权的问题，而是属于立法权的课题。〔3〕这个观点从表面上看是合理的，〔4〕但是实际却经不起推敲，甚至与现代反避税的实践是相

---

〔1〕 崔皓旭："对国家征税权进行宪法约束之必要性探讨"，载《廊坊师范学院学报》2006年1期。

〔2〕［日］北野弘久：《税法学原论》，陈刚、杨建广等译，中国检察出版社2001年版，第92～93页。

〔3〕［日］北野弘久：《税法学原论》，陈刚、杨建广等译，中国检察出版社2001年版，第151～152页。

〔4〕 在这一点上，笔者认为北野弘久教授的观点还需要进一步的澄清，尽管他认为税法解释的原则只能是租税法律主义，而不能是负税公平主义，但是实际上他把租税法律主义分为三个阶段，其中第二阶段和第三阶段显然已经将税收公平、人权保障等宪政理论的要求乃至税收支出的正当性包含进去。参见［日］北野弘久：《税法学原论》，陈刚、杨建广等译，中国检察出版社2001年版，第76～80页。如此而言，该等实质内在的精神能否在税法的解释和适用过程中得到"释放"不无疑问。

悖。如果立法本身能够解决形式与实质不符的问题，立法及人类语言具有完全的周延性、预见性和灵活性，则避税问题以及实质课税的问题几乎不再成其为问题了。因此，如果将反避税问题再踢回到立法，单纯寄望于立法手段，未免强其所难，将难题拱手推让。

实质课税原则之所以仍然还有在税法运行中适用的必要，正是在于法律本身的有限性所在。至于可行性，与如何制约其可能产生的权力滥用问题，则是接下来将要论述的问题。

二、实质课税原则与税收立法权的分化

（一）现代社会立法权的分化与税权横向配置

前文已论述到，对于立法权的横向分配方面，从整个宪政的高度看，也并没有完全一致的做法，并随着经济社会的发展，对政府权力的配置上有一些新的动向。近现代立法方式的变化反映了这种动向，20 世纪末至 21 世纪以来，在立法方式上有两大趋势：一是大众化方式，即通过“公民倡议立法”、“全民投票”和“公民复决”等，由人民参与立法；另一种是行政机关立法的方式，特别是 20 世纪 30 年代以后，以罗斯福新政为标志，西方社会的高度工业化与中产阶级的发展，使政府干预社会愈发必要。这种干预体现在政府为使社会经济生活有序而采取的行政管理中，首先是为实施该项国家事务管理而制定规范上。[1] 也就是立法权呈现分化的趋势，政府的立法权一定程度上被加强。在税法领域无疑也有所体现。如同哈耶克指出的：“无论赞成民主的理由多么有力，民主本身不是一种或终极或绝对的价值，必须根据它所获得的成就来对其进行评价。民主可能是实现某种目的的最好办法，

---

〔1〕 朱维究：“论中央行政立法的权限——对宪法第 89 条规定的理性思考”，载《行政法学研究》1995 年第 3 期。

但却不是目的本身。”[1] 这或许可以解释现代行政权扩张能够为社会所“容忍”的原因所在。

学者们从税权划分的角度对于税收权力在纵横方面的分配做了一些探讨，如有学者认为，税权划分就是国家税收权力（税收立法、执法和司法权力）在不同的政府职能部门之间以及不同层级的政府之间（中央与地方）的分割与分配，根据国家权力的分属特征，税权划分包括横向划分和纵向划分两个方面，其中，横向划分包括税收权利在同级国家权力机关之间（同级政府的不同职能部门）进行分割与配置。[2] 但是该观点单纯地从立法、执法和司法角度进行划分，是一种笼统的提法，实际上并没有涉及税收权力的实际配置，而更为核心的是税收立法权的划分问题。税收立法权是国家机关依据法定程序制定、修改、补充、解释和废止税收法律法规的权力，分为中央立法权和地方立法权，税法的解释权、调整权、修改权、废止权、税收的减免权。[3] 这是广义的立法权，是我国《立法法》所认可的立法权。立法权的横向划分问题，关键是对于作为行政机关的政府的权力配置和作为司法机关的法院的配置，也即税收法律保留以外的权力的分配问题。税收立法权的分配有两种基本形式，即独享模式和共享模式。在独享模式下，往往更强调严格的税收法定原则，由立法机关独享税收立法权，当然，它也可以依法授权行政机关适量地行使税收立法权。在共享模式下，税收立法权可能会被立法机关和行政机

〔1〕［英］哈耶克：《自由宪章》，杨玉生等译，中国社会科学出版社 1999 年版，转引自崔皓旭：“对国家征税权进行宪法约束之必要性探讨”，载《廊坊师范学院学报》2006 年第 1 期。

〔2〕傅子恒：“发达国家税权划分模式与完善我国分权制之浅见”，载《现代财经（天津财经大学学报）》2010 年第 12 期。

〔3〕李旭鸿：“试论税收立法权”，载《税务研究》2011 年第 11 期。

关共享，甚至法院都可能分享广义上的税收立法权。[1]

（二）实质课税原则与税收立法权在政府的配置

1. 部分税收立法权以授权方式配置给政府的理由

一部分的税收立法权配置给政府的理由在于：首先，与复杂的议会审议程序相比，行政立法更能适应社会与经济日新月异的发展变化，更能及时对新的交易形式和交易成果提供税法规则；其次，如其他一些专业的社会管理领域一样，税法需要专业性和技术性乃至信息化管理，专家立法显得尤为必要，而相关行政职能部门作为亲身参与者，他们掌握更多的专业技能和管理信息，所以其出台相关政策更为及时便捷、专业性更强；最后，税收作为一项重要的宏观调控手段和再分配手段，是现代政府行使宏观调控职能的重要工具，从而也为其利用该项工具提供合理性。

实质课税原则与税收立法权在政府的配置需要的关系表现在两个方面：其一，政府行使行政法规制定权，在税收法律提供的税收基本构成要件框架下，根据实质课税原则对于税法的具体执行和课税要件的确定提供规则支持；其二，行使税收法律解释权，根据税法的目的以及实质课税原则，对于税法条文的含义进行明细，尤其是当税法概念与民商事法概念需要进行界定的时候。我们认为，在以上两个方面，在遵照了税收法律保留和授权立法规则的前提下，税收立法权在政府的分配具有合理性。

如美国财政部有制定规章的权力，其制定的规章是最为重要的税收行政性规范文件，其效力仅次于法律。美国《国内税收法典》（Internal Revenue Code，以下简称“税收法典”）第 7805 条（a）授权财政部，为执行该法典制定一切必要的规则（Rules）和规章（Regulations）。除了第 7805 条（a）的一般授权外，该法典

〔1〕 张守文：“税权的定位与分配”，载《法商研究》2000 年第 1 期。

的其他许多条文也授权财政部制定某些具体的税收规范。因此财政部规章可分为两类：一是立法性规章，制定此种规章需要国会在税收法典中对财政部进行具体授权；二是解释性规章，是财政部为方便税收法典的适用对其内容做出的解释。一般认为，如果一个规章的制定依据仅仅是第 7805 条（a）的一般授权，那么该规章为解释性规章；而如果制定规章的授权来自 7805 条（a）以外的某一条文，就是立法性规章。〔1〕

这里没有论及税收立法权在法院的配置，从英美法系的司法实践看，尤其是美国法院在税法案件中，通过对税法的解释和司法审查功能，事实上具有一定的造法功能。鉴于大陆法系法院尤其是我国法院的职权所限，从司法监督的角度去分析其地位更为恰当。〔2〕事实上，作为立法权共享模式的典型，《法国宪法》第 34 条规定税法事项的法律保留，也仅仅是规定各种赋税课税基准、税率及征收方式，并没有排斥一切的税收事项的行政法规。

尽管这种观念不能为“完全的”税收法律主义者所能完全接受，然而，不论是在发达国家的税法实践中，还是在我国税收行政法规的大量存在，无疑都在客观上展示了其存在的必要性和合理性。因此，有学者主张，在税收领域，法定主义原则应当得到普遍遵守，但是随着社会经济形势发展速度的不断加快，教条化的税收法定主义原则和议会保留制度将使税法趋于僵化，难以发挥对经济现实的有效调节作用。在这种情况下，在以议会立法为

〔1〕张杨、崔威：“美国联邦税收体系中规范性文件的使用及其对我国实践的启发”，载施正文主编：《中国税法评论》（第 1 辑），中国税务出版社 2012 年版，第 169 ~ 188 页。

〔2〕需要指出的是，欧洲正义法院尽管立足于大陆法系，其地位与功能却远远超过了一般的大陆法系司法系统，其也确立了自己的判例体系，并且在税法领域发挥了极大的协调作用，通过司法判例确立了很多的税法原则和规则，从而影响了欧盟成员国的国内法。

主的前提下，适当发挥司法部门、行政部门在税收立法中的作用自然就具有了合理性。[1]

2. 对于政府的税收立法权的监督和制约

正因为税收立法权对政府的授予仅仅是有限的部分，而且应当受到授权原则的限制，这种“立法权”已经不是原初意义上的立法权或者完全的立法权了，而仅仅是一种附属性、补充性的权力。对于批判者可能忧虑的税收立法权的一部分转移至政府所带来的权力制衡和监督问题，并不是完全不可控的。在行政权膨胀的情况下，立法权的确不可能完全通过实体法对行政权进行制约，而主要以制定程序法规定行政机关程序性义务和赋予公民程序性权利的方式，即通过公民行使权利的方式来对行政权进行制约，消极地对行政权进行监督的司法权仍然只能在事后保障公民享有权利。因此，公民个体的权利及其权利的集合成为制约行政权最重要的力量。[2]

因此，我们认为，对政府行使附属立法权的可能限制来源于以下几个方面：其一，来自议会的限制，议会在制定税法的过程中，细致、科学的制定了税法规则，提供了明确、清晰的税收构成要件的标准，不仅是对纳税人财产权的保障，而且是对政府立法的限制。其二，通过对政府内部分权的形式进行监督。其三，通过行政程序进行监督，主要是增强行政立法程序的民主性和科学性、专业性，在事中进行控制。在税法领域，尤其可以通过税收立法程序进行控制。税收立法程序是制约税收立法权，特别是税收行政立法权的重要手段，是规范税收行政立法权合理运行的

---

〔1〕 白彦锋：《税权配置论——中国税权纵向划分问题研究》，中国财政经济出版社2006年版，第79页。

〔2〕 董炯：“权利至上、制度设计及其运作（之一）——行政权与公民权平衡中的行政法”，载《比较行政法研究》1998年第3期。

制度保障。[1] 从程序的本身价值来说，税收立法程序具有其不依附于立法结果的独立价值的。[2] 其四，也是最后的手段，也即通过议会审查和司法审查的方式，对其进行事后的调整。

根据美国《行政程序法》（Administrative Procedure Act，以下简称“APA”）的规定，行政规范性文件（Rule）的制定应当符合“公示评议”（Notice and Comment）程序的要求，即将文件草案向公众公示，接受公众评议，并在公布最终文件前对公众评议的情况予以认真考虑。但当行政规范性文件属于法律解释性文件或程序性文件，以及当“行政机关有正当理由（Good Cause）认为不需要或不可能采用公示评议程序，或者采用该程序将与公共利益相冲突”时，文件的制定可以不适用该程序。[3]

（三）实质课税原则与税法之解释

1. 税法解释之功能

税法具有专业性，税法的执行是一项专业性极强的工作，同时也是大量发生的经常性工作，税务机关还要及时应对现代社会层出不穷的新交易方式。因此，即使是固守三权分立的国家，也允许和尊重税务机关对税法进行解释并发布解释性的文件。此外，在税法领域，法院判例也通过个案的适用，确立了一些具体的标准。

（1）确保法律的实施和统一适用——税法的安定性和稳定性。在我国台湾地区，尽管“财政部”解释函令不属于税法的渊源，但在现实层面，解释令函与法源具有同样的机能。学者认为，为

---

〔1〕 白彦锋：《税权配置论——中国税权纵向划分问题研究》，中国财政经济出版社2006年版，第78页。

〔2〕 许善达等：《中国税权研究》，中国税务出版社2003年版，第91页。

〔3〕 张杨、崔威：《美国联邦税收体系中规范性文件的使用及其对我国实践的启发》，载施正文主编：《中国税法评论》（第1辑），中国税务出版社2012年版，第169～188页。

确保税捐法规的统一公平的执行，减轻税务人员以及税务代理人适用法令遭遇疑义之困难与工作负担，并使税捐稽征机关的行为具有预测可能性，进而提高税捐法规的安定性，也有使解释函令存在的必要。〔1〕如澳大利亚的税法，除了详细的法律规定外，都配之以大量的法院判例，对于纳税人而言，能够明确判断自己的税负。〔2〕

此外，成文法的滞后性使法律无法应对法律发布之后新出现的社会现象。对于某一类交易行为是否属于税法的调整范围，或者应当归属于何种纳税对象、税目等，尽管有时候根据税法原理，纳税人可以加以分析和判断，但是经常会存有疑问。理论上而言，可以通过法律的修改程序应对新的情况，但出于维护法律的稳定性以及修法的严格程序所带来的成本，使得法律的经常性修改不具有可行性。行政机关根据税法目的和原理明确相关税法政策或者税法业务，对于提高法律的适用性，降低纳税人的税务风险是有帮助的。事实上，财政部和国家税务总局为了明确相关的税收政策和税收业务，针对各种情形发布的具有针对性和可操作性的绝大部分规章和规范性文件，对于税法的执行发挥了积极的作用。〔3〕

（2）解决法的落后性与法的目的之冲突。针对新的交易形式，需要根据税法目的和交易的经济实质征税，在法律规定不明确的情况下，税务机关根据交易的经济实质做出相关税法解释，不仅有助于实现税法目的，而且保证了税法的公平适用。如《国家税务

〔1〕（台）陈清秀：《税法总论》，元照出版社公司 2010 年版，第 124 页。

〔2〕 Nolan Cormac Sarkey，“Default Tax Assessments in Different Institutional Environments：An Austrialia/China Comparison of Rule of Law Implications”，载（台）葛克昌、贾绍华、吴德丰主编：《实质课税与纳税人权利保护》，元照出版公司 2012 年版，第 640 页。

〔3〕 贺燕：“税法行政解释的法治考量与完善思路”，载施正文主编：《中国税法评论》（第 1 辑），中国税务出版社 2012 年版，第 110 ~ 124 页。

总局关于股份制企业转增股本和派发红股征免个人所得税的通知》（国税发［1997］198号规定）对于股息的解释就体现了这一原则。

此外，税法的复杂性和税收优惠政策使得所有国家都面临避税交易问题。各国的法院、立法机关和税务机关在处理避税交易时会采用一些方法。反避税的实质是对于纳税人的相关交易或者安排否认其税法上的效果，从而按照实际的经济效果课税。反避税的具体措施选择上，固然可以在立法上，预先针对各种常见的或者可能的避税行为制定具体反避税规则或者一般反避税规则。但实际上，反避税问题与法律解释的一般原理密切关联。〔1〕在欧盟税法上，尽管存在区别，但这些问题都有共同的基础，即法律的解释。目前，应对避税或者法律滥用仍然同时基于对罗马协议和各成员国宪法（如有）的解释。〔2〕

认可征税机关的该等解释权，并不表明排斥对该等权力的限制和审查。

2. 实质课税原则与税法解释

实质课税原则无疑与税法的解释是密切相关的，从各国立法例的表述上，实质课税原则在税法的适用中被认为是一种法律的解释过程中所用到的方法。

如德国1919年的《帝国租税通则》第4条规定，“解释税法之际，需斟酌其立法目的、经济意义及情事之发展”，其中，“经济意义”是变为经济观察法的由来。〔3〕1934年，经济观察法的规

---

〔1〕［美］克多·瑟仁伊：《比较税法》，丁一译，北京大学出版社2006年版，第151页。

〔2〕Marco Greggi，“Avoidance and abus de droit：The European Approach in Tax Law”，*e－Journal of Tax Research*，1（2008），pp. 23～44.

〔3〕闫海：“论实质课税原则之功能定位——以征税事实为切入”，载（台）葛克昌、贾绍华、吴德丰主编：《实质课税与纳税人权利保护》，元照出版公司2012年版，第156页。

定从《帝国租税通则》中删除，移入《租税调整法》，成为该法的第1条第2项："税法的解释应考虑国民通念、税法之目的与经济意义及各关系之发展"，同时增设第3项："对构成要件之判断，同其适用。"〔1〕此外，德国法院也通过税法的目的解释，适用"实质重于形式原则"。税务法院在判决中使用类比原则以及目的原则。在前者，他们基于事实考察法律的意图，但如果交易事实超出立法意图，则适用后者。类比于《德国租税通则》第42条的规定，当这些规则因为法律措辞造成的漏洞没有涵盖这种事实，运用类比将税收规则适用于既定的事实。纳税人在交易之前可以要求确定预先裁决税收规则。〔2〕德国 Tipke 教授认为，"经济解释不是一种特别的解释方法，而仅是一个取向经济的规范目的之目的解释"。〔3〕

我国台湾地区"税捐稽征法"第12条之1规定："涉及租税事项之法律，其解释应本于租税法律主义之精神，依各该法律之立法目的，衡酌经济上之意义及实质课税之公平原则为之。税捐稽征机关认定课征租税之构成要件事实时，应以实质经济事实关系及其所生实质经济利益之归属于享有为依据。前项课征租税构成要件事实之认定，税捐稽征机关就其事实有举证之责任"。

从美国的判例法中可以看到，法院在用到实质重于形式原则时，总会结合"违背国会的目的"的分析，他们的经济实质原则

---

〔1〕（台）陈敏："租税课征与经济事实之掌握——经济考察方法"，载《政大法学评论》1982年第26期，转引自闫海："论实质课税原则之功能定位——以征税事实为切入"，载（台）葛克昌、贾绍华、吴德丰主编：《实质课税与纳税人权利保护》，元照出版公司2012年版。

〔2〕［美］罗伊·罗哈吉：《国际税收基础》，林海宁、范文祥译，北京大学出版社2006年版，第386页。

〔3〕转引自（台）黄茂荣：《法学方法与现代民法》，法律出版社2007年版，第360页。

(substance over form, or economic substance doctrine〔1〕) 是与税法的目的密切相关的。美国学者也认为，经济实质原则如同其他的普通法原则一样，将其理解为一种法律的解释方法更为合适，而且因为经济实质原则可以不经对文本（text）、计划（intent）或目的（purpose）的正式讨论就可以适用，其适用通常会伴随着或者被纳入传统的法律解释工具中。一个被经济实质原则攻击的交易，无一例外的基于法律文本，通常结合计划和目的，为自身进行辩护。涉及经济实质原则的诉讼中，经常会与涉及法律的文本、计划和目的的诉讼相关，尽管有一些差异。因此，经济实质原则与传统的法律解释之间的关系是模糊的。但是，有一点是清楚的，一项交易如果被法律的文本、计划或者目的明确支持的话，无论其是否符合经济实质原则，都会得到法院的支持。〔2〕

因此，实质课税原则在税法适用中，首先是一种法律目的解释的方法或者手段，是一种在法律目的解释过程中所运用的方法。同时，实质课税原则也适用于事实认定的过程。对于前者而言，主要是经济实质主义的运用，而对于后者而言，则是法律的实质主义的运用。之所以是法律的实质主义运用，是因为此时税法的事实判断是基于私法或者其他法院的法律关系、其他法域真实的法律关系判断的结果，是课税之基础事实。

---

〔1〕美国学者认为，economic substance doctrine 在一定程度上而言，包含了其他的普通法原则，如虚假交易（sham transaction）、实质重于形式（substance over form）、商业目的（business purpose）、经济利益（economic profit）和分步交易（step tranction）。参见 Joseph Bankman, "The Econimic Substance Doctrine", *Southern California Law Review*, 5 (2000)。

〔2〕Joseph Bankman, "The Economic Substance Doctrine", *Southern California Law Review*, 5 (2000).

三、税收执法中实质课税原则之适用

鉴于目前讨论的实质课税原则的适用对象和适用方法具有多样性，不同的适用行为类型和方法，其形成机理和需要处理的问题有所区别的。实质课税原则的适用条件、程序首先应当区分实质课税原则的适用对象类型和适用方法，不同的适用对象和适用方法〔1〕，对于法律解释的方法要求不一样，与税收法律主义的冲突也有程度上的区别。此外，关于事实认定的规则也会有所差异。

（一）实质课税原则的适用方法

实质课税原则的适用，并不是任何时候都排他的、一致的、自足的。我们认为，实质课税原则的适用范围、程度、深度应当根据各国的法律环境、执法能力和素质进行确定，概言之就是要根据该国对权利保护和救济的能力和程度加以确定。实质课税原则的适用应当遵循一定的方法。概言之，实质课税原则的适用方法，根据法律的实质主义还是经济的实质主义而有所区别。笔者尝试确立实质课税原则在执法中之使用方法，以期提供一个比较明确、具体的指引，减少实质课税原则适用之恣意和随意。

1. 法律事实认定法

法律事实认定法，是对课税事实去伪存真的认定过程，包括对客观事实的观察，以及对法律行为的解释。其中，法律行为以意思表示为基础，法律行为之解释，乃在确定构成法律行为要素之意思表示之意义。意思表示的解释原则之一是按照当事人的真实意思进行解释。〔2〕可见，私法关系作为税法调整的基础，除非

〔1〕 即区分法律的实质主义与经济的实质主义。

〔2〕 杨仁寿：《法学方法论》，中国政法大学出版社1999年版，第241～242页。

税法上的目的使然，可以且应当作为应税事实的认定基础，这也是追求法律体系的安定性和增强法的可预期性之所需。法律事实认定，能解决很多形式与实质不一致的问题，如伪装行为等。

2. 法律关系定性法

因税法对不同性质的所得，给予不同的税法后果，税率乃至税种均有差异，从而有定性的必要。法律关系定性，实际上也并不是一个纯粹税法问题，或者也不是税法独有的问题，而是民商法问题。尽管如此，我国税法实践中，强调经济效果之税务处理，而有意无意地忽略其背后的法律关系之属性，税与法两张皮运行的后果之一是扭曲了市场选择，丧失了税法的中性。滕祥志研究员主张的交易定性理论，因此具有很大的价值。

因税之课征，系基于纳税人民商事交易之成果，并考虑其交易之成本，实质课税原则中的法律关系定性法，很大程度上也是以私法法律关系的定性为基础，所以法律关系定性法，第一步是基于民商事法律等“基础性法律”〔1〕进行法定定性。通过判定法律关系之性质，如判断一项交易是承包，抑或是投资行为。在此基础上，判定经济收益之性质，从而配以相应的征税规则。法定关系定性法的第二步是基于税法专门规定所进行的第二次定性，如税法有专门的调整，如有所谓的“视同规则”等，则需要进一步完成第二步。

法律关系定性法，是实质课税原则中法的实质主义的运行方法。法律关系定性法能回应实务中诸多的困惑，至少是一种分析的思路和方法。如以不动产投资入股，是否应属营业税之课税范围？以非货币性资产对于投资，是否应税？似乎是可以从投资的

〔1〕 即在税法介入之前，调整和规范交易或者法律行为的法律规范，以民商事法律为主。

法律属性及其中所带来的权属变更之效果进行分析的。[1] 有些卓有价值的税法研究，开始强调基于基础法律关系的分析来研究课税问题，在笔者看来，这也是一种法律关系定性的研究方法。[2]

3. 经济观察法

经济观察法，则是经济的实质主义的判断方法。即在符合一定的条件时，抛开行为人的法律形式，直接按照其交易所达成的经济效果实质来认定税收构成要件。美国判例法上的实质重于形式规则及一系列的关于经济实质的判定规则可资借鉴。经济观察法，一般需要通过判断经济利益的最终归属和性质来确定。

4. 方法的具体适用

法律事实认定法和法律关系定性法，严格上讲并不是一个独特的税法问题，而是一个私法体系中的问题，是法律之解释和适用中的当然要求，但是恰恰以私法为基础是税法调整方式的特征之一。法律关系之定性，有时候也需要借助对法律事实之认定及意思表示之解释。而经济观察法，也可以结合法律关系之链条和法律事实来判断，可见三种方法是相互配合的。

在适用的顺位上，笔者认为，第一步为法律事实认定法，第二步为法律关系定性法，第三部为经济观察法。凡上一步能解决的，则无须或不可适用下一步。在第二步适用时，如果其结果有悖税法之目的，则成为第三部适用的前提条件之一。反过来，在有适用下一步之必要时，可以结合或者不结合上一步之方法。

以上实质课税原则的适用方法，并不限于税收执法，还可以

---

〔1〕 贺燕、翁武耀："不动产投资入股的营业税反思"，载熊伟主编：《税法解释与案例评注》（第5卷），法律出版社2014年版，第211~224页。

〔2〕 引人瞩目的，如魏高兵：《合同的税法评价》，立信会计出版社2014年版。作者从合同的视角出发，从合同法和税法的连接点和区别点，提出应税行为理论以及税法适用和解释的原理。

作为税收立法和税法解释的参考，不同阶段的方法应有差异。实质课税原则运用于税收立法时，可以经济观察法为依据，选择确定税收构成要件。但在税收执法中，从保障法的安定性及纳税人的信赖利益的角度，除非法律有明文规定，应当首先审查是否存在事实认定和法律关系定性的问题。只有在穷尽事实认定和法律关系认定之后，仍然不能实现税法的目的或者价值，或者事实认定和法律关系定性适用的结果明显地违背了税法的目的或者价值的，方有经济观察法之适用。即便如此，经济观察法的适用，应当遵循一定的程序和条件。

举例而言，在股权众筹模式下，传统意义上的股东变成了代持股股东和实际股东，对于股息收入（还有股权转让收入的问题），应如何纳税？应由代持股股东缴纳，还是实际股东缴纳？代持股股东将所取得的且已缴税股息收入转交给实际股东时，实际股东是否还需要将其取得的收入纳税？按照实质课税原则的适用方法，在认定法律事实后，我们可以进一步对投资行为的法律性质进行分析，代持股股东与实际投资人之间，根据其协议安排，到底是一种委托投资关系，还是一种借贷关系？委托投资，则意味着二者之间存在代理关系，代理制度的基本点在于法律效果由委托人承担，代理人取得的是佣金或者劳务报酬而已。如此，则纳税人应为实际股东，代持股股东如果取得报酬的，无论何种形式支付，均应按照服务收入进行计税。相反，如果实际股东对于代持股股东没有任何的控制，且无论是否符合分红条件均要取得回报的，则代持股股东与实际股东之间仅仅是借贷关系，对于股息应当在代持股股东手中按股息收入课税，对于投资人按照利息收入课税。

（二）适用实质原则的条件与界限

就适用的行为类型及相关的方法而言，避税行为类型是实质课税原则的主要适用对象，并以经济的实质主义为主，本书第四章已经对其适用条件和程序、效果等进行详细的说明。而针对法律的实质主义，笔者认为，从根本上仍然是一个事实的发现和法律认定的问题，如对伪装行为和虚假行为的否认等，一般根据基础法律领域的规定对其进行判断足矣，如此，这是比较单纯的事实判断和法律适用问题，并无关对纳税人所采合法法律形式的否认和经济实质的观察。在税法上的适用，主要问题在于举证责任的分配。因此，经济的实质主义和法律的实质主义在适用的条件和程序上必须有所区别。

而其他的行为类型，如效力瑕疵行为的适用，尽管也采取经济观察法，但是如果法律有明确规定后，则仅仅涉及事实判断的问题，即尽管法律行为归于无效或者可撤销或者违法等，纳税人是否仍然事实上享有了经济上的利益。

就构成要件的认定而言，如对于单纯纳税主体的确认问题，通常而言是一个立法选择的问题，在立法或者政府的规章中应当确定，税收执法机关并不需要也不应当在现有的法律规则之外自主确定税收主体，除此之外，纳税主体会与税收客体的归属结合在一起。对于税收客体的性质，也应当尽量在法律规则的制定层面进行解决，因为尽管新的社会新生的交易方式和交易成果层出不穷，很大程度上根本上是一种结合经济因素判断的法律实质主义，如果能够结合行政先例或者法律判例的话，能够将不确定性降低。客体的认定和客体的归属等其他问题，如果有涉及经济实质主义的考评，或者反避税问题，则应当按照反避税中的适用条件和程序进行。

至于在税法的适用过程中（指执法和司法），适用经济的实质主义（经济观察法）的条件和应当遵循的正当程序，则需要特别的探讨。鉴于本书第四章关于反避税中实质课税原则的适用条件和程序，已有详细论述，这里仅仅简单地对不同的地方进行分析。

实质课税原则所要解决的在于形式与实质不符的问题，且该等不符合，违背了税法的正义，体现为与税法的目的和价值不符。因此，经济实质主义的适用，在实体上的前提有两个：在必须法律的形式与经济的实质存在背离；如果按照形式课税，则违背了税法的目的和价值追求。如日本学者吉良实认为实质课税原则并非无限制的适用，而应有一定的限制，其适用的条件有三项：第一，在解释适用税法时，为适用此种实质课税主义，必须法形式、名义或外观（形式上存在之事实），与真实的事实、实态或经济的实质等（事实上存在的实质），具有差异性。……在意图避税的情形，纳税人意图使法形式等与经济的实质等产生差异，因此在此情形，适用实质课税主义解释适用税法，多可获得具体妥当的结果，而不发生滥用课税权的弊端。第二，必须如依形式课税，不能实现按照各人的负担能力课税的公平、平等，因此无法获得具体妥当的结果。在有此种特殊情由存在时，于解释适用税法之际，始适用实质课税主义。第三，在税法解释适用之际，欲适用实质课税主义时，在欲使用者方面，必须举证证明前述二条的存在。〔1〕吉良实教授的第三个条件，可以归纳为程序条件，也就是举证责任的分配问题。至于举证责任的分配，是否应如该教授所主张，则可以在下文评析。

（三）税收执法中实质课税原则之适用程序

1. 举证责任

如四章所述，根据修正的“法律要件分类说”，一般认为适用

〔1〕 转引自（台）陈清秀：《税法总论》，元照出版公司2010年版，第221～222页。

实质课税原则的举证责任在于税务机关，税务机关有义务将实质课税原则适用条件成就承担举证责任，如在虚假行为，税务机关应当就纳税人存在虚假行为的事实承担举证责任。而纳税人可以就条件的不成就，或者其行为存在合理理由具有反驳的权利。一方面在于防止税务机关的权利滥用，另一方面可以保护纳税人权利不受随意侵犯。

通常而言，立法需规定有实质课税原则的适用条件。从我国关于实质课税原则的规定来看，学者将其归为两类，一是在增值税、消费税、营业税等实体法和税收程序法上，这些规定表述不同，但其核心意思可以归纳为"纳税人申报的计税依据明显偏低并无正当理由的，税务机关有权力核定其税款"；二是在《企业所得税法》上。[1] 可见，我国实质课税原则的适用根据不同的情形适用不同的条件，如"计税依据明显偏低并无正当理由"是税务机关核定税款的依据，应当由税务机关进行举证证明的事情。[2]

我国台湾地区 1998 年 5 月 23 日修正之"税捐稽征法"第 12 条之 1 特别规定，税捐稽征机关认定课征租税之构成要件事实时，应以实质经济事实关系及其所生实质经济利益之归属与享有为依据。前项课征租税构成要件事实之认定，税捐稽征机关就其事实有举证之责任，纳税义务人依本法及税法规定所负之协力义务，不因前项规定而免除。

---

〔1〕 也有学者提出，我国目前的规定过于模糊，但到底是低到什么程度，以及什么是正当理由，并没有明确的依据，从而给基层执法机关带来困惑。参见杨萍："关于中国大陆实质课税原则的立法探讨"，载（台）葛克昌、贾绍华、吴德丰主编：《实质课税与纳税人权利保护》，元照出版公司 2012 年版，第 343 页。

〔2〕 杨萍："关于中国大陆实质课税原则的立法探讨"，载（台）葛克昌、贾绍华、吴德丰主编：《实质课税与纳税人权利保护》，元照出版公司 2012 年版。

2. 纳税人的协力义务

税务机关的举证责任并不能免除纳税人的协力义务。如前所述，举证责任应当与举证能力相关，还应当与其他法律规定的义务相关。纳税人无疑是日常经营和交易中相关文件、资料等的记录、保存和占有者，其根据财务财会法律法规的规定，也有义务真实、完整、全面的保存相关的财务凭证、资料等。因此，对于纳税人应当掌握和保存的信息，并且税务机关无从得知的信息，应当由纳税人提供。

对于纳税人不履行协力义务而税务机关又无法收集到足够的证据进行证明时应如何处理。对于纳税人违反协力义务的，如果构成程序法上的违法行为，依其处罚，除非有法律上的事实拟定和类型化规定，否则不应成为适用实质课税进行税负调整的依据。

四、实质课税原则与纳税人权利的保护

本章从税权横向分配的角度论证了由行政机关通过行政立法权及法律解释权对税法中适用实质课税原则的事项进行规定的合法性和必要性，从源泉上解决了实质课税原则与税收法定主义的冲突问题。针对实质课税原则所诟病的对税法安定性及纳税人预期利益的潜在危害，以及税务机关自由裁量权滥用的可能性，本部分进一步对纳税人的预期利益及权利救济的保障提供可行性手段，从而解决实质课税原则适用与法安定性的冲突问题。

（一）现代税收法治新举措与法律适用的可预期性

纵观各国的税务行政实践，不难发现，尽管在税法中的反避税条款等扩张性规则扩大了行政裁量权，增加了税法适用的不确定性，然而现代的税务行政的新发展，无疑又弥补了这一缺陷，或者使得这种不确定性尽可能降低。

这个新发展之一是行政预先裁决，或称信函裁决（advance

ruling or letter ruling）的兴起。〔1〕新发展之二是税收遵从管理，以及预约定价等税务行政合同制度。〔2〕

1. 预先裁决

以美国为例，美国财政部制定了大量的规章和指导意见，适用范围具有一般性，这些文件包括立法性的和解释性的文件，以及一些执行性的规定，对于法律中的含混之处和法律漏洞的填补发表具有法律效力的观点，也发布关于法律解释的官方观点。此外，美国还有行政裁决制度，主要来源于信函裁决中具有典型性的裁决，按照程序整理和公布，具有约束力。〔3〕

除一般性适用的文件外，为了解决个别纳税人在交易过程中遇到的个别的特别问题，消除纳税人对某些复杂安排能否获得 IRS 认可的疑虑，IRS 发展出了信函裁决制度。该种信函裁决不具有普遍适用的效力，仅对于纳税人和税务机关有约束力，除非信函裁决被整理和公布。而且，信函裁决的约束力，应当限于纳税人在申请中的披露范围，以及纳税人事后的交易安排没有实质性的变化。

目前，意大利、法国等国家都有预先裁决制度。在法国，一般来讲，纳税人有权申请预先裁决，以确定一项方案不被启动滥

〔1〕 预先裁决制度最近几年在国内讨论，2015 年 1 月《税收征收管理修订案草案建议稿》中已有其身影。在最早发展该项制度的美国，其私人信函裁决制度（private letter ruling）至今有 70 年之久的历史。早在 1992 年国际税收组织（IFA）在年会上以此为专题做了研讨。See Advance Ruling, *Practice and Legality*, Kluwer Law and Taxation Publishers, 1994.

〔2〕 实际上，还有一种动向是司法系统的，大陆法系国家法院判例的先例作用开始确立，除了欧洲法院的判例外，意大利、法国、德国等国家的案例通常也是税法实践和税法理论研究中常常用来参照和讨论的对象。

〔3〕 张杨、崔威："美国联邦税收体系中规范性文件的使用及其对我国实践的启发"，载施正文主编：《中国税法评论》（第 1 辑），中国税务出版社 2012 年版，第 172 ~ 178 页。

用法律程序。这种预先裁决对纳税人单个做出，税务机关有6个月的期限对申请进行回复。如果税务机关没有在6个月内回复，该交易就被认为不构成滥用行为，且法国税务机关也不得在将来对其适用反滥用程序。预先裁决对纳税人的保护的条件是，交易按照纳税人向税务机关陈述的而执行，且税务机关被提供了足够的事实材料，以使其能够对交易进行整体判断。[1]

我国的批复制度尽管在某种程度上也有些近似，但是还没有完整意义上的预先裁决制度。如果能够保证公开和透明，可以发挥一些类似的功效。

2. 税法遵从度管理

现代的行政管理，从20世纪以来，已经从原来的命令和控制型转移到一种服务型模式，体现在税务管理上更是如此。这种治理“哲学”的转换，对于改善税务机关和纳税人之间的征纳关系，提高纳税人对税法的遵从度有很大的作用。一旦征纳双方关系改进，处于征纳关系中的双方，不再处于对立地位，一则对于税法的执行和遵守，就能够本着善意进行，从而弱化税法形式与经济实质之间的背离程度，二则对于税法的理解也能够进行及时的沟通，消除一些因为法律规范不明确所带来的不确定因素。

目前，在反避税的管理上，已经体现了这一趋势。比如英国和澳大利亚对恶意避税行为的对策，已经走出了19世纪七八十年代时代典型的“命令和控制”的关系，转向19世纪90年代产生的一种“回应型治理”（responsive regulation）和“间位风险管理”（meta risk management）趋势。[2]

---

〔1〕 Sébastien de Monès, Pierre – Henri Durand, Jean – Florent Mandelbaum (Bredin Prat), “Abuse of Tax Law across Europe, Part I France”, *EC Tax Review*, 2 (2010), p. 90.

〔2〕 Chris Evans, “Containing Tax Avoidance: Anti – Avoidance Strategies”, University of New South Wales Faculty of Law Research Series, 2008, Paper 40, p. 17.

在英国，2006 大企业关系评论（2006 review of links with large business，that is the Varney Review）形成了现在很多关于遵从的想法，大多与税收规避有关。the Varney Review 的焦点在于改善英国营业税行政环境的吸引力，在这个框架中界定了四个重要的主题：确定性，风险管理，快速解决问题，有效咨询的明确性。这些主题催生了在英国海关税务总署（Her Majesty's Revenue and Customs，in short HMRC）与经济组织之间建立一种新关系的需求，新关系的口号是“公开、透明、合伙和比例原则”。海关税务总署设有反避税小组，负责根据以上框架，对 HMRC 反避税政策和策略的发展、维持和发布。这个反避税小组的一个重要角色是贯彻 HMRC 的目标以及它更为广泛的遵从策略。目前，从反避税小组已公布的策略看，包括：使税法本身更完善；参与他的客户的避税方案；优化它对避税的反应操作；改变避税的经济状况使其吸引力降低。〔1〕

类似的趋势在澳大利亚也可以看到。澳大利亚税务办公室发布了一个全面的年度遵从计划（Annual Compliance Arrangement），其表述了它最关心的税收遵从风险，以及应对措施。根据办公室主任的公开演讲，他们认为，大企业和税务机关面临的挑战是如何通过透明和合作创造确定性，而年度遵从计划的目的，就是为这些大企业提供其税法地位的确定性，降低大企业的税法遵从成本，减少被税务稽查和诉讼的风险。〔2〕

---

〔1〕 Chris Evans，“Containing Tax Avoidance：Anti – Avoidance Strategies”，University of New South Wales Faculty of Law Research Series，2008，Paper 40，pp. 14 ~ 15.

〔2〕 M. D'Ascenzo，“Creating the Right Environment：Transparency，Cooperation and Certainty in Tax”，Financial Executives International of Australia Conference，Sydney，19 June 2007，available at http://www. ato. gov. au/corporate/content. asp? doc = /content/85792. htm. Last visiting date 2013 – 03 – 25. Michael D'Ascenzo is the Commissioner of Taxation Financial Executives International of Australia.

目前，我国的预约定价制度取得了一些成效，税务系统也意识到“服务”态度的重要性，在现代税务行政管理上有一些积极的探索。将来可以以反避税管理为突破口，改进征纳关系，提高税法的遵从度，以及法律适用的安定性。

（二）权力的监督与权利的救济

1. 利用税收行政立法程序对税务行政立法进行控制

正如前述，当今社会的权力监督和制衡的手段之一即以程序制约权力，对于授权立法和行政法规制定过程中适用的实质课税原则，可以通过增强行政立法程序的公开化、专业化、科学化等来实现其公共利益与私有部门利益之间的平衡。

20 世纪以来的法制发展表明，随着行政权的扩张和立法权的分化，行政部门的自由裁量权也越来越多，这体现在实质课税原则的适用上更是如此，在实体法上对纳税人的权利进行保护显得力不从心。在这种背景下，发达国家开始强调正当程序，试图通过程度的控制，将行政立法权乃至其他的行政行为加以控制，程序的单独价值也得到彰显。如果通过税收立法程序规范行政立法权，包括从税收立法草案的提出、讨论、审议到通过、公布等全过程规定严格的规则，使一项税收文件从产生之初就得到各种利益诉求的博弈，其合法性与恰当性得到辨明和纠正，从而使实质课税原则所追求的税法正义能够在源头实现。

2. 对行政权行使的监督和救济

权力的监督分为两个层面进行分析。在抽象行政行为的层面，亦即各级行政机关根据法律规定授权制定规则，亦即做出抽象性的税法解释的过程中，应当接受的审查和监督。在宪法具备司法化的国家，不论是法律还是行政法规、部门规章还是规范性文件，都应当接受基于宪法的审查。在我国尽管宪法不具有司法化的功能，但 2014 年修订的《行政诉讼法》，赋予了法院审查国务院部门和地方人民政府及其部门制定的规范性文件的权力，该项制度突破，为法院审查行政部门的解释性文件提供了依据，为税收法治带来全新的面貌。

3. 以程序制约权力

笔者一直在思考，税收法治如何实现？实质正义和分配正义的实现如何与形式正义相协调？以一般反避税规则为典型，所有的研究都在围绕一般反避税规则与税收法定之间的关系，一般反避税规则的原则性与税收法定之间的冲突，或者研究如何界定一般反避税规则，使其能更精准的打击避税行为。恐怕结果仍旧会让人失望。一个立法技术优异的国家，恐怕也无法实现精确界定反避税的适用范围。

如此，有没有可能跳出实体规则之外，寻求另一种解决途径？现代法律的进化历史表明，正当程序作为独立的法律价值，不仅关系到当事人的程序权利，还切实地影响其实体权利义务。税务程序（包括税收诉讼）中，如缺乏合理的程序规则，不仅纳税人的程序权利可能受到侵害，实体的财产权以及正常的经营活动会受到损害，而且，税务机关的税收征管职责之履行也会丧失赖以凭借的手段。因此，程序正义是目前税法中尤其需要关注的问题。通过税务程序及其规则的合理设计，尊重纳税人的程序权利，避免附加过重的程序义务，能较好地平衡征税权与纳税人之间的权力。其中包括税收征管程序的设计，也包括税务救济制度和程序的构建。可见《税收征收管理法》的修订于法治之实现，关系重大。

第六章

我国实质课税原则的现状分析与制度建构

一、现行税收立法中实质课税原则的体现

（一）在法律和行政法规层面的体现

我国税法中尚没有将实质课税确立为一项税法原则，但在一些条文中因为贯彻了实质课税原则的精神而被认为是实质课税原则的体现。目前，在法律和行政法规层面体现实质课税原则的，既有实体法也有程序法，既有流转税法也有所得税法，从内容上看，主要是关于纳税调整以及反避税的规定，也有前述关于纳税主体和归属的规定。

根据学者的考察，实质课税原则立法方面的全部内容，可将其概括为两大类，一是在增值税、消费税、营业税、契税、车辆购置税、土地增值税、个人所得税等实体税法和程序税法方面的规定，这些规定表述不同，但意思相同，其核心意

思可归纳为："纳税人申报的计税依据明显偏低并无正当理由的，税务机关有权力核定其税款"；二是在企业所得税法方面的规定。[1]《企业所得税法》中集中体现实质课税原则的是在第六章以专章规定的"特别纳税调整"，与之相配套的《企业所得税法实施条例》的相关内容，以及国家税务总局制定的一个部门规章《特别纳税调整实施办法（试行）》。这一类都是关于反避税的内容，包括《企业所得税法》上的一般反避税条款，以及特别反避税制度。以致有学者认为，在2008年新《企业所得税法》及其实施条例实施前，实质课税原则见于原《企业所得税暂行条例》、《外商投资企业和外国企业所得税法》及其他法律中的类似内容，都是关于关联交易的纳税调整规定。[2]

1. 部门规章及规范性文件中实质课税原则的贯彻情况

相比较而言，部门规章及规范性文件中有关纳税调整及反避税的规则要丰富而且具体的多。除了为执行或者具体化前述法律、行政法规中的相关条文外，即除反避税的相关内容之外，部门规章及规范性文件中的以下类型的规范值得研究。

（1）关于课税主体的规定。如《增值税暂行条例实施细则》第10条规定："单位租赁或者承包给其他单位或者个人经营的，以承租人或者承包人为纳税人。"《营业税暂行条例实施细则》第11条规定："单位以承包、承租、挂靠方式经营的，承包人、承租人、挂靠人（以下统称承包人）发生应税行为，承包人以发包人、出租人、被挂靠人（以下统称发包人）名义对外经营并由发包人

---

〔1〕 杨萍："关于中国大陆实质课税原则的立法探讨"，载（台）葛克昌、贾绍华、吴德丰主编：《实质课税与纳税人权利保护》，元照出版公司2012年版，第343页。

〔2〕 张晓婷："实质课税原则的制度实现——基于企业所得税法文本的考察"，载《财贸研究》2010年第5期。

承担相关法律责任的，以发包人为纳税人；否则以承包人为纳税人。”这两个条文体现了实质课税原则。[1] 这里的规定，可看作根据实质课税原则对纳税人进行确认。

（2）对于客体的确认方面。如营业税法中关于航空运输业从事“湿租”与“干租”的征税办法规定。根据营业税法的规定：航空运输业从事湿租（指航空运输企业将配备有机组人员的飞机承租给他人使用一定期限，承租期限内听候承租方调遣，不论是否经营，均按一定标准向承租方收取租赁费，发生的固定费用均由承租方负担）业务取得的收入，按“交通运输业”税目征收营业税。而对航空运输企业从事干租业务（指航空运输企业在约定的时间内出租给他人使用，不配备机组人员，不承担运输过程中发生的各种费用，只收取固定租赁费的业务）取得的收入，按“服务业”中的“租赁业”征收营业税。此项规定的依据在于：湿租不仅提供了设备，而且提供了机组人员，实际上提供的是一种交通运输服务；而干租只提供设备，并因此收取费用，实际上是一种设备租赁。因此，有学者认为，税法按照其经济实质对前者按“交通运输业”征收营业税，对后者则按“服务业”中的“租赁业”征收营业税，体现了“实质课税”的原则。[2]

2012 年 11 月 16 日发布，2013 年 1 月 1 日起实施的《财政部国家税务总局证监会关于实施上市公司股息红利差别化个人所得税政策有关问题的通知》（财税［2012］85 号）第 7 条，规定了应认定为转让股票的各种情形。可谓是按照所列举行为的法律权属

〔1〕李刚：《税法与私法关系总论——兼论中国现代税法学基本理论》，法律出版社 2014 年版，第 252 页。

〔2〕李圣军：“谈税收中的‘实质重于形式’”，载《当代经济》2007 年第 9 期（上）。

转移以及经济归属的实质进行判断，是实质课税原则的体现。[1]

（3）非法所得征税方面。根据财政部、国家税务总局2006年1月发布的《关于加强教育劳务营业税征收管理有关问题的通知》（财税［2006］3号），国内学校超过规定收费标准的收费以及学校以各种名义收取的赞助费、择校费等超过规定范围的收入，不属于免征营业税的教育服务收入，一律按照有关税法的规定征收营业税。无论动机和目的如何。一般认为，前述规定在事实上已经认可了对非法或无效行为进行征税的做法。[2]

需要指出的是，以上的概括是不周全的，实际上，税法规范中还有其他体现实质课税原则的规定。

2. 行政解释权与实质课税原则的适用

在我国，秉承大陆法系的传统，法律解释被设计成为一种具有立法意义的重要权力，享有解释权的国家机关对法律文本的解释被赋予了规范性法律文件的效力，因而构成我国重要的法律渊源之一。[3]

行政解释在我国现今的意义有以下两点：首先，在法律规定不明确的情况下，税务机关根据税法的目的和交易的经济实质做出相关税法解释，不仅有助于实现税法目的，而且保证了税法的公平适用。如《国家税务总局关于股份制企业转增股本和派发红

〔1〕 通知所称转让股票包括下列情形：“①通过证券交易所集中交易系统或大宗交易系统转让股票；②协议转让股票；③持有的股票被司法扣划；④因依法继承、捐赠或家庭财产分割让渡股票所有权；⑤用股票接受要约收购；⑥行使现金选择权将股票转让给提供现金选择权的第三方；⑦用股票认购或申购交易型开放式指数基金（ETF）份额；⑧其他具有转让实质的情形。”

〔2〕 刘映春：“实质课税原则的相关法律问题”，载《中国青年政治学院学报》2012年第1期。据笔者了解，一些地方可能并没有根据规定对这一类所得进行征税。

〔3〕 袁明圣：“行政立法权扩张的现实之批判”，载《法商研究》2006年第2期。

股征免个人所得税的通知》（国税发［1997］198 号规定）对于股息的解释就体现了这一原则。其次，借用税法的解释来进行反避税。反避税问题与法律解释的一般原理密切关联。在我国的解释体制下，或者是采用立法解释，或者是采用行政解释、司法解释。无论如何，行政机关基于反避税需要对税法进行目的性解释，实行实质课税原则，是实现税收实质公平的重要手段。

3. 对于我国税收立法中实质课税原则的评价

目前，我国税收法律法规在一定程度上体现了实质课税原则，但是缺乏高位阶法律的明文确认，不能不算是一种遗憾。现行零散的规则也是不完整的，缺乏指导性，是否能够类推相应情形适用也存在疑问。[1] 目前，我国税法急需制定对各税种和税收征管活动具有指导性的实质课税规则，如，对于非法所得课税的规定，对于归属规则的规定（如应税财产和行为应当归属名义持股人还是实质持股人，名义所有人还是实质所有人）以及相关的举证规则等。正如有学者认为，就目前的一些规定来看，如果综合执法状况，来检讨中国实质课税原则方面的现行规定，我国大陆的实质课税原则存在内涵不明确、普适性规定失去作用以及效力层次太低、加大了执法难度等问题。[2]

也有学者认为，我国的立法规定与实质课税原则本身包含的

---

〔1〕 如《国家税务总局关于企业转让上市公司限售股有关所得税问题的公告》（国家税务总局公告［2011］第 39 号）对于限售股中的代持股基于实质课税的理念做了规定，转让限售股收入在名义持股人层面课税，但相关收益在交付给实质投资人时不再课税。对于根据法院确权文书将股权交换给实质投资人的，不按照股权转让征税。但相关规则能否适用于其他股权的代持不无疑问，现实税收执法中在面临这样的案例时则无所适从。

〔2〕 杨萍："关于中国大陆实质课税原则的立法探讨"，载（台）葛克昌、贾绍华、吴德丰主编：《实质课税与纳税人权利保护》，元照出版公司 2012 年版，第 347 ~ 350 页。

经济实质的含义还有一定的距离，因为现有的立法无法解决无效法律行为、违法行为符合税收经济性质的课税问题。立法未能全面确认实质课税原则，或许一方面是担心税收行政权力的膨胀，另一方面是税收行政执法机关适用实质课税原则之力量还不错。[1]不过，前述关于择校费等的规定，已经有所改变，只是这种规定针对的是具体的某项收入，而不具有普遍适用于其他非法收入的效果。此外，我国的反避税规定实际上主要是一种经济实质主义。需要指出的是，就我国现行《企业所得税法》上的反避税规定而言，还存在界定不明确、反避税程序规定不合理等问题，给实质课税原则的适用带来了很多的不确定性。

（二）税收行政执法中实质课税原则的适用

1. 税务执法中适用实质课税原则的简单例证

关于税务行政执法中实质课税原则的适用，以经常被引用的两个案例加以说明。[2]

其一，关于事实认定的案例。在一起营业收入空挂其他单位的案件中，北京一公司利用其关联企业，以该公司没有外汇账号为由，要求交易公司将资金以暂存的形式汇入其关联企业的银行账号，致使款项未进入北京该公司的账内，借以规避营业税和企业所得税的缴纳。税务机关认为该公司的做法，从形式上看似乎并不违反有关的税收法规，但实质上其目的是为了逃避纳税义务，因此根据“实质课税”和“实质重于名目”的原则，根据《税收

〔1〕 刘映春：“实质课税原则的宪政评价与适用界限”，载（台）葛克昌、贾绍华、吴德丰主编：《实质课税与纳税人权利保护》，元照出版公司2012年版，第245页。

〔2〕 刘剑文：“财税法学案例与法理研究”，高等教育出版社2004年版，第155～157页，第222～227页。分别转引自李刚、王晋：“实质课税原则在税收规避治理中的运用”，载《时代法学》2006年第8期；徐阳光：“实质课税原则适用中的财产权保护”，载《河北法学》2008年第12期。

征收管理法》的有关规定，将有关税款追缴入库。

其二，关于无效契约的税法效果的案例。该案中，某酿酒厂与某自然人签订了白酒销售合同，后合同因故被法院确认无效，然而，应返还的财产已经被销售或使用。事后，国税稽查局经举报，查明酿酒厂销售该批白酒时，没有进行纳税申报，因此，国税稽查局认定酿酒厂偷逃增值税和消费税 8 万余元。税务机关除责令酿酒厂补缴税款外，还对酿酒厂处以偷税额 1 倍的罚款。〔1〕

从前述第一个案例看，税务机关根据实质课税原则，可以认为是一种事实认定的实质主义，无论税法是否规定了实质课税原则，都可以根据案件证据材料做出符合真实情况的判断。此外，在这种情况时，可能还存在纳税人是否具有偷税故意的判断，从而会有相应的法律责任。严格意义上而言，可能算不上实质课税原则适用的典型情形。

在后一个案例，是否系无效行为的实质课税原则适用，可以进一步分析。税务机关处以偷税处罚的依据，在于纳税人销售当时没有按照规定进行纳税申报和缴纳税款。在销售当时，税收义务已经成立，申报义务已经发生，如果怠于履行法律义务，存在偷逃税的故意，则构成偷税行为。而应税行为事后无效、撤销的，并不构成免除行政责任的合理理由。而一般而言，对无效行为的课税，如果行为无效或者被撤销后，经济效果仍然保持的，应当按照经济实质上的归属情况进行课税。

除以上案例外，实践中实际上存在大量的适用实质课税原则的反避税案件。如在非居民企业间接转让股权的案例、滥用税收

〔1〕 关于本案的详细评析，参见徐阳光："实质课税原则适用中的财产权保护"，载《河北法学》2008 年第 12 期。

协定的案例等等。[1] 广受争议的，恰恰是反避税领域的税务处理案件。目前，就我国的企业所得税法的反避税执法案件而言，一个很大的原因在于一般反避税规则对于避税行为界定的不明确，以及程序规定的不合理。

2. 税收执法领域实质课税原则适用的问题分析

（1）实质课税原则是目前一些税务执法者用起来非常便捷、“理直气壮”，不需要严格推理和论证的一条“万能”执法理由，从而有被滥用之虞，模糊了该原则适用的边界。多数情况，如果税务执法人员按照现行的法律规则、法理去推理论证，可能并无其适用的空间。反过来说，实质课税原则如果得到法律的确认，在税务工作人员专业背景（法学专业基础欠缺）现实下，将其作为一个简单的推理工具并无不可。

（2）因为缺乏法律层面的明确规定，现行的税收执法结果具有一定的不确定性。除了一般反避税条款外，对于效力瑕疵行为的课税、非法收入的课税等没有统一适用的规范，致使在这些方面的适用，多少取决于税务机关自己的把握和裁量，适用税法的结果具有不确定性，对税务机关而言也面临执法风险不可控的问题。即使在学理上具有依据，根据税收法定原则，理论的指导通常不能替代法律规范成为税收执法的依据。[2]

（3）法律规则层面的不确定性，出现在税收执法领域，尤其

---

〔1〕 如 2008 年 10 月，我国重庆市渝中区国税局裁定对一家新加坡公司间接转让中国居民企业股权征收预提税；2010 年 5 月，江苏省江都市国税局依据“698 号文”征收了间接转让股权非居民税款 1.73 亿。诸如此类案例，都在国内外引起了很大的反响。

〔2〕 当然，在笔者看来，有些所谓没有明确法律依据的问题，实际并不存在。法律自然不可能事无巨细都有对应规定，事实不可能，客观不必要。如果基于法学方法论的分析和逻辑推理能够得出来的结论，交给法院由双方辩驳、法官居中裁决即可，并可形成后来案例的指导。对于税务执法机关而言，随着行政诉讼的增多，法院对税案介入越深，重视执法文书的充分、严谨说理，将是控制执法风险、执法规范化的必由之路。

体现在反避税工作中。税务机关较大的自由裁量权对纳税人权利来说是重大隐患，显示了适用实质课税原则的经济观察法要非常注重程序构造和条件限制的重要性。

首先，我国《企业所得税法》及实施条例一般反避税条款对于避税行为界定非常宽泛，仅仅以不具有合理的商业目的为标准，很难排除合法的节税行为，而合法节税行为和避税行为的界分根本在于二者是否符合法律的目的。尽管为了解决一般反避税条款结果的不确定性，2009 年国家税务总局制定的《特别纳税调整实施办法（试行）》第 92 条列举了启动一般反避税调查的几种滥用行为，诸如滥用税收优惠、滥用税收协定、滥用公司组织形式等等，且第 93 条规定税务机关应按照实质重于形式的原则审核企业是否存在避税安排，综合考虑安排的形式和实质，安排订立的时间和执行期间等等。然而，并没有明确什么是“滥用”行为。根据大陆法系的反避税实践，避税行为的概念实际上等同于税法上的滥用行为，从这个角度上讲，第 92 条的规定不免有循环定义的嫌疑。而且，第 93 条规定的考察标准，尽管列举多项，但是如何考虑，标准是什么，应当如何判定，又是一个未知答案。

其次，在适用纳税调整的程序规定上，对于纳税人分配的协力义务也过多，不符合比例原则，不利于纳税人在反避税程序中与税法机关进行辩驳和维护权利。根据《特别纳税调整实施办法（试行）》第 95 条规定，[1] 税务机关启动一般反避税调查后，企业应在一定的时间内提供资料证明其安排具有合理的商业目的。

[1] 税务机关启动一般反避税调查时，应按照《税收征收管理法》及其实施细则的有关规定向企业送达《税务检查通知书》。企业应自收到通知书之日起 60 日内提供资料证明其安排具有合理的商业目的。企业未在规定期限内提供资料，或提供资料不能证明安排具有合理商业目的的，税务机关可根据已掌握的信息实施纳税调整，并向企业送达《特别纳税调查调整通知书》。

企业没有在规定期限内提供资料，或提供资料不能证明合理商业目的的，税务机关可根据已掌握的信息实施纳税调整。如果结合反避税的构成要件规定不明确，构成要件举证责任分配不明确的事实，即使是反避税程序启动需要经过国税总局批准，仍然存在很大的不确定性，而一旦程序启动，纳税人的协力义务对其应纳税额的确定具有决定性的影响。从这个角度看，纳税人在反避税程序中实际上承担了过多的举证责任。

（4）我国税务行政管理尚缺乏服务和法治理念以及先进的制度。尽管目前税务系统在大力宣传，试图树立起服务的理念，从笔者参加的基层调研情况看，效果并不明显，尤其是在基层的税务机关，“服务”和“法治”并没有成为一种有意识的行为，更难称为一种理念。一些信函裁决制度，以及对外的批复制度，税法遵循度管理等有待推进。如果缺乏税务行政领域的制度相匹配，一般反避税条款或者说实质课税原则在税法解释与适用中所固有的不确定性将不能得到合理消减。

二、我国实质课税原则适用之权力构建与规范——以反避税中的适用为例

如第五章所述，实质课税原则的适用从根本上看是一个税权的横向分配和制衡问题，该章也明确了关于该种权力分配的基本规则，这些基本规则，需要结合我国的现行政治管理体制以及行政管理体制进行构建。因为反避税中实质课税原则的适用具有典型性，以下仍然以反避税规则，尤其是我国《企业所得税法》上的一般反避税规则为主来展开。

（一）我国税权横向分配现状

1. 我国没有完整意义上的税收法定原则

关于我国税权的横向分配方面，首要的事实是，我国没有完

整意义上的税收法定原则。税收法定原则是体现分权思想的民主原则和法治原则在税法上的贯彻，具有宪法的高度，各国通常在宪法中予以规定。而我国《宪法》中关于税收负担仅有一个条文，即第56条规定，公民有依照法律纳税的义务。有观点认为，从这一条可以推导出税收法定原则。尽管有所牵强，反推公民没有依照“法律”之外的规范纳税的义务，似乎也不失为暗度陈仓式的进化。如没有正式的解释文件，可能争议较大，不利于约束政府的征税权。此外，《税收征收管理法》第3条规定，税收的开征、停征以及减税、免税、退税、补税，依照法律的规定执行；法律授权国务院规定的，依照国务院制定的行政法规的规定执行。因此，这个规定最多只能体现税收法定原则所要求的“征税合法性原则”。

作为宪法性文件的《立法法》第8条规定，国家的基本税收法律制度应当由全国人大或者其常委会制定，但是该法第9条同时规定，在法律没有规定时，可以授权国务院制定。2015年3月15日第十二届全国人民代表大会第三次会议通过的《全国人民代表大会关于修改〈中华人民共和国立法法〉的决定》，在原第8条增加一项，作为第六项：“（六）税种的设立、税率的确定和税收征收管理等税收基本制度。”至此，“税收法定原则”以一种残缺的形式正式为宪法性法律所确立。[1]税率法定之后，对行政机关是否有所约束，多大的约束，目前难以确知，从事后财政部等对燃油税、卷烟税消费税税率的调整看，《立法法》的条文并没有起到

---

〔1〕税收法定原则被党政文件认可，取得主流话语地位后，其法律地位的命运可谓多舛。立法法二审稿中原有征税对象、计税依据、税率等基本课税要素法定的条文，然而最终的审议稿不见其踪影，最终在学者的努力下，有限逆袭。参见冯禹丁：“立法法‘税收法定’修订逆转背后”，载 http://finance.ifeng.com/a/20150320/13569382_0.shtml，最后访问日期：2015年6月6日。这段“轶事”，定会成为税收立法史乃至法治史的重要一笔。

任何作用。

2. 税收立法权事实上由国务院以及所属财税部门行使

根据《立法法》第 9 条的规定，国家的基本税收制度，在法律没有规定时，全国人民代表大会及其常务委员会有权作出决定，授权国务院可根据实际需要，对其中的部分事项先行制定行政法规。目前，备受争议的，正是国务院在税收领域的授权立法。

据考察，1984 年的税改时，经国务院建议，1984 年 9 月 18 日第六届全国人民代表大会常务委员通过决定，授权国务院在实施国有企业利改税和改革工商税制的过程中，拟定有关税收条例，以草案形式发布试行，再根据试行的经验加以修订，提请全国人民代表大会常务委员会审议。该决定中，还明确国务院发布试行的以上税收条例草案，不适用于中外合资经营企业和外资企业。这次授权，在授权的目的、范围等方面，比较明确。因此，尽管根据严格的税收法定主义不尽如人意，但仍可认为税收法定主义在一定程度上得到坚持。[1] 到 1994 年税制改革，国务院制定的一系列税收暂行条例，没有再行取得全国人大或其常委会的授权。对于这次的立法活动，是否能够仍然依据 1984 年的授权取得正当性，则存在疑问。

除了各税种法由国务院制定条例外，财政部和国家税务总局制定了大量的执行性和解释性的规章、规范性文件。无论从数量看，还是从在执法中的重要性来看，这些规则和规范性文件基本上成为主要的税收执法依据。部门立法的弊端，已经显露出来。

3. 目前的立法机关的机构设置及立法技术离税收法定主义的实现有距离

无论是三千多人之众的全国人大，还是人大常委会，机构设

---

〔1〕 张守文：“论税收法定主义”，载《法学研究》1996 年第 6 期。

置离行使真正意义上的税收立法权的距离仍然很大。尽管2013年的全国人大会议，有代表提出将税收立法权收回全国人大，但在现有的体制下，如果税法草案仍然需要依赖财税部门之手起草，立法和审议不能科学化和细化的话，纵使形式上实现了所谓的“税收法定”，笔者断言，其运行效果仍然有限。〔1〕至于税收法定原则应该在形式上推行到何种程度，是否于授权立法、行政机关制定规章不留空间，在高呼“税收法定”的同时，需要谨慎而客观地研究。

4. 税权的行使缺乏来自宪政层面的监督

我国政治体制的设置并不能按照西方法治国家的权力分立和制衡模式进行评判，宪法上更是没有关于税收法定原则的规定。此外，最重要的一点，我国没有司法审查制度，致使现行立法中，甚至是行政立法、规章中的规定，也没有有效的途径进行违宪审查。《立法法》的确规定了法律审查权限，或许这能够成为切实运用作为中国特色的法律审查制度。

概言之，我国离税收法治的状态尚有很大的距离。一方面，我们不能简单批评现在的税收立法违背税收法定原则，毋宁仅能按照法治的应然来评判；另一方面，需要研究如何在追求税收法定原则的同时，基于现有税权分配的状况实现税法的实质公平。

（二）我国实质课税原则的确立与适用

1. 应由法律确立实质课税原则

实质课税原则应在狭义的法律层面确立。包括由法律明确规定实质课税原则适用的行为类型、适用方法和程序等，更是要在立法中体现实质课税的原理，在选择课税对象，确定纳税主体等进行合理的设定，并且确立一些税收客体归属的规则等，以便给

〔1〕 饶值玩味的是，“传言”营改增之际，立法机关有关人士有意将增值税立法纳入日程，但因缺乏专业人员而作罢。

税收执法提供更为确定的指引。鉴于实质课税原则之适用与税法的解释和适用密切相关，因此，税法还应当明确税法解释和适用的原则和方法，以及方法的选择。前述内容可以在一个统摄全部税种的一般法中进行规定。就具体的内容而言，考虑到不同的税种中，实质课税所要处理的问题可能会有些差异，因此可以在个体的税种法中加以具体化，一般法的规定不仅是对个体税种法规定的指导，也是税收执法的最后依据。这样既能够使实质课税原则的运用因为有具体的法律条款可以遵循，也可以让实质课税原则的滥用因不在法律的具体授权范围内而得以遏制。〔1〕

具体到反避税领域，关于避税行为的概念和构成要件，反避税的程序，也构成行政立法及解释的标准和边界，应当由法律或者至少在国务院的行政法规中加以尽可能详尽的规定，作为反避税执法的依据。尽管避税行为本身的特征决定，要实现有力度地反避税，必然要求法律的目的解释，从而不可避免的给予税务机关裁量权。然而，如果能在法律上明确避税的概念，构成要件，举证责任，协力义务分配的合理规则，则税务机关权力的行使就有一个比较明确的框架，以及司法机关也将取得评判行政权力行使是否合法、合比例性的标准，而对于纳税人而言，这也构成法律对避税行为的基本态度，从而使其能够大体预测自己交易行为的税法后果。

2. 合理利用授权立法

美国的税收法典中，有大量的授权条款，如授权财政部针对滥用合伙税制的行为设定反避税规则等。也如前文所述，授权立法，在现代社会是必需的，具有正当性和必要性。对我国这样一

〔1〕 张晓婷：“实质课税原则的制度实现——基于企业所得税法文本的考察”，载《财贸研究》2010 年第 5 期。

个转型期国家而言，则尤其具有价值。根据税收法定原则的要求，如果能够明确授权的范围、内容和目的，以及授权的监督，则授权立法行为能够为实现税法的实质正义发挥更大的作用。

3. 规范行政立法权与解释权的行使

为了使实质课税原则的适用更具有确定性，也为了使税法规则的供应及时、有效，我国的国务院，以及履行财税职能的财政部、国家税务总局可以在宪法和法律的框架下，遵循税法之原则和精神，就具体事项的法律适用问题发布规则，甚至必要时在税法目的范围内，填补法律漏洞。但是这种漏洞的填补，不得超出税法规定的税收构成要件，如税收主体、税收客体、客体的归属规则等。如在美国，最高法院认为，即便国会对行政机关没有明确的行政立法授权，但是从行政机关的一般职权和其他制定法可以推定，行政机关有权就法律中的含混之处和法律漏洞，发表具有法律效力的观点。最近，最高法院又重申，为了执行宪法赋予行政机关的行政权力，行政机关有权就法律中的空白和漏洞，制定政策和规则。只要这些政策和规则符合合理性的要求，就应被法院视为具有法律效力。〔1〕

例如，在反避税领域，为了执行《企业所得税法》中的一般反避税规则，一方面保护国家的税收利益，另一方面，对纳税人提供一个更为确切的预期，国家税务总局《特别纳税调整实施办法（试行）》可以将列举的避税类型细化和具体化，以便给地方税务机关提供更为明确的标准，也给自己在一般反避税程序中的启动审批权提供更为准确的坐标。如南非税收局试图将避税方案的特点归纳出多点：①缺乏商业实质的行为（通常是预先安排的循

〔1〕 张杨、崔威："美国联邦税收体系中规范性文件的使用及其对我国实践的启发"，载施正文主编：《中国税法评论》（第1辑），中国税务出版社2012年版，第174页。

环交易或者自我抵消交易的结果）；②利用税负不敏感的资金融通当事人或者特别目的的主体；③采取不必要的步骤和复杂模式；④在税法处理和会计处理的不一致；⑤过高的交易费用等。尽管这种尝试不能穷尽所有的避税行为，税务机关仍然可以通过适时捕捉常用的、新兴的避税方案，进行整理、发布，给税务机关以启动避税行为的基本标准和初步的判断指标，从而也可以给纳税人对照交易安排是否能被接受的指导。

4. 建立有效的审查制度

毫无疑问，行政机关通过行政立法权的行使，在填补了立法空白的同时，也为国家立法积累了丰富的立法经验。但是，同样不容否认的是，行政立法权的日益扩张，其负面影响也是显而易见的：最重要的一点是，行政权对立法权的不断扩张和渗透，必然形成对国家立法权的侵消，造成立法权的旁落。历史经验和理论研究表明，现代法治的精髓是控制国家，控制权力。在这种情况下，来自司法的审查就属必须。

我国现有的法律框架实际上已经提供了法院对税务机关行政立法权和解释权的审查途径。同时，该途径或者制度架构是有限的，因为能够审查的仅仅限于规范性文件，而不能对大多数的行政法规、部门规章进行审查。改善的方案，必须而且只能是在完善现有的司法审查制度的基础上，提高法院的地位和独立性。

此外，现有的税法“司法化”〔1〕程度非常之低，大多数应当

〔1〕 这里说的司法化，是指大量的税法案件能够进入司法环节，从而使税法能够在司法机关得到解释和适用，成为司法的依据，而不仅仅是执法的依据。这在法治国家自是平常不过的，但是在我国却需要专门关注和推动。笔者一直在思考这个问题，曾经试图就税法的司法化相关的法律规则和程序规则进行系统研究。目前，因为我国税务行政诉讼案件非常之少，税法的解释和适用主要是在税务行政阶段完成，从而影响了税法本身的“法律实证”方向的发展。

或者能够进入法院程序的案件在庭外化解或者被迫化解。税法“司法化”对税收法治而言，是意义非凡的，体现在以下几个方面：首先，税法司法化，税法行政案件大量进入法院系统，有助于纳税人权利的救济和税务机关执法的规范、合法化。其次，有助于税法本身的发展。通常而言，法律本身和法理的发展是与“疑难案件”密切相关的，很多的法学家也乐于通过分析疑难案件去检验和发展法学理论。[1]最后，税法案件的审理，有助于宪政精神的提炼和纳税人意识的提升。

除了来自法院的审查。税收立法程序本身的设计，以及制度内的监督，也是一种可以选择的路径。为了对行政权力进行制约和限制，可以加大对行政机关规则制定程序的公开和公示要求，增加利益相关者的异议程序和听证程序，以公众的智慧和力量提供抗衡力量。不仅如此，在法律草案的起草与审议过程中，也应当增强公开和透明度，为了弥补部门草案的弊端，可以通过同时委托专家起草草案的方式，确保利益的中立性，减少部门利益的渗透。

目前，现有的法律体系下，并不缺乏“体系内”的审查机制。如《立法法》第87条规定，法律、行政法规、地方性法规、自治条例和单行条例、规章有该条所列的诸种情形时，有权机关有权予以改变或者撤销。这些情形包括：①超越权限的；②下位法违反上位法规定的；③规章之间对同一事项的规定不一致，经裁决应当改变或者撤销一方的规定的；④规章的规定被认为不适当，应当予以改变或者撤销的；⑤违背法定程序的。从所列举的情形看，能够审查的对象和情形都比较有限。从该法第88条规定的审

---

〔1〕如我国台湾地区王泽鉴教授的《民法学说与案例研究》集实务与理论于一体，被称为民法学上的经典之作。

查权限看，主要是上级机关对下级机关的“系统内部”纠正机制，而不是一种严格意义上的司法审查机制。在未来的改革中，可以将审查对象扩展至所有类型的具有一般效力的文件，赋予公民或者法律职业者提请有关机关对相关文件进行审查的权利，立法机构或者甚至行政机构有义务在这种申请下，启动审查程序。

尽管存在诸多缺陷，笔者对目前的《立法法》、《行政诉讼法》的现有制度寄予厚望，期待正在睡眠中的权利条款被纳税人的诉讼、律师和专家学者的推动而得以苏醒，并在运行中逐步完善。有限条件中无限积极办事，也不失为一种态度和方法。

三、税法通则确立实质课税原则的建议

（一）税法通则规定实质课税原则的必要性及意义

税法通则是目前各国税法法典化进程中的一种模式。在税法通则中就税法的宗旨和精神、基本原则、基本制度等作出明确、权威的规定后，可以为税法实施中正确进行税法解释和适用提供基本的法律准则，这对于保证和监督征税权的理性行使，维护纳税人的权益，提高税收执法和司法的公正性，实现税收正义，具有重要意义。[1]税法通则中规定实质课税原则已经被主流学者所肯定。[2]在税法通则中对实质课税原则的适用对象、适用方法、适用程序等做出规定，不仅可以指导各税种法的立法，还可以为税法的解释和适用提供依据和规范，从而减少实质课税原则对税收法定原则的损害。

目前，制定税法通则的国家，大多在通则中规定了实质课税原则。如德国1977年的《税收通则》第39条至42条就是对实

〔1〕 施正文：“程序法治与税收正义”，载《法学家》2004年第5期。

〔2〕 施正文、徐孟洲：“税法通则立法基本问题探讨”，载《税务研究》2005年第4期。

质课税原则的规定。韩国《国税基本法》第二章第一节规定“国税征缴的原则”，第二节则规定“税法适用的原则”即税法解释的原则。第一节“国税征缴的原则”下第14条以“实质课税”为标题规定：①称为课税对象的所得、收益、财产、行为或交易之归属仅仅是名义而事实上另有归属人时，以事实上的归属人为纳税义务人并适用税法；②税法中关于计算课税标准的规定不要拘于所得、收益、财产、行为或交易名称或形式，按实质内容适用之。〔1〕

（二）税法通则应规定实质课税原则的基本内容

税法通则中关于实质课税原则的内容主要包括几个方面：①关于税收主体的确定，②关于税收客体的归属规则；③关于效力瑕疵行为的课税；④对于反避税适用实质课税原则的条件和程序进行规定。至于具体的立法规则应当在整个法律体系、税法体系中，权衡法律运行之客观背景斟酌制定。笔者基于本书前列章节的理论分析并结合我国的情况，对应由税法通则，或者其他替代性法律确定的基本内容做粗浅建议，以为全书的结语。

1. 关于税收主体的规定

根据税法规定，直接负有纳税义务的自然人、法人或者其他组织为纳税人。纳税义务的承担不以取得民事主体资格为必要，税法另有规定的除外。

2. 关于税收客体的归属

财产归属于财产所有人。名义上的所有人之外，另有实际所有人的，则归属该实际所有人依其的规则课税。有关该实际所有人之存在，应由主张者承担举证责任。财税主管部门可以确定在

〔1〕 陈龙山：《外国经济法：韩国》（第1卷），吉林人民出版社、中国经济法制音像出版社1991年版，第269页，转引自许安平：“避税及其法律规制（实质课税原则）辨析”，载《美中法律评论》2007年第2期。

名义持有环节课征、缴纳税收，但在已税收益交付实际所有人时不得再行重复课税。在信托关系中，除另有规定外，经济财产归属于信托人。

3. 效力瑕疵行为的课税

法律行为自始无效、嗣后归于无效，或者被撤销，而当事人仍使其经济效果发生的，并保有经济效果的，不影响其所负的纳税义务。

法律行为自始无效或嗣后归于无效，或者被撤销的，纳税人有权根据经济效果之返还结果请求税务机关返还已纳税款。纳税人应就法律行为的无效、被撤销而导致经济效果的返还负举证责任。

法律行为或事实行为，通常不因其违反法律、行政法规的强制性或禁止性规定，或违背公共秩序或善良风俗，而影响其所负的纳税义务。

4. 伪装行为的课税

虚伪行为和事实，以被隐藏的法律行为或者事实确定纳税义务。纳税人故意以虚假的行为或者事实掩盖已经发生的纳税义务的，少缴或者不叫应纳税款的，是为逃税。纳税人故意以虚伪的行为和事实为纳税申报，多交税款的，纳税人在纳税二年后以应税事实不存在请求退税的，不予准许。

5. 税法的解释和适用原则

税法的解释应当采用文义解释、体系解释方法为主，但解释的结果不得明显违背法律的目的及税法原则。在文义解释、体系不能取得符合法律目的及量能负担原则的结果时，应当斟酌经济含义，按照税法的原则和目的妥善进行。

6. 一般反避税条款中实质课税原则的规定

纳税人不得滥用法律而规避纳税义务。纳税人滥用法律时，税务机关有权根据与经济事实相当之法律形式进行纳税调整。

前所称的滥用法律，是指纳税人以减少、免除或者推迟缴纳税款为主要目的，采取非常规的形式，导致税收利益的不当取得，而给予其该等税收利益将违背法律的目的。但是，如纳税人能够证明所选择的法律形式具有税法以外的其他合理目的，且就整体情形判断，该目的具有相关性，则本条不得适用。

纳税人滥用法律行为的存在，除法律法规另有规定，应由税务机关承担举证责任。

结　论

本书所称的实质课税原则是根据纳税人的实际负税能力进行课税的税法原则，包括法律的实质主义、经济的实质主义，以及事实认定的实质主义。实质课税原则关系到纳税主体之认定以及税收客体的确定和归属。此外，在避税措施之否认方面，实质课税原则有很大的实用价值，是现代社会解决税法形式正义的不足、贯彻税法实质正义的重要手段。

本书认为，实质课税原则具有深厚的理论基础和正当性依据，它存在的根本原因在于体现税法形式正义的税收法定原则具有先天的不足。而在税收国家，税收的正当性不仅仅在于“依法”课征，还在于税收制度及税法本身符合实质正义之要求，其中以量能课税原则为主要内容。

关于实质课税原则的税法地位，本书认为，实质课税原则是一项独立的税法原则，贯穿于税收立法、执法和司法全过程，其目标是实现税收分配正义和税法实质正义，矫正和补助税法形式正义的缺陷和局限性。实质课税原则的独特性和重要地位主要在于税法的适用和解释。实质课税原则适用于税收要件的确定和选择，并且因税收效率的考虑可以排除适用。

本书重点以一般反避税规则为例，比较研究了各国一般反避税规则及反避税制度，尤其是欧盟的反避税规则，在此基础上提出了实质课税原则适用的条件、程序，以期为实质课税原则的适用设定限制和规则。并通过税收程序中适用方法的研究，为实质课税原则在税务执法中的适用提供较为切实可行的指引，解决现今税务执法中实质课税原则适用的随意性。

关于实质课税原则与税收法定原则的潜在矛盾。本书认为，实质课税原则并不必然与税收法定主义相冲突。现代社会的税收法定主义在控制“法律保留”的同时，允许授权立法。实质课税原则适用的广度与深度从根本上说是税收权力的横向分配问题，现代社会行政权扩张或者和授权立法具有必要性，因此，我们主张在现有的宪法及法律框架下，谨慎的适用实质课税原则。并将“实质课税”作为一种课税方法，体现于税收立法中。同时，为了满足税法对实质正义的需求，在现有的法律框架下，有权机关可以利用税收法规、规章、规范性文件等形式，于行使法规和规章制定权、法律解释权的过程中贯彻实质课税原则，为经济社会及时提供明确、透明和符合实质正义要求的规则。

实质课税原则对法的安定性的威胁可以得到合理消减，达到可以接受的程度。除了在法律层面细化实质课税原则的适用对象、方法和程序外，一方面，行政立法权和解释权能够按照法律设定的框架和原则，对相关规则进行具体化和细化，及时对新的交易行为和交易方式的税法后果做出解释，以提供明确的规范预期，另一方面，现代法治的新发展及税务管理的新举措能够优化征纳关系，及时为纳税人提供税法的理解和交易安排的税法后果。从而，从税法的一般解释与适用规则的制定，到特定纳税人特定行为的税法后果的预先裁定，一般和特殊的配合，使实质课税原则的适用结果能够尽可能地做到可以预期。

税务机关适用实质课税原则的自由裁量权问题，本书主张对税法执行中适用实质课税原则的经济观察法设定严格的条件要求，通过程序的控制，内、外部的监督等进行制约；加大“税法司法化”，让法院在平衡法的价值以及保护纳税人方面发挥作用。

在本书的最后分析了我国税权横向分配的现状，在目前的政治体制、行政管理体制基础上，提出了实质课税原则在我国税法中贯彻的路径，对税法通则有关实质课税原则的内容，提出了建议。

参考文献

一、中文文献

（一）中文著作

1. 施正文：《税法要论》，中国税务出版社 2007 年版。

2. 施正文：《税收债法论》，中国政法大学出版社 2008 年版。

3. 施正文：《税收程序法论——监控征税权运行的法理与立法研究》，北京大学出版社 2003 年版。

4. ［日］金子宏：《日本税法》，战宪斌、郑林根等译，法律出版社 2004 年版。

5. ［法］孟德斯鸠：《论法的精神》（上册），张雁深译，商务印书馆 1961 年版。

6. ［英］洛克：《政府论》（下篇），叶启芳、瞿菊农译，商务印书馆 1964 年版。

7. ［日］北野弘久：《税法学原论》，陈刚、杨建广等译，中国检察出版社 2001 年版。

8. ［美］约翰·罗尔斯：《正义论》，何怀宏、何包钢、廖申白译，中国社会科学出版社 2009 年版。

9. 刘隆亨主编：《以法治税简论》，北京大学出版社 1989 年版。

10. 刘剑文：《财税法专题研究》，北京大学出版社 2007 年版。

11. 刘剑文、熊伟：《税法基础理论》，北京大学出版社 2004 年版。

12. 刘剑文主编：《WTO 体制下的中国税收法治》，北京大学出版社 2004 年版。

13. 张松：《税法学》，高等教育出版社 2005 年版。

14. 滕祥志：《税法实务与理论研究》，法律出版社 2008 年版。

15. 张守文：《税法原理》，北京大学出版社 2004 年版。

16. 张馨：《财政公共化改革：理论创新·制度变革·理念更新》，中国财政经济出版社 2004 年版。

17. 熊伟主编：《税法解释与判例评注》（第 1 卷），法律出版社 2010 年版。

18. 熊伟主编：《税法解释与判例评注》（第 4 卷），法律出版社 2013 年版。

19. 熊伟主编：《税法解释与判例评注》（第 5 卷），法律出版社 2014 年版。

20. 熊伟：《美国联邦税收程序》，北京大学出版社 2006 年版。

21. 萧公权：《萧公权文集：政治多元论——当代政治理论研究》，周林刚译，中国人民大学出版社 2014 年版。

22. 滕祥志：《税法实务与理论研究》，法律出版社 2008 年版。

23. 李刚：《税法与私法关系总论——兼论中国现代税法学基本理论》，法律出版社 2014 年版。

24. 瞿同祖：《中国法律与中国社会》，商务印书馆 2010 年版。

25. 黄士洲：《税收诉讼的举证责任》，北京大学出版社 2004 年版。

26. 杨仁寿：《法学方法论》，中国政法大学出版社 1999 年版。

27. 卢立秋：《行政诉讼举证责任》，中国政法大学出版社 2001 年版。

28. 王学辉：《行政诉讼制度的比较研究》，中国检察出版社 2004 年版。

29. 白彦锋：《税权配置论——中国税权纵向划分问题研究》，中国财政经济出版社 2006 年版。

30. 许善达等:《中国税权研究》,中国税务出版社 2003 年版。

31. 陈夏红主编:《思想的交锋——法大学术访谈录》(第 1 辑),中国政法大学出版社 2007 年版。

32. 施正文主编:《中国税法评论》(第 1 辑),中国税务出版社 2012 年版。

33. 施正文主编:《中国税法评论》(第 2 卷),中国税务出版社 2014 年版。

34. 刘剑文主编:《财税法论丛》(第 5 卷),法律出版社 2004 年版。

35. 刘剑文主编:《财税法论丛》(第 9 卷),法律出版社 2007 年版。

36. 刘天永主编:《中国税法疑难案件解决实务》,法律出版社 2014 年版。

37. 魏高兵:《合同的税法评价》,立信会计出版社 2014 年版。

38. 俞敏:《税收规避法律规制研究》,复旦大学出版社 2012 年版。

39. (台)黄茂荣:《法学方法与现代税法》,北京大学出版社 2011 年版。

40. (台)黄茂荣:《法学方法与现代民法》,法律出版社 2007 年版。

41. (台)陈清秀:《税法总论》,元照出版公司 2010 年版。

42. (台)葛克昌、贾绍华、吴德丰主编:《实质课税与纳税人权利保护》,元照出版公司 2012 年版。

43. (台)葛克昌:《税法基本问题(财政宪法篇)》,北京大学出版社 2004 年版。

44. (台)葛克昌:《国家学与国家法——社会国、租税国与法治国理念》,元照出版公司 1996 年版。

45. [美] 罗伊·罗哈吉:《国际税收基础》,林海宁、范文祥译,北京大学出版社 2006 年版。

46. [美] 亚历山大·汉密尔顿、约翰·杰伊、詹姆斯·麦迪逊:《联邦党人文集》,张晓庆译,中国社会科学出版社 2009 年版。

47. 《德国租税通则》,陈敏译,台湾地区“财政部”财税人员训练所 1987 年 3 月印。

48. [法] 托克维尔:《旧制度与大革命》,冯棠、于振海译,商务印书馆 1992 年版。

49. ［英］弗雷德里希·奥古斯特·哈耶克：《通往奴役之路》，王明毅、冯兴元译，中国社会科学出版社 1997 年版。

50. ［美］查尔斯·亚当斯：《善与恶——税收在文明进程中的影响》，翟继光译，中国政法大学出版社 2013 年版。

51. ［美］约瑟夫·熊彼特：《经济发展理论》，商务印书馆 1990 年版。

52. ［美］康芒斯：《制度经济学》（上），商务印书馆 1962 年版。

53. ［美］康芒斯：《制度经济学》（下），商务印书馆 1962 年版。

（二）中文论文

1. 施正文："论税法的比例原则"，载《涉外税务》2004 年第 2 期。

2. 施正文、徐孟洲："税法通则立法基本问题探讨"，载《税务研究》2005 年第 4 期。

3. 施正文："程序法治与税收正义"，载《法学家》2004 年第 5 期。

4. 郝琳琳："信托所得课税规则研究"，载《中央财经大学学报》2011 年第 7 期。

5. 徐孟洲："论税法原则及其功能"，载《人大复印资料（经济法学劳动法学）》2000 年第 12 期。

6. 许安平："避税及其法律规制（实质课税原则）辨析"，载《美中法律评论》2007 年第 2 期。

7. 叶姗："实质课税主义的理论价值确证"，载《学术论坛》2006 年第 2 期。

8. 刘尚华："浅议税收规避和实质课税原则"，载《知识经济》2012 年第 1 期。

9. 侯作前："从税收法定到税收公平：税法原则的演变"，载《社会科学》2008 年第 9 期。

10. 杨趣玲："论我国融券交易中'补偿费用'的税收路径选择——以实质课税原则为研究视角"，载《广东广播电视大学》2011 年第 4 期。

11. 刘剑文、丁一："避税之法理新探（上）"，载《涉外税务》2003 年第 8 期。

12. 刘剑文、丁一："避税之法理探析（下）"，载《涉外税务》2003 年第 9 期。

13. 郑仁荣、梁伟："避税问题的法律思考"，载《商业研究》2002 年第 17 期。

14. 刘剑文："非法未必不征税"，载《中国税务》2006 年第 4 期。

15. 刘尚华："浅议税收规避和实质课税原则"，载《知识经济》2012 年第 1 期。

16. 刘映春："实质课税原则的相关法律问题"，载《中国青年政治学院学报》2012 年第 1 期。

17. 张晓婷："实质课税原则的制度实现——基于企业所得税法文本的考察"，载《财贸研究》2010 年第 5 期。

18. 李圣军："谈税收中的'实质重于形式'"，载《当代经济》2007 年第 9 期（上）。

19. 陈兴良："形式与实质的关系：刑法学的反思性检讨"，载《法学研究》2008 年第 6 期。

20. 王慧："试论税法的谦抑性"，载《税务研究》2011 年第 2 期。

21. 苏宏斌："形式何以成为本体——西方美学中的形式观念探本"，载《学术研究》2010 年第 10 期。

22. 赵宪章："形式美学：中国与西方"，载《文史哲》1997 年第 4 期。

23. 孙良国："从形式主义到实质主义——现代合同法方法论的演进"，载《华东政法大学学报》2007 年第 5 期。

24. 赵岩："有关法国反法律滥用制度的分析及启示"，载《涉外税务》2006 年第 12 期。

25. 金加友："谈实质重于形式原则及其应用"，载《财会月刊》1996 年第 9 期。

26. 张守文："论税收法定主义"，载《法学研究》1996 年第 6 期。

27. 周华伟："西方税收公平思想及其对我国的启示"，载《税务与经济》1996 年第 4 期。

28. 朱大旗："论税法的基本原则"，载《湖南财经高等专科学校学报》1999 年第 4 期。

29. 徐阳光："实质课税原则适用中的财产权保护"，载《河北法学》2008 年第 12 期。

30. 张恒山："'法的价值'概念辨析（之一）"，载《中外法学》1999 年第 5 期。

31. 李德顺："'价值'与'人的价值'辨析"，载《天津社会科学》1994 年第 6 期。

32. 卓泽渊："法的价值的诠释"，载《苏州大学学报（哲学社会科学版）》2005 年第 5 期。

33. 孙国华、何贝倍："法的价值研究中的几个基本理论问题"，载《法制与社会发展》2001 年第 4 期。

34. 张骐："论法的价值共识——对当代中国法治进程中一个悖论的解决尝试"，载《法制与社会发展》2001 年第 5 期。

35. 张守文："差异性分配及其财税法规制"，载《税务研究》2011 年第 2 期。

36. 丛中笑："税收国家及其法治构造"，载《法学家》2009 年第 5 期。

37. 刘剑文："分配正义与财税法治"，载《涉外税务》2011 年第 6 期。

38. 施正文："分配正义与个人所得税法改革"，载《中国法学》2011 年第 5 期

39. 张东："分配正义与收益公正分配"，载《法学论坛》2012 年第 1 期。

40. 欧阳景根："分配正义、权利正义与权力的正当性——从司法审查的视角看罗尔斯与诺齐克的正义之争"，载《文史哲》2006 年第 3 期。

41. 汤剑波："分配正义的三重幻象：哈耶克批判的路径"，载《南京社会科学》2009 年第 3 期。

42. 刘继虎："论形式转移不课税原则"，载《法学家》2008 年第 2 期。

43. 袁明圣："行政立法权扩张的现实之批判"，载《法商研究》2006 年第 2 期。

44. 崔皓旭："对国家征税权进行宪法约束之必要性探讨"，载《廊坊师范学院学报》2006 年 1 期。

45. 李茜、韩瑜："《企业所得税法》一般反避税条款评析"，载《涉外税务》2008 年第 8 期。

46. 张生堰："美国独立和建国时期的国家收入问题探析——兼述汉密尔顿的国家征税权思想"，载《暨南学报》（哲学社会科学版）2012 年第 5 期。

47. 刘丽："税权的宪政解读：概念重构抑或正本清源"，载《湖南大学学报》（社会科学版）2011 年第 11 期。

48. 傅子恒："发达国家税权划分模式与完善我国分权制之浅见"，载《现代财经》（天津财经大学学报）2010 年 12 期。

49. 朱维究："论中央行政立法的权限——对宪法第 89 条规定的理性思考"，载《行政法学研究》1995 年第 3 期。

50. 李旭鸿："试论税收立法权"，载《税务研究》2011 年第 11 期。

51. 董炯："权利至上、制度设计及其运作（之一）——行政权与公民权平衡中的行政法"，载《比较行政法研究》1998 年第 3 期。

52. 张守文："税权的定位与分配"，载《法商研究》2000 年第 1 期。

53. 翁武耀："论税收诉讼中举证责任的分配"，载《中南财经政法大学研究生学报》2006 年第 4 期。

54. 翁武耀："正确看待税收筹集收入职能与其他职能的关系"，载《中国税务报》2012 年 4 月 4 日第 6 版。

55. 贺燕："'视同应税行为'规则的税法解析"，载《中国律师》2012 年第 1 期。

56. 王晓芳："论实质课税原则及其在中国的确立和适用"，载《财会审计》2010 年第 12 期。

57. 滕祥志："税法的交易定性理论"，载《法学家》2012 年第 1 期。

58. 闫海："税收事实认定的困境及出路"，载《税务研究》2010 年第 3 期。

59. 梁根林："罪刑法定视域中的刑法适用解释"，《中国法学》2004 年第 3 期。

60. 周详："刑法形式解释论与实质解释论之争"，载《法学研究》2010 年第 3 期。

61. 孙笑侠："中国传统法官的实质性思维"，载《浙江大学学报》（人文社会科学版）2005 年第 7 期。

62. 陈锐："法理学中的法律形式主义"，载《西南政法大学学报》2004 年第 11 期。

63. 陈林林："法治的三度：形式、实质与程序"，载《法学研究》2012

年第 6 期。

64. 陈金钊："魅力法治所衍生的苦恋——对形式法治和实质法治思维方向的反思"，载《河南大学学报》（社会科学版）2012 年第 9 期。

65. 余海燕："我国民法解释方法的理论依据和价值取向——以概念法学为视角"，载《重庆三峡学院学报》2011 年第 1 期。

66. 刘隆亨："论实质租税原则的适用和作用"，载《税务研究》2003 年第 1 期。

67. 徐孟洲："论税法的基本原则"，载史际春、邓峰主编：《经济法学评论》（第 1 卷），中国法制出版社 2000 年版。

68. 胡湘桂、乔宝云："论征税效率"，载《当代经济科学》1996 年第 4 期。

69. 孙笑侠："法的形式正义与实质正义"，载《浙江大学学报》（人文社会科学版）1999 年第 10 期。

70. ［美］丹尼尔·A. 法伯："法律形式主义举隅"，刘秀华译，载《中央政法管理干部学院学报》2001 年第 1 期。

71. 刘小庆、冯习恒、周蕙："实质正义与形式正义冲突的根源探究"，载《湖北警官学院学报》2012 年第 7 期。

72. 薛克鹏："经济法的实质正义观及其实现"，载《北方法学》2008 年第 1 期。

73. 车传波："综合法治论——兼评形式法治论与实质法治论"，载《社会科学战线》2010 年第 7 期。

74. 岳丽："法的形式正义与实质正义"，载《重庆行政》2003 年第 6 期。

75. 陈兴良："形式与实质的关系：刑法学的反思性检讨"，载《法学研究》2008 年第 6 期。

76. 张守文："收益的可税性"，载《法学评论》2001 年第 6 期。

77. 余杰："经济实质与法律形式的选择、判断及经济后果——基于会计反映和税收征纳的比较分析"，载《财经科学》2009 年第 11 期。

78. 马永义："试论新会计准则体系对实质重于形式原则的运用"，载《中国注册会计师》2009 年第 5 期。

79. 任坐田："论实质重于形式在税务会计中的应用及完善"，载《会计之友》2011 年第 6 期。

80. 李晓兵："个人权利是公正的底线——诺齐克政治哲学评议"，载《科学社会主义》2013 年第 1 期。

81. 徐友渔："评诺齐克以权利为核心的正义观"，载《中国人民大学学报》2010 年第 1 期。

82. 彭诚信："罗尔斯和诺齐克正义理论导读——兼谈现代哲学研究的理论困境与思维转型"，载《法制与社会发展》2005 年第 3 期。

83. 叶姗："应税事实依据经济实质认定之稽征规则——基于台湾地区'税捐稽征法'第 12 条之 1 的研究"，载《法学家》2010 年第 1 期。

84. 刘少军："法的边际均衡论——经济法哲学"，中国政法大学 2005 年博士学位论文。

85. 熊晓青："实质课税原则研究"，北京大学 2007 年博士学位论文。

86. 杨盛军："论税收正义"，中南大学 2010 年博士学位论文。

87. 尚书："论实质课税原则的适用"，华中师范大学 2011 年硕士学位论文。

88. 李跃庆："税收立法权的宪法配置——以全国人大与国务院税收立法权限的划分为例"，厦门大学 2009 年硕士学位论文。

89. 王东勇："论我国税收立法权限体制的完善"，吉林大学 2004 年硕士学位论文。

90. 刘惠："论非法收入的征税问题"，西南财经大学 2007 年硕士学位论文。

（三）互联网资料：

1. "形式与实质"，载 http://www. swjl. net/html/nslt/lowertax12. html，最后访问日期：2012 年 10 月 20 日。

2. 梁发芾："从窗户税到房产税"，载 http://news. 163. com/11/0514/03/7401U1RG00014AED. html，最后访问日期：2013 年 3 月 29 日。

三、外文文献

(一) 外文著作

1. Victor Thuronyi, *Comparative Tax Law*, Kluwer Law International, 1998.

2. Graeme Cooper, *Conflicts, Challenges and Choices—The Rule of Law and Anti – Avoidance Rules* , IBFD Publications BV, 1997.

3. Marjaan Helminen, *EU Tax Law – Direct Taxation*, IBFD.

4. Ben J. M. Terra, Peter J. Wattel, *European Tax Law*, 5th ed. , Kluwer Law International, 2008.

5. International Fiscal Association 1992 Cancun. Mexico Congress, *Advance Ruling: Practice and Legality*, Kluwer Law and Taxation Publishers, 1994.

6. International Fiscal Association 2002 Oslo Congress, *Form and Substance in Tax Law*, Vol. LXXXVIIA, Kluwer Law International, 2002.

7. International Fiscal Association 2000 Munich Congress, *Abusive Applicatin of International Tax Agreements*, Kluwer Law International, 2001.

8. Reuven S. Avi – Yonah, Nicaola Sartori, and Omri Marian, *Global Perspectives on Income Taxation Law*, Oxford University Press, 2011.

9. Sir William Wade, Christopher Forsyth, *Administrative Law*, 10th ed. , Oxford University Press, 2009.

10. Hugh J. Ault and Brian J. Arnold, *Comparative Income Taxation: A Structural Analysis*, 3th ed. , Walters Kluwer, 2010.

11. Rita de la Feria and Stefan Vogenauer, *Prohibition of Abuse of Law A new General Principle of EU Law*? Hart Publishing, 2011.

12. John G. Head and Richard Krever, *Tax Reform in the 21st Century*, Wolters Kluwer, 2009.

13. Dennis Weber, *Tax Avoidance and the EC Treaty Freedoms: A Study on the Limitations Under European Law to the Prevention of Tax Avoidance*, Kluwer Law International, 2005.

14. Michael Lang, Pasquale Pistone, *The EU and Third Countries: Direct Tax-*

ation, Kluwer Law International, 2007.

（二）外文论文

1. Marco Greggi, "Avoidance and abus de droit: The European Approach in Tax Law", *e – Journal of Tax Research*, 1 (2008).

2. Ben Kiekebeld, "Anti – abuse in the Field of Taxation: Is There One Overall Concept?", *EC Tax Review*, 4 (2009).

3. Kaplow Louis, "Taxation Redistribution: Some Clarification", *Tax Law Review*, Winter, 2007.

4. Reuven S. Avi – Yonah, "The Three Goals of Taxation", *Tax Law Review*, Fall, 2006.

5. R Avi – Yonah, "Globalization, Tax Competition and the Fiscal Crisis of the Welfare State", *Harvard Law Review*, 113 (2000), pp. 1575 ~ 1578.

6. Joseph Bankman, "The Econimic Substance Doctrine", *Southern California Law Review*, 5 (2000).

7. Dr. Adam Zalasinski, "Proportionality of Anti – avoidance and Anti – Abuse Measures in the ECJ's Direct Tax Cace Law", *Intertax*, 5 (2007).

8. Roberto Cordeiro Guerra, Pietro Mastellone, "The Judicial Creation of a General Anti – Avoidance Rule Rooted in the Constitution", *European Taxation*, November, 2009.

9. Joseph E. Stiglitz, "The General Theory of Tax Avoidance", National Bureau of Economic Research (NBER) Working Paper Series, No. 1868.

10. Chris Evans, "Containing Tax Avoidance: Anti – Avoidance Strategies", University of New South Wales Faculty of Law Research Series, 2008, availbale at http://law. bepress. com/unswwps/flrps08/art40.

11. Chris Evans, "Containing Tax Avoidance: Anti – Avoidance Strategies", University of New South Wales Faculty of Law Research Series, 2008, Paper 40.

（三）官方文件、案例等

1. European Commission, Communication from the Commission to the Council, the European Parliament and the European Economic and Social Committee – The ap-

plication of anti – abuse measures in the area of direct taxation – within the EU and in relation to third countries [COM (2007) 785 final], available http://eur – lex. europa. eu/smartapi/cgi/sga_ doc? smartapi! celexplus! prod! DocNumber& lg = en&type_ doc = COMfinal&an_ doc = 2007&nu_ doc = 785, Last visiting date 2012 – 12 – 20.

2. OECD, International Tax Terms for the Participants in the OECD Programme of Cooperation with Non – OECD Economies, available at http://www. oecd. org/dataoecd/17/21/33967016. pdf, Last visiting date 2012 – 02 – 10.

3. OECD Transfer Pricing Guidelines for Multinational Enterprises and Tax Administrations, Part B2, p. 134, available at http://www. svcmscentral. com/SVsitefiles/nlc/contenido/doc/fe29c2_ OECD%20TP%20Guidelines%20June%202010. pdf, Last visiting date 2013 – 03 – 23.

4. Consolidated version of the Treaty on European Union.

5. Consolidated version of the Treaty on the Functioning of the European Union.

6. COUNCIL DIRECTIVE 2009/133/EC of 19 October 2009 on the common system of taxation applicable to mergers, divisions, partial divisions, transfers of assets and exchanges of shares concerning companies of different Member States and to the transfer of the registered office of an SE or SCE between Member States/.

7. South African Revenue Service (SARS), Discussion Paper on Tax Avoidance (November 2005), available at http://www. sars. gov. za/uploads/images/0_ Discussion_ Paper_ on_ Tax_ Avoidance. pdf, Last visiting date 2013 – 02 – 12.

8. M. D'Ascenzo, Creating the Right Environment: Transparency, Cooperation and Certainty in Tax, Financial Executives International of Australia Conference, Sydney, 19 June 2007, available at http://www. ato. gov. au/corporate/content. asp? doc = /content/85792. htm. Last visiting date 2013 – 03 – 25.

9. Case C – 294/97 (Eurowings Luftverkehrs AG and Finanzamt Dortmund – Unna).

10. Case C – 196/04 (Cadbury Schweppes Overseas Ltd. v. Commissioners of Inland Revenue).

11. Case C – 264/96 (ICI v. Colmer).

12. Case 270/83 [Commission v. France (Avoir Fiscal)].

13. Case C - 110/99 (Emsland - Stärke GmbH and Hauptzollamt Hamburg - Jonas).

14. Case C - 255/02 (Halifax a. o. v. Commissioners of Customs and Exicis.

后　记

本书是在我博士论文的基础上修改完成的，自 2013 年顺利通过博士论文答辩至今，历时两年成书。

选择实质课税原则作为研究主题，看似偶然。在选题时，考虑过诸多主题，但都没有脱离从教义法学研究税法的一贯兴趣点。这可能和笔者纯粹的法学教育背景及数年的律师执业背景有较大的关系。专注教义法学似乎视野有所局限，但在中国的语境下，税法学脱离税收学研究路径成为法学之领域，乃至司法实践之领域，研究税的法律规范问题，实属必要，笔者也乐于在这一“狭窄”的视野下开垦自己的园地。最后经导师施正文教授提议，将兼具理论和实务价值的实质课税原则作为博士论文的主题，颇合趣旨。

研究实质课税原则的文章大有存在，诸多实质课税原则的研究成果，包括课税实践，直接将实质课税原则作为便捷的分析工具、论证工具。然笔者总有疑惑。何谓“形式”，何谓“实质”？税法上的“实质”与“形式”问题，与“法”的“形式”与“实质”问题有何联系，如有，税法上的问题与其他部门法上的同样命题是否有联系，区别在哪里？这对命题与哲学上的“形式”与“实质”有何关联？我想，这些追问，关系到实质课税原则的立论根本和命题的真实性。无独有偶，原来IFA（International Fiscal Association）早在2002年举办的年会中，专以“form and substance in tax law”为题做了专题研讨。历时十余年，我再来挖掘这个问题，仍有意义。尽管有意探寻至所有学问的起点和终点，可惜力所不能及，学问不勤，未能在更深入的层面找到答案。

如果说实质课税原则命题果真存在，且有其价值，那么，能否有适用该原则的方式或者规则，并在发挥其价值的同时，克制其潜在的权力扩张？的确，一脸凛然正气的实质课税原则背后，总是掩藏着可能无限膨胀的权力。我在书中也做过一点努力，试图提供一些方向性指引，尽管略显苍白也难谓成功。

因实质课税原则在反避税中的适用更为常见和典型，书中专章研究了反避税中实质课税原则的适用。亮点是较为系统地比较和介绍了欧盟反避税原则，国内学界对欧盟税法尚感陌生，欧盟反避税思路或有启发。我也一直在思考，英美法系和大陆法系在反避税的语义选择和模式架构上何以区别重大，而最后又殊途同归？这里面定然有税法评价本身存在共性因素所致。

既然实质课税原则的适用涉及税收法定原则，税收法定原则又与税权的纵横分配不无关系，为了从权力的起点研究实质课税原则的适用及其规制，笔者又“不辞辛劳”地阐释和论证了我对当前税权配置的一点想法，及其与实质课税原则的关系，跳出实质课税原则本身去研究其适用的权力分配。至此，按照“套路”

本应专章研究实质课税原则在我国的确立和适用问题，然则在这片法治大业蓬勃开展的火热土地上，我的高度还不足以找到切实可行的具体方案，每每不敢尝试制度性研究，本书仅结合我对税收法治的陋见做了粗浅的探索，并以此作为本书的结语。

按照笔者最初的构想，本书的写作应当辅以大量的实证研究和案例分析。颇为遗憾的是，笔者的实务经验和造诣仍嫌不足，及至动笔，时觉艰难。文章主体在意大利小城博洛尼亚留学时写就，更增不便利。此后的修改历程中，也苦于一时难以收集到合适实例，这是本书的一大遗憾。本书也未能更具针对性、可操作性地提出实质课税原则在我国法律确立之建议、运行之规则，尽管有所尝试。让人欣喜的是，随着法院案例上网公开，业内对于税案的研析日渐形成气候，可以预见，在法院受理税案继续增多、审查范围扩大至税局规范性文件的前景下，税收法治和税法研究之间将良性互动，长足发展。本书作为笔者对税法理论和实证研究的粗浅尝试，将成为笔者在税法领地继续耕耘的起点。

回想十年之前，不期与财税法结缘，自此，见证了这片当时仍不失荒芜的土地，被一块块开垦、播种，还竟然开出些花来，这些绚丽的税收法治之花。而我最初只是站在一旁的孩童，弯着头，饶有兴致地看着人们热闹地耕作、欢欣地收获，终于跃跃欲试，打点锄犁也要依样比画一番，不想后来陶然于中，至于是否也会收获到花朵与果实，已浑然忘却。

幸矣，耕作之中，总得到良师益友的呵护和指点！尤记得本科将毕业时，因母校民商院的“指派”，有幸得施正文教授指导我的本科毕业论文，自此进入施门，至今整整十载。十年中，在老师的指导下，完成硕士和博士的学业，即使中间离校两年从事律师职业，也并没有脱离老师的关怀和指导，博士毕业后以教师为业至今，常蒙老师晓以大义，不断勉励，某深知师恩如山！

书稿修改期间，又得到现就职单位首都经济贸易大学法学院各位同事的支持与关爱，法学院领导更是积极为青年教师的科研创造条件，给予大力资助，感恩至极。中国社会科学院滕祥志研究员对实质课税原则的研究很有造诣，对我的研究多有启发，并无私指点、殷殷鼓励；武汉大学博士后研究人员叶金育博士慷慨提供资料并提出问题探讨；我的母校，中国政法大学财税法研究中心翁武耀老师及我诸多师弟师妹对我爱护有加，师弟郭志东博士才思敏捷，学问颇有成就，我常因此受益；意大利博洛尼亚大学法学院欧洲税法高等研究院以 Adriano Di Pietro 教授为首的师生以及在该校攻读博士的师妹郑俊萍对我的访学和论文写作关照有加，在教授办公室和 Via Zamboni 法学院图书馆 CICU 度过的每一天都让人难忘。一并感谢！

最后还要感谢中国人民大学朱大旗教授、清华大学郑尚元教授、中国政法大学李曙光教授、符启林教授、薛克鹏教授在我博士论文评审和答辩中的认可和拨正，感谢中国政法大学出版社编辑为本书的出版付出的辛勤工作。我在母校中国政法大学求学十年，收获学业、事业和家庭，博士论文书稿再由母校出版社出版，意义非凡。因为时间和学识的局限，很多问题没有能进一步思考，且书中观点或有谬误，文责自负，请各位读者不吝批评指正。

贺 燕